böhlauWien

IOAN HOLENDER

Von Temesvar nach Wien
Der Lebensweg des Wiener Staatsoperndirektors

Bearbeitet von Marie-Theres Arnbom

Böhlau Verlag   Wien · Köln · Weimar

Bildnachweis Cover:
Nikolaus Similache, Wien
Übriger Bildnachweis:
Privatbesitz Holender; Staatsopernarchiv

Die Deutsche Bibliothek – CIP-Einheitsaufnahme

Ein Titeldatensatz für diese Publikation ist bei
Der Deutschen Bibliothek erhältlich.

ISBN 3-205-99384-5

Das Werk ist urheberrechtlich geschützt.
Die dadurch begründeten Rechte,
insbesondere die der Übersetzung, des Nachdruckes,
der Entnahme von Abbildungen, der Funksendung,
der Wiedergabe auf photomechanischem oder
ähnlichem Wege, der Wiedergabe im Internet und
der Speicherung in Datenverarbeitungsanlagen, bleiben,
auch bei nur auszugsweiser Verwertung,
vorbehalten.

© 2001 by Böhlau Verlag Ges. m. b. H. und Co. KG,
Wien · Köln · Weimar
http://www.boehlau.at
Druck: Manz Crossmedia GmbH & Co KG, 1051 Wien

INHALT

7 VORWORT

9 KINDHEIT UND JUGEND IN TEMESVAR 1935 BIS 1948
    9 Temesvar
    21 Rumänien – Land der Vielfalt
    32 Der Corso und die Oper
    41 Unser Leben ab 1941

54 SCHULE, HOCHSCHULE UND ALLTAG 1948 BIS 1956
    54 Verstaatlichung
    57 Unterrichtsreform
    58 Alltag

69 EXMATRIKULATION
UND LETZTE JAHRE IN RUMÄNIEN 1956 BIS 1959

78 DIE ERSTE WIENER ZEIT 1959 BIS 1966
    78 Neues Leben in Wien
    81 Oper und Theater
    89 Regieassistent und Statist am Burgtheater
    93 Sängerleben

108 WIEN 1966 BIS 1988
    108 Bühnenvermittlung
    145 Eberhard Waechter

150	**OPERNDIREKTION 1991 BIS 2001**
150	Die Designation
162	Waechters Tod
167	Neues an der Volksoper …
170	… und der Staatsoper
180	Der Ring
182	Neuengagements, Abschiede und Ehrungen
190	Künstler – Begegnungen, Erlebnisse
200	Ein Haus gedenkt
203	Präsenz außerhalb des Hauses
207	Ausklang
212	**ANHANG**
212	Ein Haus gedenkt nach 50 Jahren
219	Zeitgenossen über Ioan Holender
225	Personenregister

Mein Sohn ich war sehr stolz, dass Du aufgefordert wurdest, ein Buch über Dein Leben zu schreiben. Glaube aber nicht, dass Du über „alles" schreiben wirst. Oder kannst, weil die Erinnerung – zum Glück – mit der Zeit schwächer wird. Weißt Du zum Beispiel noch, dass die Kinder, als Du klein warst, nicht mit Spielsachen überhäuft wurden? Du warst mit allen Kleinigkeiten zufrieden. Als Du fünf Jahre alt warst, mussten wir die große Wohnung verlassen, Du hattest kein Zimmer mehr für Dich. Aber alle Stofftiere hattest Du mit – und das war ein Glück. Gespielt hast Du mit Kastanien, aus denen Du Figuren gebastelt hast. Und weißt Du noch, wie Du Dich verkleidet hast mit Hüten und Tüchern, Dich auf ein Schammerl stelltest und die aus dem Plattenspieler kommende Musik dirigiert hast? Damals gab es kein Fernsehen, aber Platten, mit denen Du mitgesungen hast. Man hörte es bis auf die Straße. Die „großen" Sänger der Temesvarer Oper hatten Deine volle Bewunderung.

Ich weiß noch heute nicht, ob Du die Angst, welche uns alle beherrschte, auch gefühlt hast. Das gezwungene Wechseln der Schulen, der Zwang, die technische Mittelschule anstatt eines Gymnasiums zu besuchen, waren für mich so schmerzlich, doch Du hast es gemeistert. Ohne Klagen. Du wusstest schon in so jungen Jahren, dass Klagen nichts bringt, sondern mich nur noch mehr kränkt. Du warst so sensibel, hast alles gespürt und erahnt und Dich irgendwie gewappnet. Deine „Knopf-Mannschaft" ersetzte viele nicht vorhandene und nicht dargebotene Spiele. Weißt Du noch, dass jeder geklebte Knopf mit Schmirgelpapier geschliffen wurde und begehrtes Tauschobjekt zwischen den Kindern war?

Du musstest immer alles wissen, fragtest mich immer über alles und jedes. Natürlich konnte und wollte ich Dir all das Furchtbare, das um uns geschah, nicht erzählen. Als unsre Fabrik nationalisiert wurde, war es aber doch ein Schock für Dich. Dein Vater saß zu Hause und tagelang bliebst Du bei ihm ohne viel zu fragen. Die Ungerechtigkeiten berührten Dich sehr.

Du warst sehr naiv, daher hieltest Du auf der Universität diese folgenreiche Rede. Du glaubtest Deiner inneren Stimme, die Dich aufgefordert hat zu sprechen, und erkanntest nicht die Provokation. Dass Dir jemand in den Rücken fällt, hast Du in Deiner Gutgläubigkeit nie erwogen, nicht erkannt.

Eifersüchtig warst Du als Kind. Wenn mir ein Mann bei der Begrüßung die Hand küsste, wischtest Du es mit aller Kraft weg. Erinnerst Du Dich noch an unsere „heilige Bank", wo wir oft saßen, um das „Leben" zu besprechen?

Aus den schweren Jahren wurde „Dein Weg". Alles von Dir Gelernte, Erlebte hat Dich dorthin gebracht, wo Du jetzt bist.

An all das und vieles andere erinnert sich mit Liebe

Wien, im Juni 2001

KINDHEIT UND JUGEND IN TEMESVAR 1935 BIS 1948

Temesvar

Geboren wurde ich am 18. Juli 1935 zu Hause in der Wohnung, denn nur Kinder armer Familien kamen zur damaligen Zeit im Spital zur Welt, bürgerliche wurden zu Hause mit Hilfe einer Hebamme, die eigentlich die Geburt betreute, und des Kinderarztes zur Welt gebracht.

Es war und ist eine wunderbare Straße, in der ich geboren wurde und wo wir damals wohnten. Auf der einen Seite sind Villen und Häuser, auf der Vis-a-vis-Seite liegt der Park, der Rosengarten. Ein wunderschöner Park, daneben fließt die Bega mitten durch meine Geburtsstadt Timișoara (ungar. Temesvar, deutsch Temeschburg). Schon dies zeigt die Zusammensetzung der dort lebenden Bevölkerung aus Rumänen, Ungarn und deutschen Schwaben. Die Dreisprachigkeit war genauso selbstverständlich wie das Zusammenleben in allen Bereichen. Die Hauptstadt des Banats wurde 1716 durch Eugen von Savoyen von den Türken zurückerobert, 1779 an Ungarn angeschlossen, von Joseph II. jedoch als freie königliche Stadt dekretiert. Nach der Revolution von 1848 wurde das Banat mit der serbischen Voivodina im Kronland Temescher Banat vereinigt und 1860 wieder Ungarn angeschlossen, bis es dann 1920 nach dem Frieden von Trianon endgültig zu Rumänien gehörte.

1851 lebten in Temesvar 8.775 deutsche Schwaben, 3.807 Rumänen, 2.346 Ungarn, 1.710 Serben und 1.551 Juden. 1992, über 140 Jahre später, waren es im selben Gebiet 561.200 Rumänen, 62.866 Ungarn, 26.722 Deutsche, 14.856 Zigeuner und noch etwa 300 Juden. In Temesvar wurde der Schriftsteller

Nikolaus Lenau geboren, Bela Bártok in Großsanktnikolaus (Sănicolaul Mare) bei Temesvar, wo sein Vater Lehrer war. Georg Trakl starb in meiner Geburtsstadt, Johannes Brahms, Joseph Joachim, Pablo Sarasate, Pablo Casals und Edwin Fischer konzertierten, Bruno Walter war mit 22 Jahren erster Kapellmeister in Temesvar und dirigierte dort zwischen 1. Februar und 10. April 1898 unter anderem *Troubadour, Bajazzo, Die Jüdin, Die Hugenotten, Cavalleria Rusticana, Evangelimann, Lohengrin*. Die Temesvarer Zeitung vom 7. Februar 1898 schrieb: „Es ist das in vorderster Reihe dem jugendlichen Kapellmeister Bruno Walter zu danken, in dem wir einen genialen Dirigenten, einen Musiker von künstlerischer Beseelung und Feuereifer vor uns haben." Temesvar war die erste österreichische Bühne, die Verdis *Troubadour* in deutscher Übersetzung aufgeführt hatte. 1855 schrieb die Temesvarer Zeitung darüber: „Über Verdis *Troubadour* nichts zu sagen, wäre eigentlich das Beste." Auch Temesvar hatte also seinen Hanslick.

Die populäre Wiener Soubrette Pepi Gallmeyer begann ihre Karriere am Deutschen Stadttheater in Temesvar genauso wie 1851 der berühmte Schauspieler Adolf von Sonnenthal. Katharina Schratt, Kaiser Franz Josephs Lieblingsschauspielerin und Weggefährtin seiner letzten Jahre, gastierte hier ebenfalls 1885.

Die Oper war 1882 von den berühmten und im ganzen Gebiet der alten Monarchie allgegenwärtigen Architekten Helmer und Fellner gebaut worden. Der Baustil der Stadt war von der Secession geprägt, Temesvar orientierte sich architektonisch eher an Laibach, Agram und Brünn und nicht so sehr an den großen Städten wie Wien, Budapest und Prag und war die erste Stadt Europas mit einer Straßenbeleuchtung, die von einer eigenen städtischen Zentrale betrieben wurde; die technische Modernisierung war also spürbar, wie man sie auch in Krakau oder Czernowitz finden konnte.

Wegen der kulturellen Orientierung auch „Klein-Wien" genannt, gab es in Temesvar bis zum Zweiten Weltkrieg eine friedlich zusammenlebende Gesellschaft von Rumänen, Ungarn, Deutschen und Juden mit entsprechenden Gebäuden: prachtvolle orthodoxe Kathedralen, protestantische und katholische Kirchen – die schönste von Fischer von Erlach – und drei Synagogen, zwei große und eine kleine für die Orthodoxen.

Temesvar und das umgebende Banat unterschieden sich sehr von den Teilen Alt-Rumäniens, die das Alte Regat genannt wurden, aber noch grundlegendere Unterschiede bestanden zu der Moldowa, zu Bessarabien und der Bukowina. Die Hauptstadt Bukarest ist 500 km entfernt, was zur damaligen Zeit eine große Distanz bedeutete.

Wir meinten, dass Temesvar kulturell weit über der Hauptstadt stand, was oberflächlich betrachtet auch stimmte, doch waren eher das West-Ost-Gefälle und die unterschiedliche historische Entwicklung die Gründe dafür: In Bukarest herrschten byzantinischer, griechischer und ab 1900 französischer Einfluss, in Temesvar und dem Banat österreichisch-ungarischer.

Die Bezirkseinteilung in Temesvar stammt aus der Monarchie und ist bis heute so geblieben. Der erste Bezirk ist die Innenstadt, auch auf Rumänisch verwendet man diese Bezeichnung. Der zweite Bezirk heißt Fabrikstadt, der dritte Bezirk Elisabethstadt, Elisabetin – nach Kaiserin Elisabeth benannt. Der vierte Bezirk ist die Josefstadt, Josefin, in der die Fabrik meines Vaters lag, wo ich mich ziemlich oft aufhielt.

Zur Zeit meiner Geburt hieß die erwähnte Straße nach dem Politiker Petre Carp. Er war ein wichtiger Politiker der so genannten guten Zwischenkriegszeit, auf Rumänisch „perioada interbelică". Das war in Rumänien nicht anders als in den „westlichen" Ländern – die Unterscheidung zwischen „östlichen" und „westlichen" Ländern existierte zu der damaligen Zeit noch nicht so krass wie heute; es gab nur Länder in Europa – es war ein vereinigteres Europa als in der Nachkriegszeit und heute. Die Straße wechselte jedoch ihren Namen immer nach den geänderten politischen Machtverhältnissen – dies ist eine Parallele zu meinem Wandern von einer Wohnung zur nächsten.

1936

Vase im Rosengarten

Den Park, in dem menschengroße Steinvasen mit Reliefzeichnungen stehen, gibt es nach wie vor – und so wie er schon mich als Kind beeindruckte, so beeindruckt er meine Kinder heute. Die Größe und Fremdartigkeit dieser Vasen und der Vergleich meines Wachstums mit deren Höhe waren wesentliche Bestandteile meiner kindlichen Wahrnehmung.

Die Bega hatte großen Einfluss auf mein Alltagsleben – ein Fluss, der mitten durch die Stadt fließt, prägt das Naturempfinden eines Jugendlichen. Eine wichtige Erinnerung an meine Kindheit ist das Baden im Fluss – niemand würde heute mehr auf die Idee kommen, in diesem Fluss zu baden. Ich bin mir gar nicht so sicher ob deswegen, weil er so viel schmutziger geworden ist – ich fürchte, er war damals noch schmutziger –, es war nur kein Thema, in einem schmutzigen, sehr langsam dahinfließenden, tiefen, jedoch schmalen Fluss nicht zu baden. Ich kann mich gut erinnern, dass an beiden Seiten des Flusses Biber lebten. Das Ufer war noch nicht verbaut, dort existierte eine lebendige Tierwelt, die uns weder inspiriert noch abgeschreckt hat – Biber und Ratten gehörten zur Normalität des Lebens, zwischen diesen Tieren konnten wir auch kaum unterscheiden. Mit meiner Mutter ging ich dorthin, ich lernte schwimmen mit einer großen silbernen Trommel, die man auf dem Rücken befestigte. Es gab ein einziges gebautes Schwimmbad, die Igiena. Dort fiel ich einmal ohne Trommel ins Wasser und ertrank nicht – ab diesem Tag konnte ich schwimmen.

Kindergärten gab es nicht, ich glaube, dass es kaum solche Einrichtungen gab – weder staatlich noch privat. Man hatte ein Fräulein, das sich um das Kind kümmerte, das war kein Luxus, sondern gehörte einfach dazu. Wir besaßen kein Haus, unsere Wohnung hatte vier große Zimmer und einen Balkon, eines davon war mein Kinderzimmer.

Nicht nur die verklärte Erinnerung sagt mir, dass es ein unbeschwertes Leben war.

Ich erinnere mich an den Gang auf den Friedhof zu den Eltern meines Vaters an vielen Sonntagen, bis ich ungefähr zehn Jahre alt war. Ich tat das nicht ungern, auf dem Friedhof herrschte eine ganz eigene Atmosphäre, die heute noch viel stärker spürbar ist – auch jetzt gehe ich gerne dorthin, die Gräber sind so überwachsen, dass man sie kaum sieht, ich finde aber immer den Grabstein meiner Großeltern. Der jüdische Friedhof in Temesvar liegt außerhalb der Stadt an einer kaum mehr befahrenen Landstraße auf einem großen Areal, die Aufbahrungshalle ist über 100 Jahre alt und heute äußerlich völlig verwahrlost, der Putz ist von den Wänden herunter gefallen. Doch trotzt sie allen Zeiten, steht noch immer majestätisch da und übt auf mich den Eindruck von Ewigkeit aus.

Mit dem Tod kam ich eigentlich nie in Berührung, er hatte auch überhaupt keinen Einfluss auf mich, bis auf den Tod eines Onkels, der am Friedhof aufgebahrt war – und da sah ich erstmals einen Toten. Ich war ungefähr 14 oder 15, es missfiel mir sehr und ich hatte Angst, zu nahe zu kommen. Das hat sich bis heute bewahrt.

Einige Details aus dem täglichen Leben eines Sieben- bis Elfjährigen sind vergessen, so kann ich mich überhaupt nicht an das Frühstück erinnern, nur an den Kakao. Sehr lange, sicher bis ich acht oder neun war, aß ich am Abend immer Grießbrei und zeichnete darauf mit einem Kakao-Zucker-Gemisch. Das mache ich noch heute, wenn mein jetzt neunjähriger Sohn ungern, aber manchmal um mir zu gefallen, bereit ist, Grießbrei zu essen. Immer gab es üppige Mittagessen, man aß schwerer als heute. Unbekannt waren uns jegliche Nudelgerichte, außer hin und wieder dicke Mohn- und Nussnudeln, deren Teig man selbst herstellte. Beim Auswalken des Teiges half ich immer mit. Üblich waren Suppen und Fleisch jeglicher Art, wobei das Hühneressen kein Luxus, sondern eher eine mindere Speise war, natürlich aß man auch

Schwein, Rind und besonders gerne Gänse. Fisch gab es praktisch nie, obwohl die Bega fischreich war. Sie verdarben schnell und galten als exotische und schwer zuzubereitende Speise. Fisch isst man am Meer, war die Devise; und daran hielt man sich eben. Im Banat herrschte die ungarisch beeinflusste Küche vor, ganz anders hingegen in Bukarest, dort waren die Speisen pikanter und gewürzter.

Mein Vater Anton war, was man damals Fabrikant nannte und wie er in der österreichischen Literatur bei Schnitzler oder Polgar etwa geschildert wird. Heute ist ein Fabrikant ein Großindustrieller, es gibt ja keine kleinen Fabriken mehr wie damals. Ob mein Vater je Geld hatte, weiß ich nicht. Wir hatten jedenfalls keine alltäglichen materiellen Sorgen.

Er hatte eine Essig- und Marmeladenfabrik. Diese Kombination mutet etwas bizarr an, doch aus Äpfeln kann ja sowohl Essig als auch Marmelade hergestellt werden. In den Katakomben der Fabrik lagerten immer enorme Mengen an Äpfeln, aus denen man das eine wie das andere fabrizierte.

Die Fabrik gehörte drei Personen: meinem Vater, seinem Bruder Paul und seinem Onkel Emil. Sie war Mittelpunkt, Attraktion und Geheimnis für mich, ich war gerne dort. Die Geheimnisse der Fabrik waren für mich als Kind sehr ausgeprägt: eben der enorme Keller voller Äpfel, der mysteriöse Dachboden, aber auch die Faszination der großen Fässer, 10 m hoch, oben drehte sich ein Holzpropeller. Dort fand die Gärung des Apfelweines zu Essig statt. Es herrschte immer große Aufregung, ob der Essig die erforderlichen 9 % erreichen würde. Der permanente Essiggeruch, der an allen Kleidern und Anzügen meines Vaters haftete, begleitete meine ganze Kindheit. Damals kam mir die Fabrik riesengroß vor, doch weiß ich heute, dass sie eher klein war. Heute gibt es sie dort nicht mehr. Das Gebäude wurde zum Teil abgerissen, im großen Keller wurden Zimmer gebaut, in denen, so wie im gesamten Areal, jetzt Zigeuner hausen. Als ich Anfang der 90er Jahre dort war, kamen plötzlich ganze Familien mit unzähligen Kindern auf mich zu, doch keiner wusste, was an diesem Ort früher war, keiner kannte den Namen „Fructus", wie die Fabrik meines Vaters geheißen hatte.

Es gab einen Pferdewagen mit zwei Pferden und einen Stall, wo ich die Pferde bewunderte und mich gerne aufhielt. Schwer verstehen konnte ich, dass Pferde stehend schliefen. Ich war stolz, wenn man in der Stadt den Kutscher

Binder mit unserem Wagen sah. In der Fabrik war natürlich niemand gut angezogen, auch mein Vater trug einen grauen Arbeitskittel; daher stammt meine bis heute bewahrte Sympathie für Arbeitskleidung und -kittel, so dass ich bestrebt war, dies in gewissen Arbeitseinrichtungen auch an der Oper einzuführen, allerdings, außer beim Leiter des Notenarchivs, ohne Erfolg.

Mein Vater hatte in seinem „Bureau" einen Revolver, was mich damals sehr beeindruckte. Ein Auto besaß die Fabrik nicht, mein Vater fuhr mit dem Fiaker dorthin. Es gab zwar auch schon Taxis, ich kann mich aber nicht erinnern, dass ich jemals in Temesvar Taxi gefahren bin. Vielleicht kommt daher auch meine Abneigung, mit Taxis zu fahren, da das für mich als unnötiger Luxus gilt. In der Anfangszeit an der Wiener Staatsoper war ich außer mir, als die erste Taxirechnung kam – das weiß man mittlerweile, niemand würde mit einem Taxi fahren, eher noch eine Concorde mieten, dafür hätte ich mehr Verständnis.

Es war eine gute Zeit, wie man so sagt; im Jahr 1935 waren die Gespenster, die sonst in Europa ihre Schatten bereits vorauswarfen, noch nicht zu uns vorgedrungen. Rumänien war ein Königreich, der König spielte eine wichtige Rolle, ich wuchs als wohl behütetes Bürgerkind auf, bis ich sechs Jahre alt war.

Im Rosengarten

Da waren die Gespenster schon viel näher, schnell kamen unruhige Zeiten. Es ist charakteristisch für die Balkanländer, dass sich politische Spannungen mit großer Geschwindigkeit im alltäglichen Leben bemerkbar machen. Viel schneller als in Mitteleuropa.

Die Identitätssuche und Spaltung meiner Identität als Heranwachsender, das tägliche Leben im Rahmen von drei Identitäten waren wesentlich und prägend für meine

Großeltern Dornhelm

Entwicklung. Eine dieser Identitäten war bestimmt durch die Verbundenheit mit den Eltern meiner Mutter. Meine Großeltern galten als großbürgerlich, wohlhabend und in der sozialen Hierarchie höher stehend als mein Vater, dessen Eltern ich nicht mehr erlebt habe. Mein Großvater mütterlicherseits, Eugen Dornhelm, war eine wichtige und bekannte Persönlichkeit in Temesvar, ein Textilkaufmann, ein reicher Mann mit Villa, Schwimmbad und einem großen Geschäft „Socotex" mit vornehmlich englischen Stoffen in der Innenstadt neben der Oper. Auch ich wusste, dass mein Großvater als reich galt, er war etwas Besonderes. Seinen Reichtum erwarb er, als infolge des Wirtschaftskrachs von 1929 die rumänische Regierung beschloss, den Bürgern Rumäniens die Auslandsschulden zu erlassen. Mein Großvater jedoch bezahlte alle Schulden und war daher der Einzige in Temesvar, der weiterhin englische Stoffe geliefert bekam.

Wenn man vom noch genauer geschilderten Corso stadtauswärts über eine wunderschön konstruierte Brücke, die Bischofsbrücke, über die Bega auf einem breiten Boulevard weitergeht, kommt man zum Polytechnikum – das später noch eine wichtige Rolle spielen wird. Danach fängt eine Villengegend an, das vorletzte Haus auf der linken Seite war das Haus meines Großvaters, die frühere Totis-Villa. Mein Großvater erwarb diese Villa vom reichen Fabrikanten Totis in den Jahren der Wirtschaftskrise.

Auch für westliche Verhältnisse war es, wie ich später feststellte, eine prachtvolle Villa mit einem Haupteingang und einem Dienstboteneingang an der Hinterseite des Hauses – der Dienstboteneingang bot viel mehr Reize und Geheimnisse als der Haupteingang. Die Villa war zweistöckig mit einem großen Garten an der Straßenseite des Hauses und einer Garage – mein Großvater hatte damals schon ein Auto, natürlich mit Chauffeur.

Ich kann mich sehr gut erinnern, dass hinter dem Gitterzaun, der über und über mit purpurroten Rosen bewachsen war, Metallplatten angebracht waren, damit niemand hereinsehen konnte. Im Garten waren ein gepflegtes und nicht zu betretendes Blumenarrangement mit allen Arten von Blumen, ein kleines Stück Rasen, wo man spielen konnte, und ein Schwimmbad. Es war L-förmig und in der Mitte war ein Frühstückspavillon. Im Schwimmbad waren drei große Fische, vor denen ich immer Angst hatte. Im Haus drinnen gab es sogar einen Springbrunnen – so etwas habe ich nie wieder gesehen.

Jeden Freitag und die großen jüdischen Feiertage verbrachte ich bei den Großeltern, es war immer etwas Besonderes. Was die gespaltene Identität betrifft, repräsentierte mein Großvater für mich auch das Judentum, zu dem ich mich weder innerlich und schon gar nicht äußerlich bekannte oder hingezogen fühlte. Hingezogen fühlte ich mich zum Rumänentum, auch was meine Freunde betraf. Ich galt in der Familie als „der Rumäne", mit mir sprach der Großvater Rumänisch, das er schlecht konnte, immer mit einer leicht ironischen Verachtung dafür. Mein Großvater war in Bratislava geboren, gesprochen wurden Deutsch, dies war auch die Geschäftssprache, und Ungarisch. Die ungarische Literatur war beherrschend, Petőfi und Ady Endre waren seine Idole; Gedichte, Bücher, ein Lexikon in 24 Bänden in Leder gebunden mit goldenen Buchstaben „Revai Nagy Lexikon" – daran erinnere ich mich bis heute. Geschichtlich bekannte er sich zum Ungarntum, das in der österreichisch-ungarischen Monarchie herrschte, und nicht zum nationalen Ungarntum.

Die Eltern 1938

Die zweite Identität war bestimmt durch meine Eltern. Zu meinem Vater, der 1902 im jugoslawischen Novi Sad geboren war, hatte ich in diesen Jahren keine besondere Beziehung – er war immer nervös, ich hatte Angst und verstand wenig von dem, was er tat, dachte oder wollte. Ich war aber auch nicht besonders interessiert oder neugierig, mehr zu erfahren.

Ich verstehe heute sehr gut, dass mein Vater ab 1941, als ich sechs Jahre alt war, bedingt durch die politischen Verhältnisse in Angst lebte. Die Rumänisierung – wie die „Arisierung" hier genannt wurde – der Fabrik war nicht leicht zu verkraften, sicherlich war es auch äußerst schwierig, sich so zu arrangieren, dass man dabei nicht alles verlor. Doch allein das Gefühl und das Bewusstsein, dass das von ihm aufgebaute Unternehmen rein juristisch nicht mehr ihm gehörte, auch wenn es ihm wie vielen anderen gelungen war, den Fruchtgenuss weiter zu erhalten, waren sicherlich sehr bedrückend. Darüber hinaus konnte er nicht wissen, dass sich dieser Zustand nach drei Jahren ändern würde; die Voraussetzungen 1941 waren keinesfalls so, dass man Hoffnung hatte, das Deutsche Reich würde sich in wenigen Jahren auflösen, so wie es dann Gott sei Dank geschah.

Mein Vater erkannte schon vor uns anderen die Entwicklung Rumäniens zu einem Vasallenstaat der Sowjetunion, die Folgen einer kommunistischen Herrschaft waren ihm klar. Kurz danach, 1948, bewahrheitete sich das ja auch, als die Fabrik verstaatlicht wurde. Seine Anspannung und sein nervlicher Zustand veränderten sich danach nicht, er musste in einer geduldeten Notsituation weiter existieren und lebte also, kurz nachdem wir von der deutschen Gefahr befreit waren, mit dem kommunistischen Terror, der zwar anders Angst und Schrecken einjagte, aber im Ergebnis für viele große Ähnlichkeit mit dem Vergangenen hatte.

Meine Mutter Magda war immer an den schönen Dingen interessiert, sie war gebildet, hatte die Schule Notre-Dame absolviert – daher zum Französischen hin orientiert – und war eine glühende Anhängerin von Napoleon und dem ganzen Bonapartismus. Sie erzählte mir viel und weckte meine Neugierde und Sympathie für die französische Literatur, davon wusste ich viel und habe mir bis heute auch einiges erhalten. Sie hatte „nach unten" geheiratet, wobei dieses „unten" immerhin auch eine Fabrik war. Ein Fabrikant galt aber weniger als der Besitzer eines Textilgeschäftes, das war so.

Meine innere Bindung an meine Mutter als einziges Kind war und ist sehr tief. Meine Mutter war 20, als ich geboren wurde. Sie ist eine Lebensbegleiterin für mich, die Liebe, die Zärtlichkeit, das Interesse meiner Mutter für alles, was ich tat und tue, war und ist eine Konstante in meinem Leben. Die Trennung meiner Eltern, was damals ja nicht so einfach war, war für mich sehr schmerzlich, die Auseinandersetzungen, die manchmal auch laut waren, beeinflussten mich und schufen ein Gefühl von Angst und Orientierungslosigkeit. Angst ist das Prägendste für einen Zehn-, Zwölfjährigen und war in diesen Jahren besonders stark, natürlich auch durch die Dinge, die um uns geschahen.

Die Ehe meiner Eltern war in meiner Erinnerung immer schlecht, mein Vater war um 14 Jahre älter und meine Mutter hatte eine große Liebe, einen Arzt, Kommunist, der sie auch stark beeinflusst hatte, ein kluger Mann. Als mein Vater mir das erzählte, tat es mir wahnsinnig weh und führte zu großen inneren Spannungen – ich war 12 Jahre. Ich erinnere mich noch genau, wir gingen neben der Bega spazieren und er erzählte mir das. Das sollte man einem Kind nie antun. Ich kam in einen inneren Zwiespalt und hasste diesen Mann, der ebenfalls verheiratet war. Ich glaube nicht, dass es ein Verhältnis war, meine Mutter empfand eine große geistige Hinwendung zu ihm, sie ging mit ihm stundenlang spazieren, mein Vater wusste nicht, wo sie war, man hat sie manchmal irgendwo zusammen gesehen, dann gab es zu Hause immer großen Krach, unter dem ich sehr litt. Später zog meine Mutter aus, meine Eltern ließen sich scheiden, und meine Mutter heiratete den Bruder des Mannes ihrer Schwester. Ich blieb bei meinem Vater, da ja meine Mutter die „Schuldige" war und ich in meiner gewohnten Umgebung bleiben sollte. Natürlich hatte ich weiterhin engsten Kontakt mit meiner Mutter, sie hat sich immer um alles gekümmert, was mich betraf.

Das Judentum hat meine Kindheit und Jugend nicht wirklich geprägt, man ging eben in die Synagoge und nicht in die Kirche. Wenn ich wenige Male im Jahr, eigentlich nur am Langen Tag, Jom Kippur, und zum jüdischen Neujahr, Rosh Haschana, in die Synagoge gehen musste, schlich ich mich immer hin. Ich spürte, dass man dadurch anders war, und wollte das nicht. Man musste natürlich immer eine Kopfbedeckung mithaben auch zu Zeiten, in denen man wettermäßig diese nicht trug, die versteckte ich immer irgendwie, damit man sie am Weg dorthin nicht sah.

In der Josefstadt gab es, wie schon erwähnt, die Synagoge, in die die orthodoxen Juden gingen. Sie wurden von uns eigentlich mehr als die Zigeuner gemieden – man sagte, sie hätten Läuse, dort würde es stinken, dort ging niemand von uns hin. Die Trennung zwischen den so genannten Neologen, also den Neugläubigen, und den Altgläubigen – Orthodoxen – war fast unüberbrückbar – man wollte miteinander nichts zu tun haben. Als ich 13 Jahre alt war, hatte ich Bar-Mizwah. Ich musste die endlose Suada auswendig lernen, damit galt ich im Sinne der Religion als erwachsen.

Am Sonntag nicht in die Kirche zu gehen bedrückte mich, weil ich gerne mit meinen Freunden gegangen wäre, um dazu zu gehören. Man hatte es mir nicht ausdrücklich verboten, aber eine innere Stimme sagte, dass ich da nicht hingehen könne. Doch habe ich am Sonntag trotzdem so getan, als ob auch ich aus der orthodoxen Kathedrale herauskäme. Ich erinnere mich gut, dass ich die Stiegen hinunterging, damit es so aussah, dass ich von dort komme. Zu Ostern, wenn man den orthodoxen Gruß *Christus ist auferstanden* mit *Wahrhaftig, er ist auferstanden* erwidert, grüßte ich auch laut und überzeugend so. Viele wussten nichts von meiner Abstammung. Für sie war ich der Holi, ein guter Sportler, der mit den Freunden trank und ein schönes Rumänisch sprach.

Die dritte, prägende und wichtigste Identität, die geblieben ist und alles überlebt hat, ist die rumänische Identität. Ich glaube, es war die Faszination der Latinität des Rumänischen, Romanischen, der schönen, sonoren, vokalreichen rumänischen Sprache, aber sicher auch schon der Einfluss der großen Vergangenheit des rumänischen Volkes, das von den Dakern und Römern abstammt – so wurde es gelehrt, so habe ich es geglaubt und so glaube ich es bis heute. Die rumänische Nation, König und Vaterland, die Aufmärsche, die damals am 22. Mai, am Jahrestag der Einführung der Monarchie, stattfanden, waren prägend und wurden schon in der Volksschule vermittelt. Dort wollte ich gerne dazugehören. Möglicherweise war es eine instinktive Flucht vor der Minorität, die durchaus verständlich und wissenschaftlich belegt ist: Gerne gehört ja niemand zu einer Minorität, auch wenn es oft anders gesagt wird. Meine ganze Zuwendung galt den Nachbarkindern, mit denen ich auf der Straße spielte. „Ich geh auf die Straße" – das ist heute nicht mehr nachvollziehbar. Es gab ja keinen Verkehr, keine Autos, keine Gefahren.

Die Anziehungskraft des Fußballs als Volkssport par excellence trug auch zur Mischung mit den Rumänen bei. Somit war und ist bis heute für mich die dritte Identität bestimmend geblieben, auch wenn ich mir innerlich die rein religiöse Zuwendung zum Judentum erhalten habe und mich heute in wirklich entscheidenden Momenten meines Lebens, die ja meistens eher tragische Augenblicke sind, zu diesen Wurzeln, die unter den Wurzeln gewachsen sind, hinwende.

Rumänien – Land der Vielfalt

Rumänien ist ein landschaftlich wunderbarer Fleck auf Erden, der alles hat – hohe Berge, Meer, Seen und unberührte Wälder. Man kann im Winter Schi fahren und im Sommer ans Meer gehen. Das Meer ist aber am anderen Ende des Landes, ca. 700 km von meiner Geburtsstadt entfernt. Damals war es undenkbar, im Sommer ans Meer zu reisen – es war kein Thema. Ich sah das rumänische Meer, das Schwarze Meer, erst viel später. Es gab dort damals nur einen Ort, welcher touristisch erschlossen war, und die Vorteile, die Heilwirkung und alles, was das Meer heute bedeutet, waren damals nicht ausgeschöpft und uns weitgehend unbekannt.

Große Bedeutung hat der alte Hafen Pontus Euxinus – heute Constanța, der größte Hafen des Landes und antiker Verbannungsort Ovids. Eine Statue des großen Dichters mitten in der Stadt erinnert an die Zeit, als er hier in der Verbannung lebte und seine wunderbaren Gedichte schrieb. Entlang der Meeresküste herrscht raues und windiges Klima. Die Donau, als Grenzfluss zu Jugoslawien und Bulgarien, fließt durch das Eiserne Tor, vorbei an den hohen Bergen Jugoslawiens, durch eine wahrhaft einmalig schöne Landschaft allmählich zur Ebene Dobrogea entlang der bulgarischen Grenze und mündet im berühmten und wunderbaren Donaudelta ins Schwarze Meer.

Die Karpaten im Inneren des Landes bieten viele große Seen und eine noch heute in Europa einmalige Tierwelt: Braunbären, Wölfe, Luchse, Füchse und die größten Eber. Für mich als Kind war es faszinierend zu wissen, dass diese riesigen Wildschweine Flüsse durchschwammen.

Sommerfrische in diesem Sinne kannte ich nicht. Im Sommer fuhren wir in höher gelegene Gegenden, ähnlich dem Semmering, und in Heilbäder wie das Herkulesbad, ein Relikt aus der österreichisch-ungarischen Monarchie, vergleichbar mit Karlsbad oder Bad Gastein. Mineralwasser war wirkliches Quell- und Heilwasser und kostete nichts. In der Stadt gab es auch einen Brunnen, wo man Heilwasser trinken konnte. Ich weiß noch, wie empört ich war, als ich feststellte, dass das Mineralwasser im Westen auch noch Geld kostete. Diese Sommerfrischen waren aber nur ein bis zwei Stunden von der Stadt entfernt und haben keinen bleibenden Eindruck auf mich gemacht. Diese natürlichen Heilbäder in Sovata, Buziaș und Herkulesbad mit ihrer großen Heilwirkung und den offenbar unversiegbaren Vorräten an Mineralwasser könnten sich für das Land bei entsprechender touristischer Ausrichtung zu einer echten Reiseattraktion entwickeln. Doch da es keine gut ausgebauten Straßen und auch noch keine Autobahnen gibt und die Hotels zwar zufrieden stellend sind, aber bei weitem nicht den internationalen Standards entsprechen, ist Rumänien noch kein Touristenziel. Das hat allerdings auch Vorteile: Die Natur ist nach wie vor unberührt schön und noch nicht von Menschen erobert. Wenn Leute heute mit Begeisterung hinfahren, ist es deswegen, weil sie noch Bären und Wölfe sehen, die Wälder unberührt sind und die Bauern in diesen Gegenden ganz selbstverständlich mit und in der Natur integriert leben.

Das Banat stellt nur mehr den westlichsten Ausläufer der Karpaten dar, es gibt keine hohen Gipfel, sondern Hügel. Entlang der Straßen liegen Dörfer mit einer Reihe Häuser und dahinter liegenden Höfen, wo man unzählige Gänse, Hühner und Schweine sah. Heiße Sommer und sehr kalte Winter prägen das Klima.

Zu Weihnachten wurde immer ein Schwein geschlachtet, das natürlich nicht zu Hause gehalten wurde, sondern irgendwo bei einem Bauern. Merkwürdig war, dass man ungefähr einmal pro Monat zum Bauern ging, um das Schwein anzusehen, wie es ihm so ginge und ob es ordentlich zunehme. Ein skuriler Besuch eigentlich, bei dem ich immer daran denken musste, dass das arme Schwein ja später getötet wurde. Die Schlachtung jedoch fand auf der Straße vor unserem Haus statt. Die Würste, die Blutwürste, der Schinken und alles, was man aus einem dicken Schwein machen konnte, wurden geräuchert und in der „Speis" aufgehängt, davon aß man dann bis zum Sommer. In der Küche wurde eine Gans gehalten und von der Köchin mit getrocknetem Kukuruz gestopft. Wir hatten bis zu unserem Weggang aus Rumänien, außer von 1942 bis 1944 immer ein Dienstmädchen, meist eine Ungarin. Dies war auch in der kommunistischen Zeit kein Luxus. Fast alle Wohnungen hatten ein Dienstmädchenzimmer, so auch unsere kleine Wohnung. Die Gans wurde ebenfalls zu Hause geschlachtet. Die große Sensation, die in zahlreichen Telefonaten meiner Mutter mit Freundinnen und Verwandten erörtert wurde, war immer, wie groß die Gänseleber sei. Manche Gänse hatten keine genießbare Leber und beim Kauf der Gans war immer ausschlaggebend, ob eine Leber fühlbar war oder nicht. Selbstverständlich aßen wir Gänseleber, was kein Luxus war. Man aß nur zu Hause, nie in Restaurants oder in Gasthäusern.

Zigeuner waren mir seit meiner Kindheit ein Begriff. Sie kamen auch in die Gegend, in der wir wohnten, mit den typischen geschlossenen Pferdewagen, schauten sehr anders aus, hatten viele Kinder und schöne Frauen. Sie campierten, denn sie waren ja Nomaden, machten Töpfe und schliffen Messer. Das waren eben die Zigeuner, es gab keine Probleme, man hatte keine Angst, sagte jedoch sehr abschätzig, dass Zigeuner Pferdefleisch essen – das aß man nicht – und aus diesem Grund ihre eigenen Pferde schlachten würden, daher hätten sie auch so viele.

Rumänien ist heute ein Land von über 24 Millionen Einwohnern und der fünffachen Größe Österreichs. Es entstand 1861 durch die Vereinigung der Fürstentümer Walachei und Moldau – die osmanische Herrschaft fand damit ein Ende. 1881 kam Karl von Hohenzollern-Sigmaringen als König Carol I. auf den Thron, unter seiner Herrschaft erklärte Rumänien 1887 seine Unabhängigkeit. König Carol I. kam aus Deutschland, es handelte sich also um ein „importiertes" Königsgeschlecht, das sich jedoch außerordentlich bewährte und in kurzer Zeit vom Volk akzeptiert, geliebt und verehrt wurde. Der König und das Königshaus wurden zu Bestandteilen der rumänischen Identität.

Nach dem Ende des Ersten Weltkrieges durch den Friedensvertrag von Trianon 1920 wurden dem modernen großen Rumänien alle ehemaligen Gebiete der Habsburgmonarchie mit mehrheitlich rumänischer Bevölkerung angegliedert: Transsilvanien mit der Hauptstadt Cluj/Klausenburg, das Banat mit Timişoara/Temesvar, die Bukowina mit Cernăuti/Czernowitz und Bessarabien mit Chisinău/Kischinau. Dadurch vergrößerte sich die Bevölkerungszahl stark, die Ost-West-Grenze verlief nun von Donau und Theiss bis zum Nistru an der russischen Grenze. Ungarn, Deutsch-Schwaben und Juden waren Minderheiten im Land. Die Ungarn lebten konzentriert in Transsylvanien und Maramureş, die Deutsch-Schwaben mehr in Siebenbürgen und weniger im Banat, eine relative große jüdische Bevölkerung vor allem im Nordosten in der Bukowina, genannt Transnistrisches Gebiet, aber auch in den ungarischen Gebieten um Großwardein-Oradea.

Historisch und traditionell war Rumänien immer an Frankreich und England orientiert, politisch und durch die amtierenden Politiker mehr an England, geistig durch Sympathie, Nachahmung, Sprache und die Bukarester Intellektuellen mehr an Frankreich. In Bukarest gibt es einen völlig identischen Arc de Triomphe (Arcul de Triumf) – kleiner, aber in derselben Art vor einem großen Boulevard, wo dieselben militärischen Ehrungen stattfinden wie in Paris. Eine politische Allianz mit Deutschland, Italien oder gar Japan – den so genannten Achsenmächten – war historisch nie gegeben und geistig und intellektuell gar nicht vorstellbar.

Rumänien war von seiner Gründung bis zum Zweiten Weltkrieg eine nach westlicher Form funktionierende konstitutionelle Monarchie. Die großen historischen Parteien – die nationale christliche Bauernpartei und die Liberale Partei – konnten bis zur königlichen Diktatur unter König Carol II. im Jahr 1938 praktisch uneingeschränkt agieren. Diese beiden Parteien stellten abwechselnd, nach den entsprechenden Wahlen, die Regierung.

In Süd-Ost-Rumänien entstand rund um die Hauptstadt Bukarest ein Industriegebiet, große Fabriken wie Malaxa und Auschnitt waren in jüdischem Besitz, was dem Antisemitismus weitere Nahrung gab.

In Czernowitz und der historischen Hauptstadt Moldawiens Iaşi (Jassy) entstand eine starke junge intellektuelle literarische Bewegung, getragen von Persönlichkeiten wie Paul Celan, Manès Sperber, Gregor von Rezzori, Elie Wiesel etc. All diese Schriftsteller waren jüdisch und wesentlich stärker an Österreich orientiert als die Intellektuellen Bukarests wie Nicolae Iorga, Mihai Sebastian und Eugen Ionescu, die frankophil waren. Ein geflügeltes Wort der damaligen Zeit in der Bukowina war, dass jeder Poet Jude ist und alle Juden Dichter sind.

Ende der 20er Jahre bildete sich eine junge, stark nationalistisch-rumänische Bewegung, welche wohl ursprünglich auf reinen Idealen beruhte, die Latinität und den historischen Ursprung des rumänischen Volkes betonte und den bäuerlichen Ursprung und die Orthodoxie als höchstes Gebot pflegte. Aber sie war absolut xenophob, lehnte alle Minderheiten ab und war auch stark antisemitisch geprägt. Außerdem vertraute sie nicht den gewählten Parteien und dem Parlamentarismus. Große, später auch international anerkannte Künstler und vor allem Literaten schlossen sich zwar dieser Bewegung der Legionäre (Mişcarea Legionară) nicht an, sympathisierten aber damit. Emil Cioran, Nae Ionescu, Constantin Noica und der bekannte Philosoph Mircea Eliade. Einzig Eugen Ionescu, der damals noch in Bukarest lebte, lehnte sie von Anfang an ab und schrieb sein Stück *Die Nashörner* als Paraphrase und Verspottung der Legionäre.

Die Legionäre standen besonders der Landbevölkerung sehr nahe; Rumänien war ja zu 80% ein Agrarland mit sehr reichen Grundbesitzern und ausgebeuteter Bauernschaft. „Geheimbündlerei", mitternächtliche „Happenings", wie man heute sagen würde, auf Friedhöfen, grüne Hemden, Askese usw. waren ihre Symbole. Diese Bewegung war sicherlich mit faschistischen Gruppierungen unter Mussolini in Italien vergleichbar. Dessen rumänisches Pendant Zelea Codreanu war allerdings viel schöner und eine Leitfigur: schön, jung, meistens ritt er, in nationaler Tracht gekleidet, auf einem weißen Pferd. Die Legionäre gründeten 1927 eine Elitetruppe, genannt Eiserne Garde, und wüteten immer öfter mit terroristischen Aktionen vor allem in Bukarest, doch auch am Lande verbreiteten sie Angst und Schrecken. Die Anzahl der Mitglieder dieser „Bewegung" stieg beängstigend schnell an. 1933 wurde die Eiserne Garde verboten. Sie entwickelte sich immer terroristischer und extremistischer und schließlich wurde 1939 am Bahnhof von Sinaia – ein nobler und sehr frequentierter Gebirgsort, eine Stunde von Bukarest entfernt und mit dem Semmering der Zwischenkriegszeit gut vergleichbar – der amtierende Ministerpräsident Ion Duca von ihnen erschossen.

1940 scheute die Eiserne Garde auch nicht davor zurück, Nicolae Iorga, den größten und anerkanntesten Philosophen, Historiker und Intellektuellen, der die Legionäre total ablehnte und sie in verschiedensten Schriften, Zeitungsartikeln und durch seine Äußerungen bekämpfte, zu ermorden. Mit dieser Untat allerdings überschritten sie die Grenze des Geduldeten und leiteten ihren eigenen Untergang ein.

In Temesvar spürten wir die Existenz der Eisernen Garde zwar nicht übermäßig, aber die Juden des Landes wurden immer besorgter. Auch wir wussten, dass Leute, die grüne Hemden trugen, dazugehörten. Es handelte sich zumeist um ältere Studenten und Staatsbeamte.

Das Königshaus, vor allem Carol II., der Vater des letzen Königs Mihai, war ein Gegner der Legionäre. In den Wirren, die das Land spalteten, ergriff der König die Gelegenheit, 1938 die königliche Diktatur einzuführen (dictatura regală), löste die bereits verbotene Eiserne Garde brutalst auf, sperrte deren Führer ein und ließ sie nach altbewährtem rumänischen System auf der Flucht bei der Überstellung von einem Gefängnis in ein anderes erschießen. In einem Wald bei Bukarest wurde auch der populäre Volksführer, der „Kapitän" der Eisernen Garde Zelea Codreanu, erschossen und so zu einem Märtyrer gemacht. Dieses Märtyrertum hat heute wieder viel böse Relevanz gewonnen.

1940 verlangte die Sowjetunion in einem Ultimatum die Abtretung der Territorien der Nordbukowina und Teile Bessarabiens – Rumänien war gezwungen, dies zu akzeptieren. Im „Zweiten Wiener Schiedsspruch" – in Rumänien genannt „Diktat von Wien" – verlor Rumänien auch noch große Teile Transsilvaniens an Ungarn. Diese wurden aber nach dem Zweiten Weltkrieg an Rumänien zurückgegeben. Spannungen mit den heute dort lebenden Ungarn gibt es jedoch weiterhin. Die Sowjetunion war zum damaligen Zeitpunkt ja noch nicht in den Krieg gegen Deutschland eingetreten. Dieses Unrecht wurde bis heute nicht korrigiert, die Länder gehören auch nach der Auflösung der Sowjetunion noch immer zu den aufgeteilten russischen Republiken. International ist dies kein Thema mehr, sehr wohl aber national. Und es gehört zu einer der vielen großen Ungerechtigkeiten für die schon im Zweiten Weltkrieg neu verteilten und nach dem Krieg sanktionierten Territorien Europas, die heute niemanden mehr interessieren. Wenn in diesen Ländern heute große ethnische Probleme entstehen, kennen die Menschen wohl deren Ursprung, der Westen, der jedoch darüber richtet, kaum. Der Ursprung und die Lage sind etwa so problematisch und von ähnlicher Natur wie im heutigen Jugoslawien.

Die politischen Parteien und das Parlament wurden aufgelöst und Rumänien trat 1941 unter dem Druck Deutschlands den Achsenmächten bei. Rumänien war für Deutschland aus zwei Gründen wichtig: das reiche Vorkommen von Petroleum einerseits und die strategische Nähe zur Sowjetunion andererseits. In der immer schwieriger werdenden Situation ernannte König Carol II. unter größtem Druck General Ion Antonescu zum Staatsführer. Dieser zwang den König, nach der Bukarester Rebellion der verbotenen Legionäre zugunsten seines damals 19-jährigen Sohnes Mihai I. auf den Thron zu verzichten. Carol II. war ein großer Lebemann mit vielen Liaisons, verheiratet mit Königin Elena von Griechenland. Er hatte ein Verhältnis mit der berühmten rothaarigen Elena Lupescu, die eine wunderschöne, rassige und intelligente Frau jüdischer Abstammung war. Dem König wurde das Konkubinat vorgeworfen, die Eiserne Garde warf ihm noch zusätzlich vor, dass er mit einer Jüdin ein Verhältnis hatte. Er musste abdanken, verließ das Land samt Elena Lupescu, heiratete sie später und blieb mit ihr bis zum Lebensende zusammen. König Carol II. starb 1953 in Portugal.

Ion Antonescu wurde der Führer der Nation – ein grauer General, eine zwiespältige, interessante Figur, die viele Menschen der damaligen Zeit als das nach ihrer Einschätzung geringere Übel für die politische Struktur des Landes gewählt hatten. Antonescu errichtete eine Diktatur unter Beteiligung der Legionäre und hatte sich mehr notgedrungen als durch Überzeugung mit Hitler-Deutschland verbündet, das der Feind Sowjetrusslands, des historischen Feindes Rumäniens, war. Er fühlte sich von den vermeintlichen Siegern des Krieges, der angehenden Weltteilung angezogen – für ihn zweifellos das Deutsche Reich und nicht die historischen Verbündeten Rumäniens Frankreich und England.

Amerika spielte damals noch keine Rolle, weder in unserem täglichen Leben noch in Gesprächen, es war ein weit entferntes Land, wo jeder, der hingelangte, in kurzer Zeit vom Tellerwäscher zum Millionär wurde; aber das fiel mehr in den Bereich der Märchen, weil es außer zur Zeit der großen Einwanderungsbewegung in den 20er Jahren kein Thema mehr war. Der Weg von Rumänien nach Amerika aber war weiter als von irgend einem anderen europäischen Land aus.

Rumänien trat 1941 an der Seite Deutschlands in den Krieg ein – es war nicht besetzt, sondern verbündet – und kämpfte gegen die Sowjetunion. Der Plan Antonescus war, die an die Sowjetunion zwangsweise abgetretenen Gebiete Bessarabiens und der Nordbukowina zurückzugewinnen – daher nannte man diesen Krieg auch den „Heiligen Krieg zur Wiedervereinigung des Vaterlandes". Die verlorenen Gebiete wurden mit Hilfe der Deutschen schnell wiedererobert, die Russen zogen sich ja bekanntlich immer mehr zurück. Nun hoffte man, dass der Beitrag der Rumänen beendet sei. Davon war natürlich keine Rede, die Rumänen wurden gezwungen, weiter vorzudringen bis Stalingrad. 170.000 Rumänen fielen im Verlauf des weiteren Krieges gegen die Sowjetunion als Kanonenfutter.

Unter Antonescus Regime wurden auch schwerwiegende Gesetze und Verordnungen gegen die jüdische Bevölkerung erlassen: Rumänisierung genannte Enteignungen und die üblichen Schikanen wie Verbot von Telefon, Radio, Auto. Die Verordnungen aus Deutschland wurden nicht gänzlich übernommen – wir mussten zum Beispiel keine Judensterne tragen, doch waren wir am besten Wege dorthin. Die Vertreter der Juden in Rumänien, große Persönlichkeiten vom Range eines Fieldermann oder eines Oberrabbiners Şafran wurden nicht ausgeschaltet, sondern verhandelten stets mit Marschall Antonescu; die jüdischen Anliegen wurden von König Mihai I. immer unterstützt.

Die Verordnungen unterschieden sich jedoch in den verschiedenen Regionen des Landes sehr. Vor allem in den Gebieten des Alten Königreichs (Vechiul Regat) waren diese Maßnahmen tief greifend. Furchtbare Pogrome und Verfolgungen sowie Massenexekutionen und Konzentrationslager gab es in den zurückgewonnenen Gebieten Bessarabien und der Bukowina. Dort lebten ja viele Juden, welche natürlich mit der kommunistischen Sowjetunion als das für sie kleiner wirkende Übel sympathisierten. Die Rache von Seiten der Rumänen als Verbündete der Deutschen war furchtbar – die Rumänen hatten ja sofort die Verwaltung der zurückgewonnen Gebiete übernommen und somit die Umsetzung der neuen Gesetze gegen die jüdische Bevölkerung dort hundertprozentig durchgesetzt. Transnistrien, das gesamte Gebiet bis zur russischen Grenze, stellte und stellt bis heute eines der traurigsten Kapitel der rumänischen Geschichte dar. Manche Juden flüchteten in den westlichen Teil des Landes und wurden von uns aufgenommen. Wir hatten so genannte „Essjuden", die zum Essen kamen, das musste sein, das tat man aus sozialen Gründen. Ein Zusammenleben oder eine besondere Hingabe für sie gab es aber nicht. Im großen übrigen Teil des Landes wurden die judenfeindlichen Gesetze jedoch viel weniger rigoros durchgeführt.

Am 23. August 1944 putschte König Mihai I., Antonescu wurde verhaftet. Der König war viel jünger als der Staatsführer, der ihm als Einziger „Deine Majestät" sagen durfte. An diesem 23. August jedoch entzog der König ihm das Du-Wort und Antonescu wurde von der königlichen Garde noch im Thronsaal verhaftet. Der Putsch war in Absprache mit Churchill und Stalin genial vorbereitet und kam für die Deutschen völlig unerwartet. Die Rumänen drehten sich um 180 Grad und schossen anstatt nach Osten nun nach Westen. In der Sowjetunion bildeten sich rumänische Divisionen teils aus Kriegsgefangenen, teils aus noch aktiven Truppen, die dann mit den Russen wiederkamen, um einerseits Rumänien zu befreien und andererseits gegen Ungarn zu kämpfen bzw. dieses von den Nazis und der Regierung der Pfeilkreuzler unter Szálasi zu befreien.

Der 23. August war und ist ein historisch sehr bedeutendes Datum für die Geschichte Rumäniens und natürlich auch für mein persönliches Schicksal. Dieser Tag brachte die Wende bzw. den Ausstieg Rumäniens aus dem Zweiten Weltkrieg an der Seite Deutschlands. Dieser Schritt brachte dem Land nach

Kriegsende nicht nur Respekt und Anerkennung, sondern auch die Rückgabe der an Ungarn zwangsweise abgetretenen Territorien Transsilvaniens – also die großen Gebiete samt Klausenburg, Großwardein und Umgebung. König Mihai I., der den Umsturz persönlich außen- und innenpolitisch vorbereitet und vollzogen hatte, wurde zu einer von allen anerkannten Persönlichkeit eines demokratischen Souveräns und einem Symbol Rumäniens. Marschall Antonescu, der Landesführer, wurde in einem schon von den Sowjets beeinflußten Schauprozess zum Tode verurteilt und erschossen.

Viele glaubten, die Zukunft des Landes als Demokratie wäre nun gesichert. Doch dem war keinesfalls so. Nach Rumänien waren ja mittlerweile die Truppen der Roten Armee vorgedrungen, die Alliierten blieben bekanntlich an der Elbe stehen. Schon allein dadurch sicherten sich die Russen den politischen Einfluss im Lande. Aus der Sowjetunion kehrten engstirnige kommunistische Funktionäre zurück, die dorthin geflüchtet waren, und bauten die kommunistische Partei Rumäniens systematisch auf. Diese war bis dahin praktisch inexistent gewesen – sie hatte nicht einmal tausend Mitglieder. Die historisch gewachsenen bürgerlichen Parteien wurden eliminiert, die ersten „freien" Wahlen am 6. März 1945 skrupellos gefälscht. Die kommunistische Partei übernahm somit die totalitäre Macht, die bis zum Sturz Ceaușescus im Jahre 1989 bestand und Rumänien bis heute in ein armes Land verwandelte. Ceaușescu war schon damals, also Ende der 40er Jahre, als Schusterlehrling in der verbotenen kommunistischen Partei tätig, indem er verbotene Schriften verteilte. Zuerst als Jugendführer, dann im Innenministerium war er immer schon ein extremer Apparatschik, zwar grau, ungebildet und rhetorisch sehr begrenzt, doch gefährlich und gefürchtet in seinem Umkreis. Nach dem frühen Tod des ersten Parteiführers Gheorghiu-Dej wurde, ziemlich überraschend, Ceaușescu zum Ersten Parteisekretär gewählt. Allmählich eliminierte er alle seine Widersacher und möglichen Konkurrenten und wurde der am längsten herrschende, eigenwilligste und mächtigste Diktator in der Geschichte des Landes. Erst durch seinen gewaltsamen Tod gingen die alten Strukturen und vor allem die Allmacht der Securitate allmählich zu Ende.

Rumänien hatte sicherlich durch den Umschwung gegen Nazideutschland zum rascheren Ende des Zweiten Weltkrieges beigetragen, umso mehr, als dass dies selbst für Hitler völlig unerwartet kam. Der deutsche Botschafter in

Rumänien, von Killinger, erschoss sich in der deutschen Botschaft in Bukarest – dieses Zimmer wird als historischer Raum bis heute gezeigt.

Wir wissen, was von August 1944 bis Mai 1945 in Polen und Ungarn alles passierte, hunderttausende ungarische Juden wurden in dieser Zeit nach Auschwitz und in andere Lager deportiert. In den Teilen Rumäniens, die zwangsweise an Ungarn abgetreten werden mussten, wurde nahezu die gesamte jüdische Bevölkerung nach Auschwitz gebracht. Nach dem Abgang von Eichmann und den Deutschen wüteten die ungarischen Pfeilkreuzler unter Szálasi, eine ultrarechte ungarisch-nationalistische Vereinigung, ärger als die Deutschen, die Judenvernichtung wurde radikalst durchgeführt. Zwei meiner Großtanten mütterlicherseits fanden dort auch den Tod.

Im Mai 2001 war ich in Oradea Mare (Großwardein). In dieser wunderbar erhaltenen spätbarocken Stadt stehen im Zentrum zwei große, über tausend Personen fassende Synagogen leer. 35.000 jüdische Bürger wurden im Mai 1944, also nicht einmal drei Monate, bevor Rumänien aus dem Krieg austrat, aus diesem Gebiet, das damals unter ungarischer Hoheit stand, nach Auschwitz deportiert. Keiner überlebte. Das und vieles andere in diesem Zusammenhang ist nicht vergessen und zeigt, wie radikal in diesen und anderen zwangsweise von Rumänien abgetretenen Gebieten die Judenvernichtung durchgeführt wurde. Das alles hat man dem Großteil der jüdischen Bürger Rumäniens erspart, was auch nach dem Krieg vom Westen geachtet wurde.

Die Übergangsphase der trügerischen Ruhe bis zur kommunistisch-sowjetischen Terrordiktatur dauerte jedoch nur knapp drei Jahre. Der große und alles verändernde Bruch erfolgte 1946 mit der Machtergreifung der Kommunisten.

Der Corso und die Oper

Der Corso, im Hintergrund die Oper

Der wichtigste Platz der Stadt für mich und uns war der Corso – die Verbindungsstraße zwischen der großen orthodoxen Kathedrale, welche Ende der 30er Jahre entstand, und der Oper. Die wichtigste Tagesbeschäftigung war, rechtzeitig am Corso zu sein, das heißt rechtzeitig am Abend, bevor es dunkel wurde und vor allem am Sonntagvormittag. Sonntagvormittags nicht auf den Corso zu gehen, war mit 14 und 15 Jahren das Schlimmste, was mir passieren konnte. Auf der einen Seite waren die beiden Restaurants der Stadt, Lloyd und Pallace, in der Mitte fuhr die Straßenbahn, dazwischen waren Blumen und Bänke. Auf der anderen Seite war das Surrogat, da gingen die jüngeren und diejenigen aus niedrigeren sozialen Schichten auf und ab. Man sah, wurde gesehen und zog sich Sonntagskleider an.

Der Corso war auch der Ort, wo man Neues erfuhr und Dinge, die man sonst nicht hörte. Von den neuen kommunistischen Machthabern als Überbleibsel der bourgeoisen Vergangenheit gebrandmarkt, war der Corso für uns auch ein Ort der Hoffnung. Man erfuhr von „Bestinformierten", dass die Amerikaner in drei Tagen mit 10.000 Fallschirmjägern landen werden, selbstverständlich bei uns im Banat, und die russischen Militärs bereits am Wege

Schon als Kind am Corso, im Hintergrund die Oper

zurück in die Sowjetunion seien; dass Gheorghiu-Dej, der erste kommunistische Parteiführer und Vorgänger Ceaușescus, bereits geflüchtet sei, der König bereits auf dem Weg wäre, um nach Rumänien zurückzukehren usw. Am Corso erfuhr ich 1958 auch, dass man am nächsten Tag für die Ausreise nach Israel einreichen konnte – und das hat auch tatsächlich gestimmt!

Die Wichtigkeit dieser Sitte des Corso dauerte, bis ich das Land verließ, und heute, wenn ich nach Temesvar komme und es 6 Uhr wird, sage ich immer, ich muss auf den Corso gehen, und denke, dass ich dort bekannte Menschen treffe. Aber ich treffe niemanden mehr; die heute dorthin gehen, kenne ich nicht mehr und sie kennen mich nicht.

Die Oper war für hiesige Begriffe ein Stadttheater, ein schönes und imponierendes Gebäude, ein Helmer-und-Fellner-Bau. Dieselben Architekten hatten auch die Stadttheater in Graz, Klagenfurt, Zagreb und viele andere Gebäude in der ganzen Monarchie gebaut. Sie brannte 1920 ab und wurde vom Architekten Duliu Marcu in der heutigen Form mit einer neuen Fassade, die starken byzantinischen Einfluss hat, wieder aufgebaut. Dadurch ist dieses Opernhaus unvergleichbar mit allen anderen Opernhäusern der Welt. Schauspiel und Oper wurden abwechselnd gespielt – Montag, Mittwoch, Freitag und Sonntagvormittag war Oper, an den anderen Tagen Schauspiel.

Durch den Wiener Schiedsspruch 1940 wurde, wie schon erwähnt, ein Teil Rumäniens, und das war nun wirklich ein sehr rumänisches Rumänien – Transsilvanien –, Ungarn zugesprochen. Unter anderem auch die Stadt Klausenburg (Cluj). Dort gab es eine staatliche rumänische Oper, in Temesvar war zwar das Gebäude vorhanden, aber keine eigene Opernkompanie. Als Klausenburg 1940 ungarisch wurde, wurde die gesamte dortige rumänische Oper nach Temesvar verlegt. Ein intaktes Ensemble, hervorragende Sänger bespielten nun die Temesvarer Oper. Als Rumänien Transsilvanien nach dem Krieg wieder zurückbekam, ging das Ensemble nach Cluj zurück. 1947 wurde dann durch königliches Dekret eine eigene Temesvarer Oper installiert mit *Aida* als Eröffnungsvorstellung – die Staatsoper Temesvar, Opera de Stat Timişoara, die zwischen 1947 und 1959 und bis heute mein Leben entscheidend mitprägte.

Wirklich einmalig ist, was auf dem Gebiet der Oper in Cluj nach 1948 geschehen ist. Im Sinne der Politik der Minoritätenrechte wurde eine staatliche ungarische Oper ins Leben gerufen. Bis heute hat diese Stadt zwei staatliche Opernhäuser, die in zwei verschiedenen Sprache spielen: die ungarische Oper spielt alle Werke auf Ungarisch, die rumänische auf Rumänisch. Das ist weltweit einmalig; ich kenne keine andere Stadt auf der Welt, die zwei Opernhäuser mit eigenständigen Orchestern, Chören, Solisten, Werkstätten usw. hat, die in den beiden verschiedenen Landessprachen spielen. Seit der Öffnung 1989 spielen nun aber beide Häuser in Originalsprache – und damit hat das Ganze den Sinn verloren, der ja war, dass die ungarische Minorität ein Theater, das noch existiert, und eine Oper hat. Doch aus politischen Gründen der Erhaltung der Minoritätenrechte steht im Regierungspakt mit der ungarischen Minorität, dass die ungarische Oper nach wie vor besteht. In der rumänischen Oper in Cluj, die in der Zwischenkriegszeit als die Beste im Lande galt, wurde beispielsweise auch der gesamte *Ring* gespielt, natürlich in rumänischer Übersetzung. Viel später dann habe ich an der ungarischen Oper in Cluj Julia Varady, die bekannte Sopranistin, entdeckt – damals hieß sie noch Julia Töjer. Durch mich kam sie dann an die Frankfurter Oper, wo die Karriere dieser wunderbaren Sängerin begann, die mit Dietrich Fischer-Dieskau verheiratet ist und heute leider nicht mehr bereit ist, in Inszenierungen aufzutreten, sondern nur noch konzertant singt, weil sie nach eigener Aussage meint, dass man sie so viel mit den neuen Inszenierungen gequält hat, dass sie nicht mehr bereit ist mitzumachen.

Mein erster Opernbesuch war 1947 mit 12 Jahren Schuberts *Dreimäderlhaus* – auf der Galerie mit unserer Köchin Mira. Die Galerie der Temesvarer Oper war und ist sehr anders als die Galerie in allen mir bekannten Opernhäusern der Welt. Es gab einen separaten Eingang und in der Pause konnte man zu meinem Leidwesen nicht zu den restlichen Zuschauern ins Foyer hinuntergehen.

Das *Dreimäderlhaus* gefiel mir zwar, vor allem die lustigen Prosateile, aber keinesfalls so, dass ich gleich am nächsten Tag wieder in die Oper gehen wollte. Es verging relativ viel Zeit, bis ich wieder dort war, diesmal mit meinem Vater, jedoch nicht auf der Galerie. Wir sahen Verdis *La Traviata,* die mich faszinierte. Der Vorhang ging auf, viele Menschen, elegant in Frack, waren zu sehen und vor allem die große Szene im 3. Akt, in der Alfred der Violetta Valéry das Geld ins Gesicht schmeißt und es großen Wirbel gibt – das alles beeindruckte mich. Auch die Musik beeindruckte mich sehr, ohne den Grund dafür zu wissen. Das ist das Wunderbare, wenn durch die Sinnlichkeit der Musik das ganze Spektakel, das Sichtbare zusammen mit dem Gehörten fasziniert. Als die verarmte Traviata starb, bemerkte mein Vater, dass mir die Tränen über die Wangen flossen.

Mein Vater mochte Oper sehr. Im Radio wurden jeden Freitag spätabends die so genannten Martini-Rossi-Konzerte aus Turin mit den großen Sängern der damaligen Zeit übertragen, das war ein Fixpunkt. Nicht die Sänger haben mich interessiert, da ich sie ja nicht kannte, sondern die Opern. Sehr beeindruckt hat mich *Die Macht des Schicksals*. Mir wurde auch die Handlung erzählt, es gab die berühmte Übersetzung von Werfel, die mein Vater kannte – das übte großen geistigen und noch mehr sinnlichen Reiz auf mich aus.

Zwischen 15 und 20 Jahren wurde ich zu einem begeisterten Opernbesucher – „Stehplatzler" in hiesiger Diktion, ohne dass es einen Stehplatz gab. Die Oper wurde eine Leidenschaft, die von manchen meiner Freunde ironisch belächelt wurde – der Holi mit seiner Oper, sagte man abschätzig. Oper interessierte natürlich auch dort nur einen Bruchteil der Menschen und der Jugend, jeder wusste aber auf Grund der zentralen Lage am Corso, dass es eine Oper gab, die auch sehr gut besucht wurde. Ich ging nun permanent in die Oper, hatte keine Zeit für anderes, weil ich, wie ich sagte, ins „Institut" ging, kleidete mich viel älter, hatte auch immer einen Schal wie die Sänger, obwohl ich nicht gesungen habe. Doch imitierte ich die Kleidung der Sänger oder Dirigenten. Besonders vornehm waren Eden-Hüte mit breiten und am Ende gewebten Bändern. Da der erste Tenor Corbeni einen Eden-Hut trug, verschaffte ich mir aus den Altbeständen meines Vaters auch einen: Ich ging also Anfang der 50er Jahre mit 16 oder 17 Jahren mit einem schwarzen Eden-Hut spazieren, mein Vater hingegen trug damals Kappen, damit er in dieser neuen Gesellschaftsordnung nicht so sehr auffiel. Wenn ein Sänger aus der Oper mit mir sprach, war das überhaupt das Höchste. Im Laufe der Zeit wusste ich auch immer mehr und konnte Gespräche führen. Beim Bühneneingang hineingehen zu dürfen, mich hineinzuschleichen und sehr oft hinausgeschmissen zu werden, bei einer Probe versteckt dabei zu sein, war ein unglaubliches Erlebnis. Der Geruch des Kleisters, der die Dekorationsstücke zusammenhielt und von der Bühne in den Zuschauerraum strömte, wenn sich der Vorhang hob, übte auf mich einen geradezu erotischen Reiz aus.

Die Temesvarer Oper hat rund 700 Plätze, ist ziemlich hoch und nicht sehr tief. Sie hat drei Ränge, die Parterreplätze heißen Stal I bis III. Die Bezeichnung Stal habe ich im Westen nur im Zirkus erlebt. Interessant ist, dass vor den Logen Avant-Logen sind, also eine Reihe Fauteuils vor den Logen. Diese waren immer schon die begehrtesten Plätze – man wurde gesehen und sah außerdem sehr gut. Dann gibt es Balkon und Galerie. Die dominierenden Farben in der Oper sind Rot und Gold. Diese Farben prägen mich bis heute, und wenn man mich fragt, wie ich einen Raum in der Oper einrichten möchte, nenne ich immer dunkelrot und gold.

In der Oper saß ich nicht, das taten nur die „normalen" Zuschauer. Ich stand immer unten am Rand zwischen den Sitzreihen und der Wand – wichtigtuerisch und stundenlang. Die Opern dauerten ja sehr lang, weil in der damaligen Zeit natürlich jeder einzelne Schauplatz gezeigt und demnach auch gebaut wurde. Gemalte Prospekte wurden dann aufgehängt – Einheitsbühnenbilder kannte man nicht. Dazu waren natürlich viele Pausen notwendig, die *Pique Dame* beispielsweise dauerte immer bis $^1\!/_2 1$ Uhr nachts.

Das Repertoire der Temesvarer Oper bestand aus italienischen und französischen Werken, deutsche Komponisten wurden kaum gespielt. Hingegen wurden russische Werke aufgeführt: Tschaikowskys *Onegin* und *Pique Dame* ohne Striche, auch Dragomirski, Glinka und zeitgenössische rumänische Opern. Das rumänische Opernschaffen wurde besonders gefördert. Selbstverständlich gab es auch eine große Ballettruppe und eigene Ballettabende wie *Spartakus, Fontänen von Bakschiserei, Der blecherne Reiter* u. a.

Die Inszenierungen bedeuteten weniger als die Bühnenbilder. Was die Sänger innerhalb der Dekoration machten, wie sie allein und miteinander agierten, war nicht wichtig und abhängig von der Persönlichkeit des Interpreten. Natürlich war jede neue Inszenierung bestrebt, den Inhalt des Werkes zu vermitteln. Jeder Gedanke über besondere Interpretationen oder irgendwelche unentdeckten Hintergründe waren uns allen – den Künstlern und dem Publikum – vollkommen fremd. Es gab zwei Hausregisseure und einen Bühnenbildner, die alle Inszenierungen betreuten. Sämtliche Partien wurden selbstverständlich aus dem Ensemble besetzt. Manchmal gab es Gastspiele bekannter Sänger aus Bukarest oder den Oststaaten. Serbische und ungarische Sänger waren sehr gut und beliebt, russische weniger.

Ein einziges Mal geschah etwas, das nicht nur auf mich außerordentlich, neuartig und unheimlich wirkte. Es kam ein neu engagierter Regisseur namens Georgescu. Er war in Iași engagiert gewesen, wurde dort aber aus politischen Gründen entlassen und nach Temesvar versetzt. Er inszenierte *Faust* von Gounod und erstmals machte ein Maler das Bühnenbild. Es war alles gänzlich anders, wirkte expressionistisch und unrealistisch – also sehr ungewöhnlich. Er inszenierte mehr die Gedankenwelt von Goethes Faust als die Handlung. Über diese „mise en scène" wurde lebhaft diskutiert, nach kurzer Laufzeit wurden weitere Aufführungen von den Parteiverantwortlichen verboten. Rückwirkend gesehen glaube ich, dass *Faust* die erste moderne Inszenierung meines Lebens war, möglicherweise die Anfänge des Regietheaters. Der Eindruck jedenfalls war tief.

Neben den gängigen Opern von Verdi und Puccini wurde auch *Lakmé* von Delibes gespielt, *Der Zigeunerbaron* und *Die Fledermaus* als Operetten, außerdem *Eva* von Léhar, die die Geschichte einer Arbeiterin behandelt. Das wollte ich immer an der Volksoper machen, denn es ist die einzige Operette mit einem aktuellen Libretto, einem sozusagen klassenkämpferischen: eine Fabrikarbeiterin hat eine Liebschaft mit dem Fabrikbesitzer. Mozarts *Figaros Hoch-*

zeit und *Entführung* wurden gespielt; *Zauberflöte* und *Don Giovanni* habe ich erst im Westen gehört. Diese Opern haben mich eher gelangweilt, obwohl man mir sagte, dass Mozart und Bach etwas Besonderes wären. Mein Gesanglehrer, der eine Art geistiger Führer für mich geworden war, erzählte mir von der Wiener Oper, von Piccaver, von Tauber, Dermota und Patzak. Gigli und Caruso waren mir ebenfalls ein Begriff. Ich kannte keine Opern von Wagner und wusste von Richard Strauss nur, dass er wohl den berühmten *Rosenkavalier* komponiert hätte, aber dabei mehr noch ein großer Mann im Dritten Reich gewesen sei, wie mir mein Vater erzählte.

Es gab ein echtes Ensemble, das bedeutete, dass jedes Fach mehrfach besetzt war: ein lyrischer Bariton, ein dramatischer Bariton, ein Spielbariton für kleine Rollen; ein dramatisch-italienischer Sopran, ein lyrischer Sopran und ein Koloratursopran. Und das in jeder Stimmgattung. Ein wunderbares Ensemble, ein umfangreiches und abwechslungsreiches Repertoire – und ein großer Kampf, wer wann die Hauptrolle singt. Und Sympathien für diesen oder jenen. Dies alles war eine große Beschäftigung für mich, man ging so wie heute wegen verschiedener Besetzungen in die Oper. Diese änderten sich immer, weil alle irgendwann drankamen. Es gibt keine grundlegenden Unterschiede zwischen der Führung eines kleinen und eines großen Opernhauses. Ich behaupte jetzt nicht, dass ich eins zu eins die Struktur der Temesvarer Oper an die Wiener Oper übernommen habe, aber sehr viele meiner heutigen Erfolge basieren auf der gesunden Konstellation eines Stadttheaters. Selbstverständlich wurden alle Opern rumänisch aufgeführt, es war gar keine Frage, dass sie nicht in der Landessprache aufgeführt wurden. Noch heute kann ich *Rigoletto* oder *Tosca* rumänisch mitsingen, ohne dass ich sie je gelernt hätte, ich weiß alle Texte bis heute auswendig. Sie hatten sich mir durch oftmaliges Hören in einer Art eingeprägt, die man nie mehr vergisst. Das ist auch einer der Gründe, warum ich gegen die Einführung von Übertiteln war, weil man doch die Texte ohnehin kennt. Man kennt sie aber wohl nicht mehr. Selbstverständlich spielen wir Oper auch und vor allem für Menschen, die das Werk noch nie gehört haben und auch die Standardwerke nicht kennen. Die gesungenen Texte mitlesen zu können ist sicherlich ein wichtiger Schritt in Richtung der Öffnung des Hauses für ein neues Publikum. Es ist eminent wichtig für den Zuschauer, den Text des Sängers zu verstehen, zu kennen. Jeder Komponist hat ja als Grundlage einen Text.

Es kann gar keine Frage sein, dass Text und Musik, Text und Noten eine untrennbare Einheit bilden. Man muss also die Sänger in doppeltem Sinne verstehen: sowohl sie selbst als auch die Sprache, in der sie singen. Übertitel sind Hilfsmittel, aber eben nur solche.

Als 15- und 16-Jähriger statierte ich in *Aida*. Zwei Arten von Statisten gab es: die äthiopischen Kriegsgefangenen, die schwarz angemalt waren, und die Ägypter, die nicht angemalt waren. Die Kriegesgefangenen waren zwar unwichtiger, bekamen aber ein bisschen mehr Geld wegen des angemalten Körpers. Wir marschierten eigentlich nur von rechts nach links über die Bühne, um dann, nachdem wir hinter dem eingebauten Rundhorizont wieder zurückrannten, wieder hereinzumarschieren. So entstand der Eindruck einer großen Menge von Kriegsgefangenen bzw. Kriegern, obwohl es immer dieselben Statisten waren. Mein Debut auf der Opernbühne war also als Kriegsgefangener in *Aida*.

1998, bei meinem letzten offiziellen Erscheinen an der Temesvarer Oper, als ich das erste Ehrenmitglied dieses Hauses wurde, hielt ich eine Ansprache und sagte, dass ich nun zum dritten Mal auf dieser Bühne sei: als Kriegsgefangener, als Sänger und jetzt fast als lebende Legende und erstes Ehrenmitglied dieses Hauses.

Das Theater – sowohl Schauspieler als auch die Stücke – faszinierte mich ebenso wie die Oper. Ich war zwar öfters in der Oper als im Schauspiel, aber selbstverständlich ließ man kein Theaterstück aus. „Linke Kämpfer" gegen die Ausbeutung, Kämpfer für die sozialistische Gesellschaft: Alle Stücke wurden auch in diesem Sinne gebracht und geschrieben – habe ich jedenfalls geglaubt. Dazu kam natürlich russische Literatur, vor allem Gorki, Majakowskij und viele zeitgenössische Autoren, doch kaum Tolstoi und Tschechov, auch rumänische Autoren der Vergangenheit und Gegenwart.

In der Schule waren inzwischen der Musik- und Sprachunterricht – außer Russisch – abgeschafft – alles, was nicht mit Technik zusammenhing, haben wir nicht gelernt. Natürlich wollte ich Tenor werden und sang, besser gesagt brüllte, zu Hause alles nach. Ich wage zu behaupten, wenn ich damals mit 17 bis 19 Jahren meine Tenorstimme nicht verschrien hätte, hätte aus mir als Sänger mehr werden können, als geworden ist. Die Grundvoraussetzungen waren jedenfalls gegeben, da ich eine große Stimme hatte. Schließlich schickte mich meine Mutter zum Gesanglehrer der Stadt, Prof. Wiener, mit der Begründung, dass dieses Kind die ganze Zeit sänge, sehr laut und irgendwie imponierend. Er hörte mich an und meinte, dass ich wirklich eine Stimme hätte – ich glaube, das war der schönste Tag meines Lebens bis dahin. Mit 20 Jahren fing ich mit dem Gesangunterricht an und lernte Noten. Bei diesem Gesanglehrer nahmen fast alle Sänger der Oper Gesangstunden und ich durfte auch zuhören – ich war nun ein Sänger, und das konnte mir keiner mehr austreiben. Es hat sehr viele Jahre gedauert, bis ich selbst davon wegkam.

Ich habe als Tenor studiert – ohne jemals einer zu werden. Ich sang bis zum allerhöchsten Baritonton – hatte also ein sehr gutes G, aber schon ein problematisches As. Der Gesanglehrer sagte mir sehr glaubhaft, dass, wenn man das einmal hat, man noch drei Halbtöne durch Arbeit dazubekommt. Dass ich auch noch das hohe C erreiche, wäre nur eine Sache der Zeit – leider hat er die Zeit nicht erlebt, ich übrigens auch nicht. Aber ich sang, lernte Klavier, hatte sogar ein gemietetes Pianino zu Hause trotz der schweren Zeiten.

In der Oper war der *Troubadour* in Vorbereitung. Rumänien wie auch alle anderen Länder des Ostblocks kümmerten sich natürlich überhaupt nicht um Verlagsrechte und hatten daher auch keine Partituren. Man dirigierte aus alten Klavierauszügen. Es war der sehnlichste Wunsch der Opernleitung, für diesen *Troubadour* eine Partitur zu bekommen. Ich gab diesen Wunsch an meinen Onkel, der auf Grund seiner hohen Stellung in der Parteihierarchie oft im Westen war, weiter – er brachte tatsächlich eine Ricordi-Partitur mit, die ich der Oper gab. Und plötzlich war ich dort sehr wichtig. Dirigent war Ladislau Roth, der sich für die Auswanderung nach Israel vormerken ließ, was den sofortigen Verlust des Postens mit sich brachte. Er musste also die Oper verlassen und nahm die Partitur mit. Die Partitur hatte ich aber der Oper gegeben und nicht Roth privat. Es entstand ein furchtbarer Konflikt zwischen Judentum und Rumänentum. Roth konnte nicht verstehen, dass der Enkel des Dornhelm den Rumänen gerade in der damaligen Situation diese Partitur überlassen wolle – und gab diese Partitur nicht zurück. Meine Wichtigkeit in der Oper schwand, ich durfte nicht mehr zu Proben gehen, nicht mehr umsonst zu Vorstellungen. Ich hasste diesen Roth – und dazu meinen Vater, der sich auf dessen Seite stellte.

Unser Leben ab 1941

1941 mussten wir von Nummer 13 auf Nummer 6 der Petre-Carp-Straße übersiedeln, weil dieses Haus das Eckhaus zu einem weiten Park war und damit an einem sehr guten Platz der Stadt lag. Damals gab es die ersten Maßnahmen, Menschen „schlechter Abstammung" in kleinere Wohnungen zu verlegen. Ich sage bewusst „Menschen schlechter Abstammung" – noch ist die ethnische Abstammung gemeint. Wenige Jahre danach war „schlechte Abstammung" eine bürgerliche oder großbürgerliche – dann „ungesunde" Abstammung genannt. Ich hatte also bereits kurz nachdem ich auf der Welt war und für ziemlich lange Zeit eine „ungesunde" Abstammung – das ist die wörtliche Übersetzung von „origine nesănătoasă".

Ich verstand damals nicht, warum wir aus der Wohnung herausmussten und in eine andere zogen, die zwei Zimmer weniger hatte. Natürlich war es mein Zimmer, das dadurch verloren gegangen war. Ich bekam wohl die immer bedrücktere Atmosphäre im Elternhaus mit, die steigende Nervosität und Strenge meines Vaters und auch die immer schlechter werdende Ehe meiner Eltern, für die ein sieben- bis achtjähriges Kind natürlich keine Erklärung hatte.

Jedenfalls waren wir plötzlich – und im täglichen Leben unmittelbar spürbar – ab 1941/42 gefährdet, eingeschränkt, ausgeschlossen und „anders". Ohne eine Erklärung oder Begründung zu haben, spürte auch ich als Siebenjähriger die Angst, die sich auch im Elternhaus verbreitete. Der Kutscher Binder entpuppte sich plötzlich als wilder Nazi, grüßte jedermann laut mit „Heil Hitler", war zu uns allen sehr schroff und unwillig, doch musste man dieses und viel mehr schlucken. Auch die Köchin verloren wir plötzlich, und ich merkte, dass immer leise gesprochen wurde und mein Vater spätnachts geheimnisvoll in der Dunkelheit Radio hörte.

1942 war ich in der ersten Klasse der rumänischen Volksschule und musste nach einem Jahr die Schule wechseln, obwohl ich die Lehrerin vergötterte – sie war schön und jung und für mich eine Leitperson –, und in einen Bezirk gehen, in dem wir nie verkehrt hatten – in den 2. Bezirk, „Fabrikstadt". Im Vergleich mit Wien würde das bedeuten, dass man aus Hietzing plötzlich in der Leopoldstadt landet. Es war eine rein jüdische Schule. Warum ich aus der rumänischen Schule weg und nun in diese Schule gehen musste, verstand ich nicht. Die Schule war düster, die Schüler missfielen mir auch, sie waren mehrheitlich Kinder von orthodoxen Juden. Ich lernte zusätzlich zum normalen Schulunterricht Iwrit, wir hatten sonntags Schule, dafür am Samstag frei.

Wir spielten damals immer vor dem Haus auf der Straße und da hatte ich ein bleibendes Erlebnis. Die Schüler der deutschen Schule „Banaţia" hatten rote Kappen, alle Schüler des Landes hatten übrigens auf einem Armband Nummern, so dass sie überall auf der Straße erkennbar und kontrollierbar waren. Wenn man einen Lehrer auf der Straße nicht grüßte, wenn man rauchte oder durch irgendwelche Unartigkeiten auffiel, konnte jeder Bürger die Schule und auch den Schüler anhand der Nummer leicht identifizieren. Wir wussten auch durch die Farbe dieser Nummern, wer zu welcher Schule gehörte. In der „Banaţia" gab es einen Buben, ein bisschen älter als ich, so 14 oder 15 Jahre alt, der mich furchtbar zusammenschlug – grundlos. Ich rannte heulend ins Haus zu meiner Mutter, die auch weinte – doch nichts geschah und ich wusste nicht, warum. Warum er nicht bestraft wurde, nicht einmal identifiziert, und warum man mir nicht Gerechtigkeit zuteil werden ließ in einer Sache, in der ich mich unschuldig fühlte und auch wirklich unschuldig war. Es war eine rein antisemitische Prügelei, wie ich viel später verstand – lange habe ich an diesem Vorfall gelitten. Das sind Brüche in einer Kinderseele, die dann irgendwann wie eine musikalische Dissonanz aufgelöst werden; es hat aber lange gedauert, bis ich erkannte, warum man nicht so reagierte, wie ich es erwartet hatte.

Man kann die Verfolgungen in Rumänien in diesen Tagen der Jahre 1942 und 1943 mit dem, was in den anderen von den Deutschen okkupierten Ländern wie zum Beispiel Polen und Ungarn geschah, nicht vergleichen. Es gehört auch zum Charakter der Rumänen, die Dinge nicht so ernst zu nehmen, das preußische Element und auch die Grausamkeiten und die Obrigkeitshörigkeit in der Durchführung fehlten – das rettete nicht nur mir, sondern vielen, wenn auch nicht allen Menschen dort das Leben. Der latinische, also auch rumänische Antisemitismus war und ist viel weniger hasserfüllt oder auf Vernichtung ausgerichtet wie jener in Ungarn und den slawisch-katholischen Ländern wie zum Beispiel Polen, Litauen, der Slowakei oder Kroatien. In Rumänien hängt dies sicherlich auch mit der Andersartigkeit der orthodoxen Kirche zusammen, ähnlich wie in Serbien. Von einem serbischen Antisemitismus hatten wir kaum je gehört.

Das rumänische Volk ist gänzlich der Orthodoxie zugewandt. Der Patriarch ist der höchste Würdenträger, die Popen hatten und haben vor allem am Land eine bedeutende soziale und gesellschaftliche Stellung. Konstantinopel ist sozusagen der Vatikan der Orthodoxie. Der Ursprung ist natürlich in der langen Besetzung durch das Ottomanische Reich zu suchen. Es gibt keinen Antagonismus zu den Katholiken, die kein Thema sind und irgendwie als minderwertig eingestuft werden. Rumäne sein bedeutet orthodox zu sein. Keineswegs war und ist das mit Sympathien oder Annäherungen an Russland verbunden, ganz im Gegenteil. Die rumänische Orthodoxie gilt als eine latinische, nicht als eine slawische. Der Mitropolit, als der Bischof – jede Region hat einen eigenen – ist der höchste lokale Würdenträger und stellt mehr dar als ein Präfekt oder Bürgermeister.

Man hatte sich irgendwie arrangiert, plötzlich erschienen aber 1942 auf den Häusern drei Buchstaben – C.N.R., „Casa Naționalizată Română", „rumänisch nationalisiertes Haus". Es fanden „Rumänisierungen", so wie hier in Österreich Arisierungen, statt. Mein Vater konnte die Fabrik behalten, aber es wurde ein Ariseur nach hiesigem Begriff eingesetzt, der sich jedoch bei weitem humaner und verständnisvoller verhielt als Ariseure in Österreich. Es gibt ein altes Sprichwort, das noch heute seine Gültigkeit hat: Mit ein bissl Geld kann man sich so manches in Rumänien richten. Dass man jedoch die jüdischen Bürger aus dem Land jagt oder gar umbringt, war bei uns im Banat kein Thema.

Die Villa meines Großvaters wurde „rumänisiert" – ich würde mir wünschen, dass die Arisierungen in Wien so harmlos gewesen wären wie die Rumänisierungen in Rumänien. Rumänisiert bedeutete, dass die Villa nicht mehr meinem Großvater, sondern einem Herrn Dr. Delamunte, einem rumänischen Bürger, gehörte. Dieser bekam ein gewisses Entgelt dafür, dass er das auf sich nahm, aber selbstverständlich weder dort wohnte noch davon profitierte und die Villa nach dem Bruch 1944 sofort zurückgab. Eine typisch rumänische Eigenschaft: Wir nehmen uns ein Scherzerl vom Brot, aber wir nehmen nicht das ganze Brot weg.

Es zeigt sich jedoch auch, dass der inhumane, schrankenlose und hemmungslose Antisemitismus in Österreich und insbesondere in Wien unvergleichlich tief greifendere Folgen hatte als in anderen Ländern. Der elementare innewohnende Judenhass, die Einstellung der Menschen, dass Juden Ungeziefer und Menschen zweiten Ranges seien, war in Rumänien genauso undenkbar wie in Italien. Wohl fand in Transnistrien Schreckliches statt, doch blieb es auf dieses Gebiet nahe der russischen Grenze beschränkt und hatte, wie bereits geschildert, unmittelbare historisch-politische Ursachen durch die wechselnde Zugehörigkeit dieser Territorien.

Die Schwester meines Großvaters, Tante Mella, hatte in Wien gelebt, wurde in der Familie nicht ganz ernst genommen und flüchtete 1938 nach Rumänien. Sie wurde geduldet, man verstand nicht, was in Wien so schlimm sein konnte, dass ausgerechnet Tante Mella und ihr Mann dort wegmussten. Sie hielt sich immer für mehr, weil sie aus Wien kam. Sie kannte Richard Strauss – der ihr nun auch nicht helfen konnte. Ihr Sohn gelangte nach Australien, dort wurde er, der das Theresianum in Wien absolviert hatte, ein angesehener Anwalt und österreichischer Konsul in Sydney. Seinen ursprünglichen Namen Kovacs änderte er in Kirby. Meine Tante ging nach dem Krieg wieder nach Wien zurück. Als wir zehn Jahre später nach Wien kamen, wohnten wir alle zusammen bei ihr in Hietzing.

1948, im Zuge der kommunistischen Verstaatlichung privaten Eigentums, allerdings musste mein Großvater sofort aus der Villa hinaus und übersiedelte in eine kleine Wohnung, auch das Geschäft wurde genauso wie die Essigfabrik meines Vaters verstaatlicht. Heute steht im Garten, wo das Schwimmbad und der Pavillon meines Großvaters waren, ein zweites Haus, die Villa ist ein Kinderheim, worüber ich nicht unglücklich bin. Wenn man kommt, erschrickt jeder, weil er glaubt, man will etwas zurück. Für mich ist das Geschichte und ein abgeschlossenes Lebenskapitel.

In den Jahren 1941 bis 1944 gab es fast täglich Fliegeralarm – ich gewöhnte mich, mit der Bombardierung zu leben. Man hatte überall, so auch vor dem Haus Nr. 6, Bunker gebaut, tief in der Erde und mit Holz ausstaffiert. Wenn man die Sirene hörte – einmal bedeutete Vorwarnung –, musste man dann bei Ertönen eines dreimaligen Signals sofort in den Luftschutzkeller gehen. Noch heute, wenn in Wien Übungen abgehalten werden, werde ich durch diesen grausamen Ton an die damalige Zeit erinnert – nicht nur der Ton war grausam, sondern vor allem die Angst, die eine Kinderseele nicht einschätzen konnte.

Zweimal wurde die Stadt bombardiert – einmal bei Nacht von den

Engländern und einmal bei Tag von den Amerikanern. Schon die vor den eigentlichen Bomben abgeworfenen Leuchtbomben waren gezielt und genau auf wichtige Gebäude wie Bahnhof und Industriegebiete gerichtet. Offenbar waren die Alliierten bestens über die Einrichtungen der Städte informiert. Dieses Aufwachen in der Nacht, hinunter in den Bunker und wieder zurück zu müssen, waren prägend und drückend. Ich erinnere mich gut, dass die meisten Alarme von Flugzeugen, die sehr hoch flogen, ausgelöst wurden. Diese alliierten Flugzeuge wurden „Tito-Busse" genannt, sie flogen über Rumänien nach Jugoslawien, um Titos Partisanen, die bis zuletzt Widerstand leisteten, mit Fallschirmabwürfen von Waffen und Nahrungsmitteln zu helfen. Temesvar liegt ja sehr nahe an der jugoslawischen Grenze – diese Flugzeuge bombardierten jedoch nicht. Die beiden Bombardements von Temesvar waren sehr stark, ein Mitschüler starb und damit griff der Krieg auch unmittelbar in mein Leben ein. Auch anderweitig griff er ein: Es gab zwar aus Temesvar und Umgebung keine Deportationen in Konzentrationslager, selbstverständlich wusste man aber sogar hier von den Konzentrationslagern, man wusste von der Existenz von Auschwitz, man wusste vor allem, wie es in Ungarn zuging, wo wir ja Verwandte hatten. Mein Vater wurde zur Zwangsarbeit in einen Steinbruch gebracht, kam aber nach einigen Monaten wieder frei.

Ich sage das sehr bewusst, weil sogar so beiläufig informierte und an der Peripherie Europas lebende Menschen wie wir davon gehört hatten. Heutzutage wird ja noch immer behauptet, dass manche nichts von den Gräueltaten der Nazis wussten – und dieses Nichtwissen möchte ich nicht nur auf die hiesigen Länder und Menschen beziehen, sondern auch auf Amerika. Man konnte und wollte nicht glauben, dass gerade in Deutschland, diesem Land der Kultur, so etwas passieren könne, und hielt vieles für jüdisch-balkanesische Übertreibungen – auch wegen dieser Ignoranz mussten viele Menschen sterben.

1943 waren deutsche Soldaten in Temesvar. Ich war blond mit einer schönen Scheitelfrisur, blauäugig, hatte eine germanische Erscheinung und grüßte natürlich begeistert und nicht wissend mit „Heil Hitler". Eine Dissonanz, ein Schatten auf meine Kinderseele – ich war acht Jahre alt – kam durch das Weinen meiner Mutter bei meinen fröhlichen „Heil Hitler"-Rufen, das ich mir nicht erklären konnte. Die deutschen Soldaten waren doch elegant und schön und gefielen mir. Es gibt wohl eine angeborene Anziehungskraft des Militärs auf heranwachsende Menschen – für Uniformen und Aufmärsche, für Glanz, auch für Waffen und alles, was dazugehört. Nicht erklärbar, aber so, wie ich es damals selbst erlebt habe, erlebe ich es leider heute auch noch bei vielen jungen Menschen, nicht so sehr in Österreich, wohl aber in Rumänien und den umliegenden Ländern.

Der 23. August 1944 brachte plötzlich große und grundlegende Veränderungen mit sich: Rumänien trat ja nun aus dem Krieg aus und kämpfte an der Seite der Alliierten gegen Deutschland, dessen Verbündeter es bis dahin gewesen war. In meinem Elternhaus herrschten unglaublicher Jubel, Freude und Erleichterung – ich spürte, dass etwas sehr Wichtiges passiert war. Es war ein Monat nach meinem neunten Geburtstag.

Unmittelbar danach bombardierten die Deutschen die Stadt, deutsche Truppen, die sich noch im Land befanden, wurden zum Teil gefangengenommen. Panik brach aus, man wusste nicht, ob die Deutschen zurückkehren würden. Die Menschen, denen es möglich war, verließen die Stadt. Ein Pferdewagen mit halbrunder Abdeckung von Zigeunern, der voller Zwetschken war, wurde von uns gestoppt; es gab laute Verhandlungen mit meinem Vater, die Zwetschken wurden allesamt gekauft und mit großen Schaufeln auf die Straße geschüttet. Mit diesem Pferdewagen verließen wir die Stadt. Auf dem ganzen Weg waren Menschen unterwegs – in Pferdewagen, zu Fuß und in den wenigen Autos, die von den Behörden noch erlaubt waren. Alle wollten weg, vom Bürgermeister angefangen. Die deutschen Truppen verließen das Land fluchtartig, bombardierten jedoch auf ihrem Rückzug wahllos, was ihnen in den Weg kam. Wir mussten uns immer wieder in den Kukuruzfeldern verstecken, wenn Flugzeuge zu hören waren, und gelangten schließlich in die Berge, wo wir an einem wunderbaren Ort, Poina Mărului (Apfelalm), waren und blieben, bis sich die Dinge beruhigt hatten. Ort und Umgebung blieben mir aus zwei Gründen in Erinnerung: Erst- und letztmalig sah ich in der freien Natur eine Schlange mit dem Buchstaben „V", also eine Viper; und die unmittelbare und von mir bereits verstandene und nachvollziehbare Angst, dass möglicherweise die Legionäre, also die Mitglieder der Eisernen Garde, uns hier finden könnten und dann töten oder nach Deutschland verschleppen würden. Tatsächlich flüchteten später viele von ihnen in die Berge und leisteten von dort aus noch einige Zeit

Widerstand gegen den Umsturz im Lande. Das dauerte nicht sehr lange, so zehn bis zwölf Tage. Inzwischen hatten die deutschen Truppen das Land verlassen und die Russen kamen. Meine Eltern waren noch zusammen, schlecht, aber doch, und wollten so schnell wie möglich zurück. Die Russen waren schon da und meine Mutter wollte unbedingt den ersten russischen Soldaten sehen. Nun waren also in meinem neunjährigen Kopf die Russen die Befreier, ich wusste zwar nicht, wovon sie uns befreiten, weil mir das Hintergrundwissen fehlte. Aber sie waren für meine Mutter die Befreier und auch für meinen Vater, wenngleich nicht mit demselben Enthusiasmus. Daher waren sie es natürlich auch für mich.

Caransebeş ist eine kleine Stadt, ungefähr 100 km von Temesvar entfernt, die letzte Stadt vor den Bergen. Es gab ein altes Restaurant „Zum grünen Baum", wo wir hingingen: Dort waren schon die Russen. Sie schossen auf die wunderbaren Kandelaber, die dort hingen, waren alle betrunken und nahmen den Menschen die Uhren ab. Zum Teil war es eine große Enttäuschung, zum Teil brachte man diesen Menschen großes Verständnis entgegen – mir jedenfalls hat man das als Verständnis sehr erfolgreich verkauft. Mongolen, Kirgisen und andere, die Tausende Kilometer herkamen, ihre Familien, ihre Kinder, ihre Häuser verlassen hatten, um uns zu befreien – das wurde gesagt und ich glaubte es. Und es war auch nicht ganz falsch.

Das Benehmen dieser Menschen wurde dadurch erklärt, dass sie sehr arm wären und noch nie Uhren besessen hatten, daher nähmen sie sich diese und auch sonst so ziemlich alles, was sie sahen und haben wollten. Für sie war es Kriegsbeute. Angst vor den Russen spürte ich trotzdem nicht, eher Zuneigung. Die Soldaten waren auch besonders kinderlieb. Ich erinnere mich, dass sie ganz andere Zigaretten rauchten – ganz dicke, die Hälfte Karton, die Hälfte mit Tabak gefüllt. Offiziere quartierten sich in den schönen Villen ein, der bis dahin unbekannte Wodka wurde uns nun vertraut.

Sie waren also da – als ich neun und zehn war, war die Stadt voller Russen. Man merkte sie viel mehr als die deutschen Soldaten, die ja auf ihrem Weg nach Russland nur durch Rumänien durchmarschiert waren. Wir waren zurück in der Stadt und allmählich begann ein ganz anderes Leben, es veränderte sich unendlich viel. Zwischen dem 23. August 1944 und der Abdankung König Mihais I. am 30. Dezember 1947 dachte man, dass nun endlich wieder

Ruhe und Frieden wie in der Vorkriegszeit einkehren wird.

Diese drei Jahre waren ein Hoch, man fuhr wieder in die Berge, wir gingen Schi fahren, zwei Stunden dauerte die Fahrt bis zum letzten Dorf Borlova. Von dort ging man dann vier, fünf Stunden zu Fuß hinauf, Pferde trugen Koffer, Rucksäcke und Kinder. Ich erinnere mich noch sehr genau, wie unangenehm es war, wenn die Pferde schweißgebadet waren und die Hose nass wurde. Wenn der Schnee zu hoch wurde, blieben die Pferde wie die Esel stehen und gingen keinen Schritt mehr weiter. Man musste dann zu Fuß weitergehen.

Mit 12 Jahren auf dem Muntele Mic

Der Muntele Mic, „der kleine Berg", ist ca. 1.700 m hoch, also gar nicht so klein. Präparierte Pisten gab es natürlich nicht, ebenfalls keine Lifte, man ging mit Seehundfellen hinauf und nahm diese dann ab. Zwei bis drei Stunden dauerte der Aufstieg, eine halbe Stunde die Abfahrt. Aber es war viel spannender und wohl auch gesünder als Sessellifte heutzutage. Lawinen waren dort unbekannt – wir wussten nur von Lawinen in der Schweiz. Dafür gab es ganz gefährlichen Nebel, der plötzlich kam – man sah dann die Hand vor den Augen nicht mehr. Das habe ich hier nie erlebt. Eine Sirene ertönte dann als Warnung vor diesem so genannten Milchnebel, in dem man völlig die Orientierung verlor, stehen blieb und sich nach dem Laut der Sirene richtete. Schifahren war kein Massensport, sondern nur etwas für besser situierte Leute. Es gab dort, wo ich immer mit meinen Eltern war, insgesamt drei Hütten – genannt Cabane.

Diese waren gut ausgestattet, sie gehörten den städtischen Elektrizitätswerken und wurden von einem Ingenieur geführt, der nebenbei auch Bratschist im philharmonischen Orchester und Jäger war. Damals wie heute gab es sehr

Die Cabane Bella Vista auf dem Muntele Mic

viele Wölfe in Rumänien. Gegen Abend streute der Jäger Gift aus, denn man bekam eine Geldsumme für jeden toten Wolf. Als Beweis musste man ein linkes Wolfsohr bringen – heute tut es mir Leid, dass ich mich damals daran beteiligt habe. Damals war es aber selbstverständlich, die Wölfe zu dezimieren, sie galten als Volksfeinde, kamen in die Dörfer, rissen die Tiere und griffen die Menschen an, wenn sie ihnen im Wege waren. Wir gingen am Abend ca. 250 m bergab zu einer Lichtung, dort hatte er vergiftete Köder ausgelegt. In der Früh gingen wir wieder hinunter und dort lagen die toten Wölfe. So brachte man die Wölfe um. Man muss das verstehen, wenn auch die Folgen heute traurig sind. Es war auch dort so wie anderswo, nicht die Wölfe kamen zu uns, sondern die Menschen drangen in Territorien in den Wäldern ein, die eigentlich den Tieren gehörten.

Manchmal hörten wir das Heulen der Wölfe in der Nacht in unmittelbarer Nähe der Berghütte. Dann durften wir aus den Fenstern in die Nacht schauen und sahen rund um das Haus Hunderte leuchtende Wolfsaugen und lauschten dabei fasziniert dem Heulen. Ein unvergessliches Erlebnis!

Es wurde nächtelang gepokert, dies war eine beliebte Zerstreuung und Beschäftigung der Männer. Kartenspiele waren beliebt, Rummy mit Tafeln und Steinen und eben Poker wurden in allen Häusern unserer Kreise gespielt. Wir

Kinder spielten auch Gesellschaftsspiele simplerer Art – Mensch-ärgere-dich-nicht, Capitali, Monopoly und natürlich Mühle und Dame, von denen einige bis heute überlebt haben. Im Alten Regat – also in Bukarest und weiter östlich – war und ist heute noch „table", ein Würfelspiel, weit verbreitet. Es kommt aus der Türkei und ist z. B. in Serbien genauso beliebt und populär wie bei der moslemischen Bevölkerung.

Als ich das letzte Mal mit meinem kleinen Sohn im Sommer in Temesvar war, wollte ich gerne wieder dorthin, wo wir damals Schi gefahren sind. Und ich wollte wie damals wieder zu Fuß hinaufgehen. Heute wird die Infrastruktur von einer Firma aus Hannover betreut, die Berge werden mit Motorrädern befahren. Ich wurde gewarnt, dorthin zu fahren, weil sich alles so geändert hatte – und da es in Strömen regnete, habe ich den Plan dann tatsächlich fallen gelassen. Nichts ist deprimierender als die Feststellung, dass Bilder der Vergangenheit, die man im Herzen trägt, nicht mehr sind.

Am 30. Dezember 1947, ich war zwölfeinhalb Jahre alt, waren wir gerade in den Bergen Schi fahren, als man hörte, dass der König ginge. König Mihai I., der heute noch lebt und in Rumänien sehr populär und beliebt ist, war damals jung, schön und unglaublich geliebt von uns, er symbolisierte Rumänien. Der König geht, der König muss gehen – ich habe mit 12 Jahren bitterlich geweint, nicht wissend, was passiert. Aber ich spürte, dass es etwas Entsetzliches sein müsse. Und es war auch so, wie die nächsten Jahren zeigten.

Angst verbreitete sich, in der Wohnung, in der Familie, beim Großvater. Angst vor dem, was geschah und noch kommen würde. Menschen verschwanden, man sah merkwürdige geschlossene Autos – es war der Beginn der Macht der Securitate, der Geheimpolizei. Im Zuge des Klassenkampfes wurde die „herrschende Klasse" – die Bürgerlichen, die Grundbesitzer, Intellektuelle – verfolgt und Angst war überall spürbar.

Diese Situation verschlimmerte sich nach 1948 sehr. Ich wusste schon, dass Leute in den Kellern des Securitate-Hauses eingesperrt waren. Wir wussten, wo dieses war, und vermieden es, in dessen Nähe zu kommen. Wir trauten uns nicht einmal, den Gehsteig vor dem Securitate-Haus, das merkwürdigerweise vor 1944 das Haus der Reichsdeutschen Botschaft gewesen war, zu benutzen.

Angst vor der Securitate, Angst, wirklich physische Angst vor kleinen Parteisekretären hatte ich, seit ich 17 war. Noch nicht in der Schule, aber bald danach. Die geschlossenen Kastenwagen mit grün gefärbten undurchsichtigen Scheiben, durch die man nicht einmal den Fahrer erkennen konnte, jagten mir immer Angst und Schrecken ein. Wie Geisterautos wirkten diese Wagen, von denen wir wussten, dass sie für Gefangenentransporte verwendet wurden. Wer war wohl hinter den Scheiben – ein Bekannter oder gar ein Familienmitglied? Diese bangen Fragen stellten wir nicht grundlos. Ein Beispiel, wie ich den Terror selbst empfand, ist Folgendes: Bei den Elektrizitätswerken, wo ich 1953 nach der Matura arbeitete, war um sechs Uhr früh Arbeitsbeginn. Beim Eingang lag ein Katalog auf, wo man unterschreiben musste, wenn man kam. Punkt sechs Uhr wurde der Katalog weggenommen und jeder, der zu spät kam, musste zur Parteisekretärin Genossin Părvulescu, einer früheren Straßenbahnschaffnerin. Sie war das Sinnbild für Primitivität und Bösartigkeit und kostete ihre Machtposition voll aus. Mir sagte sie, dass Bürgerliche natürlich nicht rechtzeitig aufstehen könnten, wahrscheinlich sei der Hausdiener schuld usw. Aber ich könne versichert sein, dass man auch mir den Sozialismus beibringen werde und sei es „am Kanal", das heißt in einem Arbeitslager im Donaudelta. Das waren nicht nur leere Drohungen, da eine Anzeige wegen klassenkämpferischen negativen Verhaltens damals in den 50er Jahren durchaus eine Verhaftung und ein Verschwinden auf viele Jahre ohne Gerichtsverhandlung und ohne dass die Angehörigen überhaupt wussten, wo man ist, bedeuten konnte. Ich hatte immer Angst und war verunsichert, was geschehen könnte. Der Geist der Securitate war allgegenwärtig. Und mir war meine „ungesunde Abstammung" bewußt, ich war sowieso ein verdächtiges Element.

Zu Hause hörte ich immer wieder, dass dieser oder jener verschwunden sei, dadurch erklärbar waren die Nervosität und Anspannung meines Vaters, den die Angst zu Recht immer schon geprägt hatte.

Ich hatte ein deutsches Fräulein, mit dem ich nur deutsch sprach: Ich lernte aber nie die deutsche Grammatik und las auch nicht auf Deutsch. Ich hatte ein Briefpapier mit meinem Vornamen, auf dem ich mit 6 Jahren Kinderbriefe phonetisch schrieb – „viele" wurde zu „file". Auch Ungarisch konnte ich durch unsere ungarische Köchin – so wuchs ich dreisprachig auf, ohne Grammatik und Orthographie außer der rumänischen, die ich ja in der Schule lernte, zu kennen.

Das „Fräulein", sie war schon so um die 50, weinte zu dieser Zeit bitterlich, weil ihr Mann verschwunden war. Das waren die Deportationen der Deutschen, die nicht wie in der Tschechoslowakei vertrieben, sondern verhaftet und nach Sibirien gebracht wurden. Ob sie nun in Sibirien waren oder anderswo, weiß ich nicht – das böse Russland war jedenfalls immer Sibirien. Das ging so weit, dass man den Kindern drohte, wenn sie nicht brav wären, würden sie nach Sibirien kommen. Was das so genau sein sollte, wusste ich nicht, doch war klar, dass es dort unglaublich kalt wäre, es nichts zu essen gäbe außer hart gefrorener Erdäpfel und ein schreckliches Leben herrsche – ganz Sibirien war in meinem Kopf ein Gefangenenhaus. Und das war wohl auch gar nicht so falsch.

Viele Deutsche – ob Mitläufer oder einfach nur Deutsche interessierte die Russen nicht besonders – wurden deportiert. Mein Fräulein verließ uns auch, ab 1948 tat man dann auf klein und bescheiden, nicht auf Haushalt mit Fräulein und Köchin, um sich den neuen Verhältnissen anzupassen.

Diese grundlegende Veränderung Rumäniens wie auch aller anderer Nachbarländer zum Kommunismus fing mit unglaublicher Gewalt an, die vor nichts Halt machte und für alle spürbar war, obwohl die Sympathien und die Hoffnungsträger zum Teil auch für uns die Linken waren. Die Linke bedeutete nach dem Krieg und allem, was passiert war, die Zukunft. Die Russen hatten uns befreit, meine Mutter als Tochter eines Großbürgers war trotzdem eine Linke, wie auch ein Großteil des Judentums und der Intellektuellen sich dorthin wandten. Es gab auch keine andere Alternative. Der Verrat Amerikas war uns bewusst – man hatte uns den Russen ausgeliefert. Ob man nun dachte, daraus das möglichst Beste zu machen, oder ob man es aus wirklicher Sympathie tat, weiß ich nicht. Eines weiß ich jedoch: Für mich als 13- bis 17-Jährigen war Stalin ein Symbol für Güte, für Zukunft, für Friede, für Wohlstand, für Gerechtigkeit, für Humanität und für alles, was auf dieser Welt gut war. Der Generalissimus Josif Wissarionowitsch Stalin war eine absolute Leitfigur geworden – den Prozess des Werdens kann ich nicht beschreiben, ich kann mich nur erinnern, dass es so war und ziemlich plötzlich kam. Natürlich durch die enormen gemalten Bilder überall, durch Plakate, Sprüche, Aufrufe, die Indoktrinierung des Persönlichkeitskultes, dominiert von Stalin, der Hitler, also das Deutsche Reich, bekämpft und uns allein und ohne Hilfe befreit hatte. Dadurch hatte er uns alle gerettet, unter seiner Führung würden wir nun eine neue herrliche Welt bauen, in der kein Mensch mehr von der Ausbeutung eines anderen leben sollte und alles aus eigener Kraft erreichen würde. Jeder Bürger werde im Sozialismus haben, was er braucht, alles wird allen gehören, da es kein Privateigentum mehr geben werde. Schule, Sport und Gesundheitsversorgung würden umsonst sein, das Volk, also wir alle, auch ich, seien der Staat. Nur wegen jener Feinde, die ja noch da seien und von ausländischen Mächten, vor allem den USA, geheim unterstützt würden, um das Regime zu stürzen, müssten wir uns sehr in Acht nehmen. Die Securitate – übersetzt „Sicherheit" – verteidige wachsam und aufopfernd unsere Errungenschaften. Das alles wurde uns Heranwachsenden eingepaukt und wir glaubten es.

SCHULE, HOCHSCHULE UND ALLTAG 1948 BIS 1956

Verstaatlichung

An einem schönen Sommertag im Juni 1948 saßen wir, meine Eltern und ich, wie jeden Tag beim Mittagstisch. Als die Suppe aus dem Suppentopf in den Teller meines Vaters gefüllt wurde, zerbrach sein Teller – wahrscheinlich hatte der Teller schon vorher einen Sprung und die Suppe war zu heiß. Ich lachte und bekam sofort eine Ohrfeige. Es war der Tag, an dem die Fabrik meines Vaters verstaatlicht wurde. Mein Vater ging wie jeden Tag in die Fabrik und wurde nicht mehr hineingelassen. Alles, was er sich in seinem Leben aufgebaut und erworben hatte, war plötzlich nicht mehr sein. Bis zum Brieföffner und seiner Füllfeder war alles weg. Er kehrte heim und besaß nur noch, was er anhatte. Die Verstaatlichung der Fabrik war vorherzusehen gewesen, obwohl sie dann – wie meistens bei vorhersehbaren Ereignissen – unerwartet eintraf. Heute ist es schwer vorstellbar, was es für einen Menschen bedeutet, plötzlich seinen gesamten Besitz, alles, was er in jahrzehntelanger Arbeit aufgebaut und erworben hatte, gänzlich zu verlieren, ohne irgendetwas dafür zu erhalten. Im Gegenteil: Man musste froh und dankbar sein, überhaupt zu überleben. Aus meinem Vater, dem Arbeitgeber, wurde nun ein Arbeitsloser und wir standen vor dem Nichts.

Darauf folgte der dritte Umzug. Wir mussten diesmal auch die von mir so geliebte Straße verlassen, weil sich der damalige Parteisekretär der Stadt unsere Wohnung auserkoren hatte. Wir lebten nun in Untermiete bei einem Röntgenologen, dessen Frau die erste Koloratursängerin der Oper war, mitten in der Innenstadt am Corso. Meine Eltern trennten sich, ich wohnte weiter mit meinem Vater. Wir hatten zwei Zimmer, in einem waren der Kachelofen, das Radio – der Mittelpunkt im Leben meines Vaters – und mein Bett, im anderen Zimmer schlief er. Die Nachrichten in der Nacht waren Teil des täglichen Lebens zu Hause, im Krieg leise die verbotene BBC, die Schicksalsschläge der 5. Beethoven-Symphonie als Signal. Nach 1945 blieb BBC genauso wichtig, dazu kam noch der Sender Free Europe.

Man lebte stets in der Hoffnung auf Veränderung – die Amerikaner seien schon in der Luft, Fallschirmjäger kämen, die Amerikaner und Engländer lassen uns doch nicht im Stich. Das wurde auch durch Radio „Freies Europa" permanent genährt, man machte uns permanent falsche Hoffnungen und verunsicherte die Bevölkerung – ein Verbrechen des Westens. Darauf beruhten auch immer geheimnisvolle Gespräche, der ungarische Aufstand, das abtrünnige Jugoslawien nährten diese Hoffnungen. Auf der einen Seite blühte das deutsche Wirtschaftswunder, also der Westen, auf der anderen Seite gab es die Propaganda über die Wiedergeburt des Nazismus im Westen.

Mein Vater führte ein strenges Regime, wichtig für später war, dass ich immer ganz fixe Zeiten vorgeschrieben hatte, zu denen ich zu Hause sein musste. Außer Samstag, wo ich bis 9 Uhr abends weggehen durfte, musste ich um 7 Uhr zu Hause sein. Das prägte mein Leben, ich las viel wie wir alle, auch klassische Literatur – Shakespeare, Goethe, Schiller, Baudelaire, Voltaire, Molière. Nicht alle Klassiker, aber unendlich viel mehr, als man heute liest. Auch Theaterstücke, natürlich alles in rumänischer Übersetzung.

Nach der Enteignung bekam mein Vater einige Zeit später eine Stelle in der staatlichen Bierfabrik. Durch die Geldentwertung hatte niemand mehr Geld in diesem Sinne. Geld hat übrigens für mich überhaupt keine Rolle gespielt, bis ich nach Österreich kam. Der Wert des Geldes hat für mich als Kind und Jugendlicher nicht existiert, da man nichts kaufen konnte. Die Sehnsucht, mit Geld Dinge zu erwerben, kannte ich daher nicht. Man hatte, was man hatte, niemand hatte mehr, man war niemandem neidig.

Mein Cousin, dessen Vater schon vor 1945 illegaler Kommunist war und nach 1948, als dies nur noch wenigen, im Außenhandel tätigen Spitzenfunktionären vorbehalten war, reisen durfte, bekam Dinge, die wir nicht hatten, so zum Beispiel einen echten Fußball oder gewisse Spielsachen, von deren

Existenz wir nicht einmal etwas ahnten. Das war aber eine Ausnahme und hat uns eigentlich nicht besonders interessiert. Sein Vater war wichtig, das wusste ich, er ging auch bald in die Hauptstadt Bukarest, und wir verloren den Kontakt.

Dieser Mann meiner Tante arbeitete bis zum Kriegsende in der Firma meines Großvaters und galt als der Intellektuelle der Familie – ähnlich den jungen Intellektuellen in einem Tschechov-Stück, links, geheimnisvoll und irgendwie anders. Mein Großvater wusste, dass Andrei Kommunist war, und deckte ihn, außerdem gab er Geld, da die Kommunisten vor allem bei reichen jüdischen Gewerbetreibenden Geld sammelten. Nach 1945 bekamen die Illegalen gute Posten, Andrei wurde Generaldirektor des gesamten Außenhandels. Im Zuge der späteren Schauprozesse zur „Säuberung" wurde er verhaftet und ging elendiglich im Gefängnis zu Grunde. Erst Jahrzehnte später konnte man in Erfahrung bringen, wo er überhaupt begraben worden war. Meine Tante war gebrochen – sie lebt heute in Wien, zwei Söhne leben in der Schweiz. Ich bewunderte meinen Onkel, für mich stellte er etwas Besonderes dar. Sein unerschütterlicher Glaube und sein Festhalten am Kommunismus, einer besseren Gesellschaft und einer besseren Menschheit, hatten etwas Erhöhendes, etwas, woran man glauben konnte und wofür es sich auch lohnte zu leiden. Auch die Verstaatlichung und damit der Verlust unserer Fabrik prägten mich keinesfalls als Feind des bestehenden Regimes. Ich hatte Sympathien mit dem System, ohne irgendetwas zu hinterfragen, sicher ähnlich wie die Hitlerjugend und deren Glauben an den neuen Staat in Deutschland 1933. Ich habe deshalb auch viel mehr Verständnis für Menschen in der Vorkriegszeit nach der Machtergreifung der Nationalsozialisten, die anfangs daran geglaubt haben, ohne zu wissen, was später kommen sollte und was wir heute wissen. Ich sehe das ein bisschen objektiver und mit mehr Verständnis. Das Urteil über das menschliche Verhalten von damals, das wir mit unserem heutigen Wissensstand fällen, ist falsch und zu eindimensional.

Die Theorie des Klassenfeindes und des Klassenkampfes war klar verständlich. Frühere Großgrundbesitzer und so genannte Großbürgerliche mussten ja logischerweise als Feinde des neuen Regimes gelten und wurden allein schon aus diesem Grunde verfolgt, verdächtigt und misstrauisch betrachtet. Wir waren eben Klassenfeinde auf Grund unserer „ungesunden Abstammung". Ich verstand das gut und hätte trotzdem so gerne zur „neuen Gesellschaft" dazugehört. Also tat ich auch äußerlich alles, um Proletarier- und Bauernsöhnen ähnlich zu schauen, sprach in breitem Dialekt, trug Kappen wie die Arbeiter und versuchte, mich möglichst grau, ärmlich und unauffällig zu kleiden, so wie es eben dem Proletariat entsprach.

Unterrichtsreform

Es kam die große Unterrichtsreform; in ein humanistisches Gymnasium zu gehen war ganz gegen die Zeit, da es wenig Zukunft hatte – ich hatte auch wenig Sympathien, dorthin zu gehen. Fachwissen, Dampf, Technik, vor allem aber Elektrizität waren modern und heutig, man war dabei, man war mehr als jemand, der Sprachen und Literatur kannte – der Bildung hatte. Bildung war nicht „in", ich war voll auf der technischen Linie und kam mit 13 Jahren auf eine Mittelschule für technische Energie. Sie war in einem schönen alten Gebäude, dem früheren jüdischen Lyzeum, das im Krieg aufgelassen und nach dem Umsturz nicht wieder reaktiviert wurde, untergebracht.

Nun kam die Zeit der großen Spezialisierungen, alles nach dem Beispiel der Sowjetunion, wo man sehr eng, aber sehr gut ausgebildete Professionisten, in welchem Bereich auch immer, hervorbrachte. Die Schulen und Hochschulen wurden für ausübende Berufe eingerichtet. Die Prüfungen waren streng, wir lernten viel, das Schulsystem war nicht übermäßig streng in der Bestrafungspädagogik, wohl aber in den Aufgaben, in der Zielsetzung, in der Schule die Prüfungen rechtzeitig abzulegen und viel zu lernen.

Ich fühlte mich wohl, war integriert und glaubte fest an den Bau einer neuen, besseren Gesellschaftsordnung. Dort begann dann der Sport, der allgemein und auch für mich immer wichtiger wurde. Die Fußballmatches der lokalen Fußballmannschaft am Sonntag waren wichtig, man hat nie gefehlt. Es gab zwei Mannschaften – und auch diese haben die Gesellschaft geteilt. Die Mannschaft der Eisenbahner und die der Universität, CFR und Politehnica: ich war selbstverständlich für die Eisenbahner. Es gab eine blutige Rivalität zwischen diesen beiden Mannschaften.

1952, mit 17 Jahren, beendete ich die Mittelschule mit Matura. Die Möglichkeit für ein Hochschulstudium war größer, wenn man technische Mittelschulen anstatt Gymnasien oder Lyzeen besuchte. Ich war nun also auf Starkstrom und elektrische Energie spezialisiert. An den Hochschulen gab es bedingt durch die Planwirtschaft eine bestimmte Anzahl von Plätzen. Ich fand das gut und es dauerte lange – ich war schon in Österreich –, bis ich dieses System als schlecht erkannte. Um an einer Hochschule zum Studium zugelassen zu werden, musste man eine Aufnahmsprüfung bestehen. Die Anzahl der zugelassenen Studenten im ersten Semester war beschränkt und die Zahl der Studenten darauf eingerichtet, wie viele Absolventen die staatliche Planwirtschaft nach fünf Jahren benötigen werde. Natürlich unter der Berücksichtigung einer Ausfallsquote von etwa 40%. Darüber hinaus gab es vorgeschriebene Quoten für Arbeiter- und Bauernsöhne, für diejenigen, die direkt aus dem Arbeitsumfeld kamen, und andere. Ein Student, der den ersten beiden Kategorien zugerechnet wurde, konnte also mit einer schlechteren Benotung aufgenommen werden als jener der letzten Kategorie. Natürlich war das ungerecht, aber im Sinne der Formung zuverlässiger Führungskräfte nachvollziehbar.

Wer allerdings das Hochschulstudium beendet hatte, also Ingenieur oder Arzt wurde, konnte sicher sein, einen Posten zu bekommen. Aussuchen konnte sich den niemand, der Staat teilte jeden Absolventen dort ein, wo gerade jemand gebraucht wurde. Der gesicherte Arbeitsplatz war also staatlich garantiert, Arbeitslosigkeit gab es weder theoretisch noch praktisch.

Nun sollte also die Hochschule kommen. Die Alternative, und das muss ganz klar gesagt werden, war immer Hochschule oder Militärdienst. Dieser dauerte zwei Jahre, niemand wollte dorthin. Daher studierten viele nur, um der Armee zu entgehen, und dort, wo sie leichter einen Platz bekamen. Es wurden daher Leute Agronomen, Tierärzte, Zahnärzte, obwohl sie mit der Materie oft gar nichts im Sinn hatten. Schwieriger war es schon in der Medizin und beim Polytechnikum.

Der Militärdienst wurde im Rahmen der Hochschule absolviert. Man war also vom ordentlichen Militärdienst befreit, hatte jedoch an der Hochschule theoretische Militärunterweisungen und im Sommer jeweils ein Monat vollen Militärdienst in einer Kaserne mit Uniform, Stiefeln, Gewehr und allem Drum und Dran. Wir Studenten wurden dort ganz besonders malträtiert, da man seitens der Unteroffiziere vor allem uns Studenten zeigen wollte, worauf es im wirklichen Leben ankommt. Es war wirklich quälend, ab 6 Uhr früh in Stiefeln rennen zu müssen und am Abend noch Kartoffeln zu schälen, mit 23 anderen in einem Raum zu schlafen, aber irgendwie denke ich nicht ungern daran zurück. Und stolz war ich auch, ein bisschen Soldat zu sein!

Meine soziale Herkunft war denkbar schlecht. Der Vater Fabrikant, die Mutter Tochter eines Textilgroßhändlers, das galt als äußerst negativ in der sozialistischen Ideologie. Was auch immer ich tat, ich war ein Bürgerlicher, auch wenn ich es nicht gerne hörte, der keinerlei Chancen hatte, einen Platz auf der Hochschule zu bekommen. Daher ging ich zu den städtischen Elektrizitätswerken, zu denen auch die kommunale Straßenbahn gehörte. Ich machte das Straßenbahnfahrer-Patent, war aber nicht Straßenbahnfahrer im Personenverkehr, sondern fuhr mit der Arbeitsstraßenbahn, die Drähte und Zubehör zur Erhaltung der Straßenbahnlinien reparierte. Ich arbeitete von sechs bis zwei Uhr – das war nicht so unangenehm, weil ich schon am frühen Nachmittag frei war. Dort arbeitete ich ein Jahr. Ich erinnere mich fast nostalgisch an das damalige Leben. Die Elektrizitätswerke waren weit von zu Hause, ich fuhr mit dem Fahrrad hin und zurück. Um auf die Pfosten hinaufklettern zu können und oben Reparaturen durchzuführen, hatte man an den Füßen Eisenklammern. Eine sehr unangenehme Tätigkeit, weil bei Regen der Strom in den Pfosten spürbar war. Nicht sehr stark, aber es kitzelte permanent. Wenn es windig war, bewegten sich die Pfosten außerdem. Man war in luftiger Höhe, pendelte über der Erde und spürte den Strom. Das tat ich also, Verwandte und Bekannte meines Großvaters sahen es als den totalen Abgrund, als das Ende der Gesellschaft an, dass der Enkel des Dornhelm auf Pfosten kletterte und Straßenlampen austauschte. Von dort kam ich dann als Arbeiter an die Hochschule. Ich hatte meine bürgerliche Herkunft abgelegt und galt nun als Arbeiter, der auf der Hochschule Vorrang hatte. Ich machte die Aufnahmeprüfung und kam auf die technische Hochschule für fahrendes Material.

Es gab in Temesvar eine berühmte Damen-Handballmannschaft, die gute Sportlerinnen aus anderen Teilen des Landes dazuholte. Eine dieser Sportlerinnen, Luci, war in meinem Hochschuljahrgang und eine große Liebe von mir. Sie lernte natürlich miserabel, war aber eine staatsbekannte Handballspielerin, und mit ihr am Corso auf und ab zu gehen war überhaupt das

Höchste. Das Ergebnis war, dass ich die ersten Prüfungen nicht bestand und nicht mehr weiterstudieren konnte. Das war eine ziemliche Katastrophe – das Gespenst der Armee stand wieder vor der Türe. Ich machte noch einmal die Aufnahmeprüfung am Polytechnikum, ich glaube nicht ohne Intervention meines Vaters im Rektorat. In der Zwischenzeit war die Handballspielerin weg – ich lernte nun und bestand auch den ersten schweren Teil der Hochschule. Etwa die Hälfte der Studierenden fiel im Laufe der ersten vier Semester aus – damit rechnete man. Wenn der Staat jedoch schon so viel in einen Studenten investiert hatte, dann sollte er auch absolvieren – ab dem dritten Studienjahr, also nach dem 6. Semester, das entspräche hier der ersten Staatsprüfung, war die Quote derer, die das Studium abbrechen mussten, schon sehr viel geringer.

Die Hochschule war geprägt von fantastischen Lehrern, es gab keine Bücher und daher eine obligatorische Anwesenheitspflicht bei Vorlesungen. Man lernte aus dem mitgeschriebenen Material der Vorlesungen und entwickelte eine unglaubliche Schreibtechnik – ich konnte sogar halb schlafend mitschreiben. Geprüft wurde, was gelehrt wurde – auch das war sehr klar im Unterschied zu den Hochschulen hier. Nachmittags waren dann Kolloquien mit Assistenten, dort wurde das Vorgetragene bearbeitet. Nachdem man diese Kolloquien bestanden hatte, kamen die Prüfungen. Die ersten fanden immer um Weihnachten herum statt, im ersten Semester gab es sieben Prüfungsgegenstände, die Hälfte plus eins musste man bestehen, die nichtbestandenen konnte man zwei Wochen später nachholen. Bestand man sie dann auch nicht, war man draußen. Man konnte nicht im zweiten Semester studieren und Prüfungen aus dem ersten Semester nicht bestanden haben. Natürlich hatten wir Marxismus und Russisch als Pflichtfach an der Hochschule, um den dialektischen Materialismus zu lernen. Und ich habe lange daran geglaubt.

In Wien galt ich dann als Marxist, weil ich so viel davon wusste. Ich finde es nicht so unwichtig, es ist Philosophie, Sozialwissenschaft, über deren Wahrhaftigkeit oder Durchführung man diskutieren kann. Natürlich gab es auch an der Hochschule einen Parteidrill, aber man dachte schon auch nach, es gab Bewegungen, ein gewisser studentischer Liberalismus war vor allem durch Professoren geprägt. Alte Professoren aus dem früheren Regime – Chemie, Physik, darstellende Geometrie, höhere Mathematik – waren wichtige

Wissenschaftler, die keineswegs regimefreundlich waren. Die offizielle Anrede war ja damals immer „Genosse" und nicht „Herr", diese Lehrer hingegen benützten die Anrede „Genosse" nicht, sondern nannten uns immer nur per Namen. „Herr" zu sagen, trauten sie sich nicht, „Genosse" wollten sie nicht sagen. Auch davon habe ich mir etwas erhalten, weil ich viele Menschen bis heute nur per Namen ohne Anrede anspreche.

Das, was vorher war, hatte ich ja nicht bewusst miterlebt, daher war es nun für mich so, wie es war, und es begann die ideologische Erziehung im Sinne des Sozialismus als Übergang zum Kommunismus. Und diesen Satz „Im Sozialismus wird jeder haben, was er benötigt, und in der höheren Stufe des Sozialismus wird jeder haben, was er braucht", haben wir auch geglaubt. Die Umverteilung fand statt. Die Straßennamen wurden geändert, unsere Straße erhielt den Namen eines rumänischen Revolutionärs und Arbeiterführers. Heute trägt die Straße bereits den dritten Namen – die Straße der Rosen. Ich hoffe, es bleibt dabei.

Man muss sich vorstellen, dass unsere ganze Welt Rumänien war. Das Land zu verlassen war ganz ausgeschlossen, man dachte nicht einmal daran. Die Grenzen Rumäniens waren die Grenzen meiner Welt – und nicht einmal die Grenzen Rumäniens, sondern schon die Grenzen der Stadt. Der Eiserne Vorhang ist nicht heruntergefallen, ich fand ihn in meinem Leben bereits vor. Versuchte Landesflucht geschah trotzdem, Leute wurden erwischt, Todesstrafe stand darauf und wurde auch angewandt.

Alltag

Im Rosengarten, entlang der Straße, in der ich wohnte, war an der rechten Seite des langen Parkes der Eislaufplatz, wo man im Winter Wasser spritzte, wenn es gefroren war, fuhren wir dort Schlittschuh. Schlittschuhe hat man selbstverständlich nicht besessen, sondern lieh sie dort aus und befestigte sie mit einem Schlüssel an den Schuhen. Ich war ein schlechter Schlittschuhläufer, es machte mir auch nicht sonderlich viel Spaß, aber man machte es mit.

Es gab auch einen Fußballplatz, wir spielten leidenschaftlich gern Fußball – das tue ich bis heute gerne. Eines Tages wurden aus diesem Fußballplatz Tennisplätze gemacht. Das störte mich sehr, wir sahen Tennis nicht als Sport an, es war nur etwas für alte dicke Leute und hatte überhaupt keine Popularität. Allmählich versuchten wir es dann aber doch so zwischen ein und vier Uhr in der größten Hitze, wenn niemand dort war. Mein Vater hatte früher Tennis gespielt, es gab also noch Schläger im Haus, und Tennis wurde allmählich eine Leidenschaft für uns alle. So begann ich nicht sehr früh, erst mit 15 Jahren, Tennis zu spielen. Natürlich war es nicht zu vergleichen mit den Verhältnissen von heute: heute spielt man mit drei oder vier Bällen, damals hatten wir einen Ball, die Bälle waren weiß und nicht gelb oder rot, wie sie heute sind, es gab Erdplätze und nur ganz wenige mit rotem Sand. Ich habe natürlich auch die Plätze und Linien gemacht, war Ballbub und alles, was dazugehört, wenn man sich etwas von unten nach oben aufbaut.

Dort begann also meine „Tenniskarriere", die mich mein Leben lang begleitet hat – in Rumänien, aber auch hier – und nicht unwesentlichen Einfluss auf meinen Werdegang hatte. Ich fing an, regelmäßig zu spielen, war ganz gut, wurde in die Juniorenmannschaft integriert und bestritt Wettkämpfe. Die Lerndisziplin und die erzwungene Konzentration durch den Wettbewerb und die Benotung auf allen Ebenen prägen mich sicherlich bis heute.

Tennis galt als der weiße Sport, „sportul alb", als ein bürgerlicher Sport, was ich als falsch ansah. Da es kein Bürgertum gab, konnte es auch keinen bürgerlichen Sport geben. Wirklich populär wurde Tennis in Rumänien erst viele Jahre später durch den internationalen Erfolg von Ilie Năstase und Ion Țiriac.

In Bukarest erschien die Literatur- und Kulturzeitung „Contemporanul" (die Gegenwärtige), eine Wochenzeitung, die ich mit großem Interesse las – eher unüblich, dass man als Jugendlicher so etwas las, alles verstand ich auch nicht. An diese Zeitung schickte ich einen Artikel über das Thema: „Warum ist Tennis ein weißer Sport?" Was in mich gefahren war, dies zu schreiben, weiß ich nicht, jedenfalls traute ich mich nicht, unter meinem Namen zu schreiben. Daraufhin erschien eine Glosse von Alexandru Mirodan, wie Recht dieser „Bibu" hat, der dies geschrieben hat. Mirodan war ein bekannter Schriftsteller, der sehr gute und viel gespielte Theaterstücke schrieb. Wohl alle auf der ideologischen Linie, dramaturgisch aber gut konstruiert. Überhaupt gab es gute, glaubhaft konstruierte Stücke mit einer politisch-erzieherischen Aussage, die viel dazu beitrugen, uns im Sinne des Kommunismus zu bilden.

Ich war stolz und sehr aufgewühlt, dass in der Zeitung ein Kommentar zu meinem Artikel erschien. Ich schrieb Mirodan, wer ich sei, und als ich einmal bei einer Tennismeisterschaft in Bukarest war, lernte ich ihn persönlich kennen. Daraus ist eine lebenslange Freundschaft entstanden, die bis heute hält. Er ist in der Zwischenzeit in Israel, wo er eine rumänische Zeitschrift herausgibt. Zwei seiner Theaterstücke übersetzte ich ins Deutsche, sie wurden auch in Wien verlegt.

Über diese Dinge hat man im Freundeskreis eher gelächelt, auch über meine veränderte rumänische Sprache, die ich hegte, pflegte und mit Zitaten versah. Ich hatte eine starke Sprachleidenschaft, die rumänische Sprache ist sehr reich an Aphorismen und Worten, die die gleiche, nicht aber dieselbe Bedeutung haben. Diese Liebe habe ich bis heute auch für die deutsche Sprache beibehalten, wenn ich auch in jenen Jahren kaum Gelegenheit hatte, deutsch zu sprechen.

Neben Tennis fing ich auch mit dem Schwimmen an. Schwimmen und Wasserpolo waren populär, es gab einen Schwimmclub, wo ich an Wettbewerben mit strengem Training teilnahm. Ich hörte aber bald wieder damit auf, weil man sagte, dass die Schwimmer fette Arme bekämen – das galt als unmännlich. Trotzdem habe ich bis zum heutigen Tag das endlose Aufundabschwimmen beibehalten, es ist der beste Ausgleichssport.

Sport wurde zu einem Schwerpunkt des Aufbaues der sozialistischen Gesellschaft für Jugendliche und brachte für die Ausübenden gewisse Vorteile mit sich. Selbstverständlich wurden uns alle Utensilien gratis zur Verfügung gestellt. Es gab keine Clubs, sondern Vereine in den Schulen und Hochschulen – Sport wurde auf allen Ebenen gefördert. Als ich 17 Jahre alt war, fuhr ich mit der Tennismannschaft erstmalig ans Schwarze Meer. Wir wohnten im Zelt, die Nächte waren eiskalt.

Das wichtigste Fortbewegungsmittel war das Fahrrad. An Sonntagen fuhren wir dann oft zu einem anderen Fluss, Timiş, reiner und größer als die Bega, ca. 12 km von Temesvar entfernt. Dort badeten wir, spielten Fußball, redeten – nur Rumänen, ich habe dazugehört. Einige dieser Freundschaften halten bis heute. Ich erinnere mich nicht, in den Hochschulferien weggefahren zu sein. Das Tennis wurde immer wichtiger, auch das Baden in der Bega –

an manchen Tagen war es aber nicht ratsam, ins Wasser zu gehen, weil wieder einmal ein aufgedunsenes totes Schwein drin herumschwamm. Wichtig waren auch die Freunde und das Gemeinschaftsgefühl in der sommerlichen Freizeit. Und außerdem: Wohin sollte man auch verreisen?

Wir mussten viel lernen. Durch das schnelle Lernen vergaß man wahrscheinlich auch schnell; ich bin aber überzeugt, dass durch die intensive Beschäftigung vor allem mit höherer Mathematik der Kopf dazu gebracht wurde, systematisch zu denken und Wesentliches vom Unwesentlichen rasch zu unterscheiden.

Mit 20 Jahren lebte ich im Bewusstsein, Ingenieur zu werden, nach der Absolvierung des Studiums möglichst eine gute Stelle zugewiesen zu bekommen und vielleicht auch außerhalb Temesvar Opernvorstellungen zu sehen.

Zeitungen gab es nicht, in der Lokalzeitung stand nichts von Bedeutung. Es ist unglaublich, wie nichts in einer Zeitung stehen kann. Es ging um Erfolge der Planwirtschaft, Reisen des Ministerpräsidenten Gheorghe Gheorghiu-Dej und später Ceaușescus, Persönlichkeitskult, die Sowjetunion als großes Vorbild, die bösen Amerikaner. Verbrechen, Mord und Kriminalistik existierten nicht. Eine ziemlich ungestörte, einfache, sehnsuchtslose Welt sollte vorgetäuscht werden. Das einzig Wichtige für uns Leser war der Sportteil.

Es gab viele Sitzungen, die man nicht ernst nahm – Sitzung bedeutete eine Zusammenkunft, an der man teilnehmen musste, andernfalls bekam man Probleme. Auch gab es Aufmärsche zum 1. Mai, zum 23. August, zum 7. November – also am Tag der Arbeit, am Tag der Befreiung Rumäniens und am Tag der großen russischen Revolution.

Eine Änderung des Systems war kein Thema, nicht einmal ein Gedanke, keine Beschäftigung. Beschäftigt hat uns, die Prüfungen zu bestehen und der Sport.

Kunst wurde für Propagandazwecke missbraucht, humanistische Bildung galt als gefährlich, da Revolution propagierende Dichter zum Nachdenken und Nachahmen anregen könnten – denn die Revolution war ja bereits geschehen: die Revolution der Proletarier und Bauern, der Ausgebeuteten, die sich vom tausendjährigen Druck und der Ausbeutung befreit hatten. Wir bauten nun eine neue Gesellschaft, in der Vergangenheitsliteratur wenig zu suchen hatte.

Das System, das Lehrsystem, die Kultur, die Organisation der Ministerien etc. wurden absolut eins zu eins von der Sowjetunion übernommen. In einem servilen Staat funktionierte dies sicherlich viel besser als in der DDR. Obrigkeitstreue, gesenkte Häupter, Anpassung innerhalb des Möglichen waren immer schon Symbole eines Volkes, das länger besetzt als frei gewesen war – von den Türken bis zu den Sowjets. „Wer das Haupt senkt, den trifft der Säbel nicht", lautet ein bis heute gebräuchliches rumänisches Sprichwort aus der Türkenzeit.

Meine Sehnsüchte als Heranwachsender, mehr über die Welt zu erfahren, waren nicht sehr groß. Durch die Propaganda über all das, was angeblich im Westen geschah, hatte man eher eine distanzierte und kritische Meinung: dass dort das Geld regiere, Kriminalität herrsche, Menschen von Menschen ausgenützt würden – eines der Hauptschlagworte der Propaganda. Unsere Sehnsucht nach der Welt, nach Paris, nach New York hielt sich in Grenzen, auch die Nichtinformation und das Nichtwissen darüber, was dort geschah, trugen ihren Teil dazu bei. Bilder und Fernsehen gab es nicht, Zeitungen berichteten sehr einseitig, doch waren Filme natürlich wichtig. Auch in meinem Leben als Zehn- und Elfjähriger war das Kino eine wesentliche Unterhaltung, wunderbare Filme auch aus dem Westen konnten wir anschauen. Das hörte jedoch im Jahr 1948 sofort auf, als ich ungefähr 13 war. Ab dann waren nur mehr sowjetische und rumänische oder Filme aus den so genannten Bruderländern, also Polen, der Tschechoslowakei und natürlich der DDR, zu sehen. In Rumänien hatte man eine große Filmindustrie aufgebaut und viele Filme gemacht – natürlich Propagandafilme, Filme mit einer ideologischen Ausrichtung. Dasselbe galt fürs Theater; eine ganze Reihe von guten Stücken, die dramaturgisch sehr gut konstruiert waren, hatten großen Einfluss auf uns. Es ist richtig, dass man durch Kunst und vor allem durch Theater und Film Menschen beeinflussen kann. Das wussten alle totalitären Staaten, und einer der Gründe, warum das Theater in den so genannten früheren Oststaaten so geblüht hat, war die starke staatliche Unterstützung; hohe finanzielle Mittel wurden zur Verfügung gestellt. Es gab aber trotz des ideologischen Druckes sehr viel gutes Theater und auch gute Filme, meist mit historisch-nationalistischem Hintergrund. Das ist eine Tatsache und war im Kommunismus genauso wie im Dritten Reich und in allen anderen Diktaturen. Rein materiell wurden Künstler besser gestellt, besonders darstellende Künstler, Opernhäuser und Theater waren finanziell gut ausgestattet. Das änderte sich jedoch schlagartig nach dem Sturz des Ceaușescu-Regimes 1989, so dass Theater, Opernhäuser und Orchester jetzt in größter Not leben. Die Filmproduktion ist praktisch eingestellt – eine ganz falsche Kulturpolitik, die bei der Künstlerschaft zu großer Depression geführt hat. Heute ist alles auf Marktwirtschaft hin ausgerichtet, all das, was keinen Gewinn bringt, wird auf ein Minimum reduziert.

In den Jahren nach dem Krieg kam es verstärkt zu Auswanderungen nach Palästina, ab 1948 nach Israel, per Schiff. Das war ein Thema, stand aber in unserer Familie nie ernsthaft zur Debatte, obwohl viele Bekannte gingen. Man wusste nichts von dort, wollte natürlich nicht nach Afrika und nicht in die Wüste, da wären Araber, die die Zuwanderer abschlachten würden, Land und Wasser gäbe es auch nicht und man müsste die Wüste urbar machen. Zu einer Entscheidung kam es also nicht, doch auch das war ein Streitthema. Meine Mutter glaubte an eine gute Entwicklung in Rumänien, mein Vater nicht – weggehen wollte er aber auch nicht, auch wenn er es später behauptet hat. Ich wusste davon überhaupt nichts, doch für mich als 13-Jährigen wäre der Gedanke, weggehen zu müssen, schrecklich gewesen: ohne Freunde, ohne vertraute Umgebung, ohne Corso, ohne Oper – ohne all das, was vertraut und worin ich integriert war. Es waren dieselben Gedanken, die wohl diejenigen hatten, die 1938 Österreich verlassen mussten. Wenn ich diese Biographien lese, finde ich meine eigenen Empfindungen wieder, nur dass in Österreich die Gefahr unmittelbar war und in Rumänien nur die Voraussetzungen und die Wahrscheinlichkeit, dass es schlecht werden würde, hoch waren.

Mit meinen Freunden ging ich in Restaurants, um zu trinken – Rum und Likör. Trinken gehörte schon damals zum jugendlichen Leben, dadurch war man interessanter, erwachsener. Das Trinken war rumänische Sitte – die Juden tranken nicht, ich trank. Ein wichtiger Programmpunkt war das Saufen – nicht wie die Bayern und Österreicher Bier oder Wein, sondern anders, feiner, latinischer, romanischer. Einer meiner Freunde, ein Offizier, war oft dabei. Eines Tages erzählte er, dass er in der Früh den Dornhelm „hochgeholt" habe. Damit stellte sich heraus, dass dieser Freund Securitate-Offizier war. Ich wurde ein bissl kleiner – es handelte sich um meinen Onkel, der gemeinsam mit meinem

Großvater verhaftet wurde. Er galt immer als der „junge Dornhelm", er war das älteste Kind, der Nachfolger, verwöhnt, und hatte gegenüber seinen beiden Schwestern – eine davon war meine Mutter – eine besondere Stellung.

Mein Großvater und mein Onkel wurden also verhaftet, weil sie angeblich Vorbereitungen trafen, das Land illegal zu verlassen und man in ihrer Wohnung Gold gefunden hatte; sie waren zwei Jahre lang eingesperrt. Dort, wo die drei Arme der Donau ins Schwarze Meer fließen, befindet sich das Donaudelta, das bis heute für die Vogel- und Tierwelt einer der einzigartigsten Plätze Europas ist. Nur einer dieser Arme war jedoch schiffbar, daher wollte man von der Donau zum Schwarzen Meer einen Kanal bauen, der nie beendet wurde, jedoch sehr viele Opfer hinterließ, da es sich um ein Arbeitslager für politische Gefangene handelte, der „Kanal". Dort waren gemeinsam mit Tausenden anderen so genannten „Politischen", darunter sogar ehemalige Legionäre, auch mein Großvater und mein Onkel. Diese Verhaftungen hatten natürlich auch auf unser Leben Einfluss. Dass sie das Land angeblich verlassen wollten, fand auch ich nicht ganz in Ordnung – schon ganz gut ideologisch erzogen. Die Erziehbarkeit und Beeinflussung Heranwachsender in diesen Jahren ist enorm groß. Das weiß man und vergisst es heute doch oft, aber einem 12-, 13-, 14-Jährigen konnte und kann man alles einreden und ihn auf Wege lenken, die er dann unreflektiert einschlägt.

1953, da war ich 18, entging ich ganz knapp einem Einsatz in Korea. Aus allen kommunistischen Ländern wurden „freiwillige" Kämpfer in den Koreakrieg geschickt – in erster Linie nicht diejenigen mit guter sozialer Herkunft, also eher wir. Ich war schon eingeteilt, entkam aber der Sache. Ich weiß gar nicht, ob die Rumänen letztendlich jemanden geschickt haben. Denn auch unter der russischen Herrschaft waren die Rumänen Weltmeister, so zu tun, als ob, aber es eben doch nicht zu tun. So wurden während der deutschen Herrschaft keine Judentransporte gemacht, weil es keine Eisenbahnwaggons gab, und auch die sowjetischen Anweisungen wurden nicht so blind wie in Polen, Bulgarien oder Ungarn befolgt.

Die vierte und letzte Wohnung in Temesvar war im dritten Bezirk, Elisabethin. Es war die Wohnung meines Onkel Paul, der nach Palästina ausgewandert war. Die Wohnung lag im ersten Stock, im ganzen Haus wohnten nur zwei Parteien – wir oben und eine Offiziersfamilie unten.

Meine Mutter verließ Rumänien 1958 gemeinsam mit ihrem Vater und Bruder, nachdem sie aus dem Arbeitslager entlassen worden waren. Die Hoffnung, dass ich bald nachkommen könnte, war groß. Meine Mutter gab mir ihren ganzen Schmuck und nahm mir das Versprechen ab, dass ich, falls ich das Land verlassen könne, den Schmuck in die Bega werfen müsse. Gold musste man abgeben, da der Staat Gold brauchte – damals galten Goldreserven noch etwas. Ich habe dieses Gold jedoch nicht in die Bega geschmissen, sondern im Keller vergraben, dort war Erdboden und wir lagerten das Heizholz.

Bis heute weiß ich nicht, was mit diesem Gold geschehen ist. Der Keller ist mittlerweile betoniert, mit Marmor belegt und wird als Arztordination genützt. Das Gold war in Zeitungspapier eingewickelt und wandert, wie man mir sagt, in der Erde. Ich glaube nicht, dass dieser Arzt den Boden aufbrechen wird, wenn er zufällig dieses Buch liest – ich glaube auch nicht, dass es sich lohnt. Der Familienschmuck ruht nun dort und ist Teil unserer Vergangenheit geworden.

EXMATRIKULATION UND LETZTE JAHRE IN RUMÄNIEN 1956 BIS 1959

1956 war ich im 5. Semester, im dritten Jahrgang der Hochschule und hatte also den schwierigeren Teil bereits hinter mir. Das Leichtere, Interessantere, Spannendere, Spezifischere lag noch vor mir, wir wurden als Studenten nun schon ernster genommen. Mein Leben bestand aus Vorlesungen, Lernen, Kolloquien, Oper, Statieren, Vorstellungen – noch nicht in dem Ausmaß wie später, aber oft. Tennis war wichtig, keine Mädchen. Freunde waren wichtiger als Freundinnen – nicht für alle, aber für die meisten.

Ich war Mitglied der Jungorganisation UTM – die Vereinigung der jungen Arbeiterschaft. Ich hatte keinerlei Funktionen innerhalb der Organisation, war aber Mitglied. Politische Interessen hatten wir keine, der Druck war groß und man hatte Angst vor der Securitate. Der Kopf war nicht mit Weltgeschehnissen beschäftigt. Im Oktober 1956 war der Aufstand in Ungarn. Ich persönlich habe von diesem Aufstand fast nichts gewusst, nur ein bisschen von meinem Vater erfahren, der immer Radio hörte.

Ich habe eher geglaubt, dass es besser wird, dass der Sozialismus eine gute Sache ist – ich stand viel weiter links als mein Vater, der nur dagegen war, Angst hatte und durch das Hören verbotener Sender von den Ereignissen in Ungarn wusste. Eine seltsame Spannung und Nervosität waren trotzdem spürbar – in Ungarn passiert irgendetwas. Um im Vorfeld Druck zu erzeugen und somit Gegendruck zu rechtfertigen, wurde permanent und für mich glaubhaft das Bild der amerikanischen Interventionen mit Fallschirmjägern, die kommen, um das Regime zu stürzen, vermittelt.

Am 24. Oktober 1956 war nachmittags ein Kolloquium in Theorie der Mechanismen mit einem ziemlich ekelhaften Assistenten, einem Ungarn namens Kovacs, der auch noch als blindwütiger Kommunist galt. Ich kam in die Hochschule im Polytechnikum, ein schöner Komplex, gebaut aus roten Ziegeln, gelegen auf dem Boulevard, der zur früheren Villa meines Großvaters führte. Mein Vater und ich wohnten damals schon in der Elisabethstadt, nahe der Hochschule. Der Komplex war von einem Zaun umgeben, nicht nur beim Eingang, sondern auch entlang der anderen Straße. An einer Stelle war ein Loch, wo ich immer hineingehen konnte und mir so den Umweg um die Ecke zum Haupttor ersparte.

Als ich nun um drei Uhr nachmittags zu diesem Kolloquium kam, wurde gesagt, dass an dessen Stelle eine Sitzung stattfände. Ich war erfreut, dem Kolloquium zu entkommen, und ging in die große Aula zur Sitzung. Unter den Studenten fragte man immer, ob man zur Sitzung gehen müsse. Diesmal fragte aber merkwürdigerweise niemand und alle gingen hin. Am Weg zur Aula fiel mir bereits auf, dass sehr viele Stundenten, die ich nicht kannte, ebenfalls unterwegs waren. Als wir die Aula betraten, war sie bereits so voll wie noch nie. Ich blieb bei der Türe stehen, Bänke waren keine mehr frei, am Podium saßen der Prorektor, der Dekan und drei Leute, die ich nicht kannte. In der Sekunde, als ich hineinkam, spürte ich, dass etwas Besonderes los sei. Eine unglaublich gespannte Stimmung. Ein Jahrgangskollege sprach gerade, warum Uran und die wichtigsten Bodenschätze Rumäniens nach Russland gingen. Das war noch nie da gewesen, dass man seine Gedanken laut ausgesprochen hatte. Ich stand dort wie angewurzelt, plötzlich wurde ich nach vorne gedrückt, weil auch Medizin- und Landwirtschaftsstudenten dazukamen. Als mich der Prorektor sah, machte er eine Handbewegung, dass ich weggehen solle. Dass er mich schützen wollte und irgendetwas passieren würde, verstand ich aber erst viel später. Der Raum war nun so voll, dass gerufen wurde, man solle in die Kantine, die ein eigenes Gebäude hatte, gehen. Wir gingen also über den Hof zum Kantinengebäude, ohne die Leute, die auf dem Podium gesessen waren, wegzulassen.

In der Zwischenzeit waren weit über tausend Studenten dort, zusammen mit denjenigen vom Podium, dem Parteisekretär und jemandem vom Ministerium. Die Studenten ergriffen das Wort und kritisierten das System, die

Partei, die Unterdrückung. Auch ich ergriff das Wort und stand dabei auf einem Tisch – eine Atmosphäre wie bei der Französischen Revolution. So jedenfalls hatte ich mir das vorgestellt. Ich sprach unter großem Widerhall, Ovationen und Applaus. Was ich gesprochen habe, war streng genommen gar nicht so schlimm, denn ich sprach nicht direkt gegen das Regime, sagte aber, wenn hier eine vorrevolutionäre Stimmung sei, dann deshalb, weil wir bei Sitzungen normalerweise nicht frei darüber sprechen könnten, was uns bedrückt, weil die Studenten, die ja die Erbauer der zukünftigen Gesellschaft seien, mit größter Skepsis, mit Misstrauen und Antipathie von den Organen des Staates betrachtet, immer verdächtigt und benachteiligt würden.

Ich war schon „auf Linie", doch das Wort „vorrevolutionär" ließ eine riesige Schreierei ausbrechen. Man hatte außerdem unter uns jemanden gefunden, der kein Student war, sondern ein ziviler Securitate-Mann, der eingeschleust worden war. Er wurde von uns fast gelyncht.

Diese Sitzung hatte um vier Uhr begonnen, es wurde sieben und acht, dann wurde eine Forderungsliste erstellt und beschlossen, gemeinsam zur einzigen lokalen Zeitung zu gehen – „Die rote Fahne" – und zu erreichen, dass unsere Forderungen am nächsten Tag in der Zeitung publiziert werden sollten. Das strenge Regime meines Vaters besagte jedoch immer noch, dass ich um acht Uhr zu Hause sein musste. Zum Abschluss wurde dann ein Komitee gewählt – und aus einem Instinkt heraus dachte ich, dass ich da wohl nicht drinnen sein müsste, und ging weg. Wäre ich in dieses Komitee gewählt worden, hätte ich wie alle anderen mit Sicherheit fünf bis acht Jahre Gefängnis bekommen.

Auf der ganzen Straße waren Panzer in Aufstellung gebracht – die Kanonen waren alle auf die Hochschule gerichtet. Wäre ich nicht wie immer durch das Loch im Zaun herausgeschlüpft, wäre ich nicht entkommen, da das Tor bereits von Securitate-Einheiten bewacht und gesperrt war. Ich wunderte mich, was da wohl los wäre, den Zusammenhang erkannte ich immer noch nicht. Ich ging nach Hause und konnte nicht glauben, dass das alles wegen uns sei. Mein Vater empfing mich zitternd und schreiend, meine Mutter war zu meinem Erstaunen auch gekommen, die ganze Stadt wusste schon, was an der Hochschule passiert war und dass ich diese Rede gehalten hatte, die Konsequenzen waren vorhersehbar.

Die Unzufriedenheit in den Studentenkreisen wuchs 1956 immer mehr, wenn auch die Gründe eher irdischer Natur waren. Wir waren empört, Russisch lernen zu müssen, ohne die Möglichkeit zu haben, auch andere Sprachen zu lernen. Viele opponierten gegen das Pflichtfach Marxismus, das immerhin vier Semester lang obligatorisches Prüfungsfach war. An der Universität gab es den Unterrichtsgegenstand A.L.A., das heißt Verteidigung gegen Luftangriffe und gegen Giftgase. Natürlich waren mehr ideologische Gründe der Angstmachung als reelle Gefahr der Grund dafür. Das miserable Essen in der Kantine war ein weiterer Punkt. Mich störte das weniger, ich gewöhnte mich damals daran, Brot zu essen, das so weich war, dass es, wenn man es an die Wand klatschte, picken blieb. Es war sauer und sättigend, wenn auch nicht sehr nahrhaft.

Die Kollegen, die vom Land kamen, opponierten und revoltierten am meisten, weil Anfang der 50er Jahre die neue Landverteilung, die Zwangskollektivierung nach Sowjetart, genannt Agrarreform, durchgeführt wurde. Die Bauern, denen man Vieh und Boden wegnahm, woran sie genauso hingen wie an ihrer Familie, waren die größten Regimegegner. Am Land kam es zu blutigen Kämpfen, mit Brachialgewalt wurde die Landreform, Kollektivierung genannt, durchgezogen. Man durfte nicht einmal mehr eine Kuh besitzen, alles wurde in den gemeinsamen Kolchosen, genau nach sowjetischem Vorbild, integriert, jeder bekam dann Rationen zugeteilt. Diese Unzufriedenheit ging auf die Studentenkreise über, dazu kam der immer größere Druck der Polizeiorgane, die in Miliz umbenannt wurden. Das alles brachte das Blut zum Wallen, wenn auch noch nicht zum Kochen. Bei dieser Sitzung wurde eigentlich nur ein Ventil geöffnet – das Ungeheuerliche aber war, mit welch enormer Kraft sich der Druck entlud.

Wenn heute die Studentenbewegungen des Jahres 1956 als Studentenaufstand bezeichnet werden, ist es nicht wegen der Vehemenz der Ereignisse von damals, sondern weil es das erste Mal war, dass überhaupt jemand aufbegehrte. Für Menschen, die in einer freien Welt leben, ist es schwer zu verstehen, dass man sich nicht einmal mehr traute, einen politischen Witz zu erzählen, weil Menschen deswegen verschwanden und jahrelang eingesperrt wurden. Denunziationen ohne Beweise waren in diesen blutigen Terrorjahren, den ersten zehn Jahren der Konsolidierung der kommunistischen Herrschaft, von einer

Blutrünstigkeit und einem Extremismus, der mit jenem der Nazis vergleichbar war. Selbstverständlich konnten auch persönliche Racheaktionen zum Nachteil des einen oder des anderen führen. Weniger gefährdet waren Menschen mit „gesunder" Abstammung, also Arbeiter und Bauern oder deren Kinder. Aber ein Bürgerlicher – ein Arzt, ein Pfarrer, ein Student – war von Haus aus ein verdächtiges Element. Und wenn man auch noch irgendetwas Verdächtiges über ihn hörte, war er erledigt.

Heute gibt es beim Eingang zur Kantine der Universität, die nun eine Studentendisco ist, eine Gedenktafel, die an die erste Erhebung der Studenten gegen das kommunistische Regime erinnert. Bücher über die Studentenbewegung sind erschienen – und ich bin mit 21 Jahren ein politischer Held jener ersten antikommunistischen Bewegung in Rumänien geworden. Das stimmt zwar faktisch, aber von diesen Worten bis zu einer antikommunistischen vorrevolutionären Bewegung ist ein weiter Weg. Tatsache ist, dass tags darauf alle Hochschulen gesperrt wurden, der Ausnahmezustand in Temesvar ausgerufen wurde und ich innerlich unglaublich gewachsen bin. Ich wollte in die Stadt gehen, mein Vater verbot es mir. Dann fingen die Verhaftungen an und ich wurde bei meiner Mutter versteckt. Es kam zur Schießerei in der medizinischen Fakultät, wohl provoziert, um Gegenmaßnahmen ergreifen zu können. Manche verschwanden sofort. Wir – mehrere Studenten – wurden dann von Einheiten der Securitate in Lastwagen in einen Nachbarort gebracht und dort an die Wand gestellt. Es wurde uns suggeriert, dass wir Kontakte mit amerikanischen Fallschirmjägern hätten. Ich bin fast überzeugt, dass die Vernehmungsoffiziere das tatsächlich geglaubt hatten. Ich wurde nicht verurteilt und nach ein paar Wochen hatte sich die Situation wieder beruhigt. Wie ich erst viel später erfahren habe, hatte das Zentralkomitee in Bukarest die Direktive ausgegeben, die Sache nicht aufzupeitschen. Die Angst vor dem, was in Ungarn passiert war, war natürlich enorm bei diesen Leuten, die eigentlich klug reagierten und vermeiden wollten, Märtyrer zu schaffen. Die Sache war von Studenten des 5. Jahrganges vorbereitet gewesen, auch die Sitzung, denn plötzlich waren der Dekan, der Prorektor und der Parteisekretär anwesend – das war normalerweise nicht üblich. Im November oder Dezember begannen wieder die Vorlesungen, die Prüfungssession nahte und alles ging normal weiter. Ich wurde damals sehr krank, bekam Gehirnhautentzündung. Die Krankheit dauerte lange, ich begann aber, für die zweite Prüfungssession zu lernen. Mein Vater sagte mir immer, dass ich nicht so viel lernen solle, was mich natürlich verwunderte. Er wusste jedoch schon, was kommen würde und dass es sinnlos war, so viel zu lernen, denn man hatte ihm bereits mitgeteilt, dass ich von der Hochschule exmatrikuliert werde. Eines Tages, im Jänner 1957, hing an der Hochschule ein Zettel, auf dem die exmatrikulierten Studenten aufgelistet waren – „schwerwiegende Abweichungen von der proletarischen Moral und Aktivitäten gegen das Wohl des Staates" waren der Grund.

Das war das Ende.

Das Hochschulgebäude durfte ich nie mehr betreten, nicht einmal bis zum Pförtner durfte ich gehen, hätte mich auch nicht getraut. Ich war gebrandmarkt, ausgeschlossen aus der einzig existierenden Gesellschaft und wusste, dass ich chancenlos war, irgendwann wieder in dieser Gesellschaft und in diesem Land Fuß zu fassen. Dass es mir ein paar Monate lang gelungen ist, an einer anderen Universität unterzukommen, bis das so genannte Dossier angekommen war, zeigt den bürokratischen Weg, der strikt eingehalten wurde. Solange man diesen Personalakt nicht bekommen hatte, musste man von nichts wissen.

Alle Mühen der letzten vier Jahre waren also umsonst gewesen: das Jahr, in dem ich arbeiten gegangen war, auf Pfosten gestiegen, mit der Werkstraßenbahn gefahren war und die Leitungsdrähte geölt hatte und die drei Jahre auf der Hochschule mit dem vielen Lernen. Nun gab es keine Aussicht und Möglichkeit, aus meinem Leben noch etwas zu machen.

Ausgeschlossen aus der Hochschule! Aus allen Hochschulen des Landes, getrennt von meinen Kollegen und Freunden, von meinem gewohnten Lebensrhythmus stand ich plötzlich ohne jegliche Beschäftigung da, vollkommen ratlos und allein mit 22 Jahren. Wohl war ich irgendwie ein Held, einer, der sich etwas getraut hatte – hätte ich in der Kantine meinen Mund gehalten, wäre mir ja nichts passiert.

Nun begannen Bittgänge und Bittschreiben überallhin: ans Rektorat, das aber diesbezüglich völlig machtlos war, an den Parteisekretär, die Kreisleitung, das Ministerium in Bukarest. Alles vergebens. Es war eine Anordnung der „Partei". Und diese war ja nicht fassbar. Ich versuchte, weit weg in Klausenburg weiterzumachen, doch wurde ich dort nicht einmal aufgenommen. Wieder zurück in Temesvar wurden Tennis, Theater und Oper mein Lebensinhalt.

Am Weg zu meinen Gesangstunden, die das wichtigste blieben, traf ich eines Tages einen Studenten, der mich mit den Worten „Holi, du bist frei, du lebst noch und gehst herum!" begrüßte – meine Mutter stand daneben und ich weiß noch, wie ihr dabei zumute war. Natürlich mied man auch meine Gesellschaft, es hätte ja schaden können, mit mir weiter Kontakt zu pflegen.

Ich unternahm dann noch einen Anlauf, wieder auf die Hochschule gehen zu können, diesmal beim Institut für Mathematik und Physik. Dort schaffte ich es, gemeinsam mit zwei anderen exmatrikulierten Kollegen hineinzukommen, weil diese Fakultät nicht zum selben Rektorat gehörte. Vor der Prüfungssession jedoch rief man uns zum Prorektor, der immer auch der Parteimann war. So auch waren nicht der Dekan, sondern der Prodekan und auch beim Theater nicht der Direktor, sondern der administrative Direktor die Parteiorgane. Hierher rühren wohl meine Scheu und Antipathie gegenüber Verwaltungsdirektoren. Der Prodekan riet uns, uns zurückzuziehen, da wir die Prüfungen nicht bestehen würden. Man exmatrikulierte uns also nicht, sondern teilte uns mit, dass wir durchfallen würden. Wir zogen uns nicht zurück. Für höhere Algebra gab es einen alten griechischen Professor, Arghiriade, der uns durchfallen lassen sollte – das lehnte er aber ab. Ich bestand die Prüfung und wurde danach exmatrikuliert. Für den Professor gab es keine Konsequenzen – das ist wieder typisch Rumänien. Ich weiß nicht, was mit ihm in der Sowjetunion passiert wäre; ihn anzurühren wagte niemand, denn er war ein anerkannter Mathematiker.

Jetzt war es mit dem Hochschulstudium endgültig aus. Tennisstunden zu geben war die einzige Möglichkeit für eine Existenz.

Ich war nun 22 Jahre und hatte drei Halbtagsbeschäftigungen als Tennislehrer: eine bei der Sportschule, eine beim Eisenbahnerverein

Tennislehrer nach 1956

und eine bei einer Militärdivision jeden Morgen von sechs bis acht Uhr, wo ich eigentlich im Sinne der Erziehung mit den Soldaten dieser Division Tennis spielen sollte. Gespielt habe ich aber nur mit dem General, die Soldaten mussten Bälle aufheben. Eine ganze Kompanie mit schweren Stiefeln. Ich tat das gerne, nahm es ernst und war ein gesuchter Partner, da ich jedermann das Gefühl vermittelte, mit mir besser spielen zu können.

Bei dieser Gelegenheit musste ich einmal mit Tennisbällen vom Tennisplatz zur Kaserne, wozu mir der General einen Jeep schickte. Da sagte man plötzlich, der Holi arbeite für die Securitate, weil ich mit einem Militärfahrzeug herumfuhr. Ein Auto war schon eine Sensation, ein offener Jeep noch mehr.

Ich fühlte mich nicht schlecht, sondern als Opfer der Verhältnisse – als Märtyrer. Ich spritzte auch die Plätze, hielt sie in Ordnung und machte die Linien, die man damals noch mit einer Schablone und Gips mit einem Sieb machte – und nicht so wie heute annagelt, was schlecht ist, da man nicht genau sieht, ob der Ball out ist oder nicht, weil er keine Spur hinterlässt. Mein Vater hatte einen alten Frack, dessen Hose ich abschnitt – die Leute sagten, das sei nun der endgültige Untergang der vergangenen Welt, wenn der Enkel vom Dornhelm in einer alten abgeschnittenen Frackhose die Tennisplätze spritzt.

Für mich war es nicht der Untergang der Welt. Ich spielte Tennis mit großer Passion, hatte eine Kindergruppe im Verein der Eisenbahner, verdiente ganz gut, gab zehn bis zwölf Stunden pro Tag Tennisstunden, musste nicht mehr lernen und stellte etwas dar. Außerdem ging es mir körperlich blendend durch die Arbeit im Freien.

Daneben ging ich natürlich noch viel mehr ins Theater. Eines Tages jedoch, gut ein Jahr nach dem Beginn meiner Anstellung, sagte mir der Parteisekretär des Eisenbahner-Vereins, dass mein Dossier angekommen wäre und sie mich daher nicht weiter beschäftigen könnten. Auf meine Frage, was man mir denn vorwerfe, sagte er, dass ein derart unsicheres „Element" nicht auf die Jugend losgelassen werden kann. Außerdem hatte ich nicht vor jedem Training den Leitartikel der Parteizeitung vorgelesen, wie ich es hätte machen müssen.

Ich verlor auch den Posten bei der Sportschule, nicht jedoch den beim Militär. Der General hielt mich bis zu meinem letzten Tag in Rumänien. Diese Situation dauerte zwei Jahre. Eines Abends, als ich von der Oper zurückkam, erzählte mir der Dirigent Roth, dass man am nächsten Tag ab 7 Uhr früh für die Ausreise nach Israel einreichen könne. Ich erzählte das meinem Vater, der in aller Frühe gleich zur Polizei ging. Das war nun tatsächlich die Ausreisemöglichkeit für Juden – ob es, wie behauptet wird, tatsächlich ausgehandelte Kopfgelder gab, weiß ich nicht. Angeblich zahlte der Staat Israel an Rumänien einen Dollarbetrag für jeden, den man hinausließ. Mein Vater schrieb sich ein und verlor sofort seinen Posten in der Fabrik. Nach ungefähr einem Jahr war es soweit: 20 kg durfte man mitnehmen, 1.000 Lei – damals mein Gehalt als Tennislehrer für zwei Monate – musste man für den Verzicht auf die rumänische Staatsbürgerschaft zahlen.

Am 14. Jänner 1959 war die Abreise per Zug nach Wien. Die Fahrkarte musste in US-Dollar vom Ausland aus entrichtet werden. Die Genehmigung war zwar für Israel erteilt worden, da aber meine Mutter in Wien war, konnten wir dorthin.

Ich weinte dauernd, war total unglücklich, verabschiedete mich von jedem Stein, von jedem Baum, von jedem Zaun, von jedem Haus. Ich hatte Herzbeklemmungen – es war für mich das Ende. Es war mir vollkommen klar, dass ich in Rumänien keinerlei Möglichkeiten mehr hatte, mir irgendeine Existenz aufzubauen, dass ich gebrandmarkt und von allem ausgeschlossen war. Die Ausreise war sozusagen meine einzige Rettung, doch fühlte ich, dass meine Wurzeln abgeschnitten wurden, dass ich von allem, was ich liebte und kannte, getrennt wurde. Ich verließ mein Land nur notgedrungen und sehr, sehr ungern. Das Wiedersehen mit meiner Mutter war für mich der einzige Trost dieser „Ausreise". Doch auch das moralische „Delikt", das Land dadurch zu verraten und nie mehr zurückkehren zu können, war mir bewusst.

Mein Vater jedoch war im siebten Himmel.

An der Grenze wurden wir noch einmal genauestens kontrolliert, dann ging es quer durch Ungarn bis ins Niemandsland zwischen Ungarn und Österreich. Mein Vater weinte vor Glückseligkeit, ich vor Unglück.

Am Westbahnhof wartete meine Mutter.

DIE ERSTE WIENER ZEIT 1959 BIS 1966

Neues Leben in Wien

Nachdem ich den Westbahnhof nach langen Debatten zwischen meiner Mutter, dem österreichischen Behördenvertreter und der israelischen Einwanderungsbehörde verlassen durfte, musste ich mich sofort bei der Fremdenpolizei melden und wurde als Flüchtling registriert, jedoch noch nicht anerkannt, ohne dass meine Angaben geprüft wurden. Erst dann durfte ich nach Hietzing in die St. Veitgasse zu Tante Mella, wo wir damals alle wohnten: meine Großeltern, meine Mutter mit ihrem zweiten Mann und ich. Ich schlief in der Veranda, die ich auch von der Gartenseite aus betreten konnte. Ich musste nur das Scherengitter öffnen. So konnte ich also auch spät nach Hause kommen, ohne jemanden zu stören. Mein Vater wohnte in Untermiete in der Paniglgasse. Er bekam relativ schnell einen monatlichen Wiedergutmachungsbetrag aus Deutschland, meine Mutter und ich lebten von dem, was mein Großvater und seine Schwester, Tante Mella, hatten. Es war äußerst karg bemessen und reichte nur für das Notwendigste.

Ich musste mich in der ersten Zeit täglich bei der Fremdenpolizei in der Bäckerstraße im 1. Bezirk melden und wurde dort ausführlich einvernommen. Ich musste militärische Einrichtungen und Dienstgrade, Uniformen und Ausrüstung, Übungen und vieles andere beschreiben und von der Topographie der Stadt, Kasernen und Bahnhöfen Zeichnungen machen. Diese Befragungen hatten zweifachen Sinn: einerseits wurden die Richtigkeit meiner Angaben und daher auch meiner Person kontrolliert, andererseits gewannen die Behörden dadurch neue Erkenntnisse über Gebiete des Ostblocks - sicherlich auch im Auftrag des amerikanischen CIA.

Bald erhielt ich einen Fremdenpass und ein Jahr später endlich den blauen, vielbegehrten Nansen-Flüchtlingpass. Mit diesem durfte ich in alle Länder, die der Nansen-Konvention beigetreten waren, reisen. Im Jahr 1963 wurde ich österreichischer Staatsbürger.

In meiner Anfangszeit in Österreich war ich sehr enttäuscht. Weniger darüber, was ich hier vorfand, sondern innerlich, weil meine Sehnsucht nach „zu Hause" schmerzlich groß war. Ich wollte wissen, was in Temesvar vor sich ging, vor allem und hauptsächlich an der Oper, wer nun diese oder jene Rolle gesungen hatte, wie die Ergebnisse der Fußballmeisterschaft waren etc.

Durch die sozialistische Erziehung bedeutete für mich alles, was mit Monarchie zusammenhing, Ausbeutung. Ich dachte sogar, dass durch meinen Weggang aus Rumänien in die Republik Österreich mein „Verbrechen" dem Land gegenüber vielleicht mildernde Umstände bekäme, da ich nicht nach England oder in eine andere bestehende Monarchie gegangen war. Doch stellte ich in Wien schnell fest, dass für mich von außen betrachtet kaum etwas von einer Republik feststellbar war, hingegen alle Symbole der Monarchie in vollem Glanz erstrahlten. In meinen Briefen an Prof. Wiener nach Temesvar – oder „nach Hause", wie ich damals immer betonte –, die man als Tagebuch ansehen kann, war ich entsetzt über die Gegenwärtigkeit der monarchistischen Einrichtungen in Wien. Auch irritierten mich die Neonreklamen, die Prostituierten – alles, was uns als westliches Gift dargestellt worden war, fand ich nun vor. Coca-Cola war für mich überhaupt der Inbegriff des Kapitalismus, der Dekadenz, des Schlechten.

Die äußere Erscheinung der Menschen in Rumänien war von der Farbe Grau geprägt, man sollte nicht auffallen, war bescheiden und auf Arbeit ausgerichtet. Dies war nun hier im Westen ganz anders, und da ich sowieso geneigt war, eher das Negative als das Positive zu sehen, haben mich diese äußeren Umstände deprimiert, mit Sicherheit auch bedingt durch mein ärmliches Aussehen und durch die bescheidenen Möglichkeiten, die ich hatte im Vergleich zu den reichen Menschen, denen ich erstmalig in meinem Leben bewusst begegnete.

Wien empfand ich als strahlende Stadt. Die Straßen waren im Unterschied zu Temesvar hell erleuchtet, wo das wegen der Stromknappheit nicht möglich war. Daher waren auch die Auslagen der Geschäfte nicht beleuchtet – hier in Wien strahlten sie in der Kärntner und Mariahilfer Straße bis spät in die Nacht.

Innerlich sperrte ich mich gegen alles, was hier war, ich wollte es nicht wahrhaben und folglich auch nicht wahrnehmen. Ich konnte die Menschen mehr damit beeindrucken, über Rumänien zu sprechen als mich über die Geschehnisse hier zu äußern; ich war einfach noch nicht sattelfest. Obwohl mein Temesvarer Gesanglehrer, Mentor und Lehrer in tieferem Sinn Wiener war, mir viel über die Wiener Oper erzählt hatte und die Oper unabhängig von der Stadt mir schon seit vielen Jahren nahe war, näher als andere Opernhäuser wie die Scala, Covent Garden oder die Met, hatte ich persönlich keine Vorstellung davon, was hier wirklich geschah, gespielt wurde und wer hier sang. Er baute mich in einer klugen pädagogischen Weise auf und versuchte brieflich, mir die Werte Österreichs, der Kultur und der Freiheit, langsam beizubringen – es hat unverhältnismäßig lange gedauert, bis ich mich in Wien heimischer fühlte.

Ich war orientierungslos, kannte niemanden, ging an die Technische Hochschule – und wusste nicht, auf welcher Welt ich mich befand: Tausende Studenten, Unordnung und Desorganisation. Ich versucht logischerweise, nun da anzuknüpfen, wo ich vor zwei Jahren in Temesvar aufgehört hatte. Doch erkannte ich ziemlich bald, dass ich es weder schaffte noch wirklich wollte. Auch konnte ich zu schlecht Deutsch, alle technischen Begriffe wurden in Rumänien aus dem Lateinischen abgeleitet, hier waren sie deutsch. Ich hatte keine Lust mehr, weiter Technik zu studieren.

Ich bekam dann eine Stellung in einem Betrieb nahe der Börse, der Eisenwaren herstellte, wo ich technische Zeichnungen machte. Im Außendienst war ich gemeinsam mit einem Meister, der vor kurzem aus russischer Kriegsgefangenschaft zurückgekehrt war. Während unserer Arbeit und der Wegzeit schimpfte er ununterbrochen mit den übelsten Nazi-Sprüchen auf alles, natürlich vor allem auf Juden und Ausländer. Ich traute mich natürlich nicht, meinen Mund aufzumachen und dachte mir, dass die Menschen hier eben so seien. Nach sechs Monaten wurde ich entlassen.

Oper und Theater

Es war sicherlich Professor Wieners psychologischem Einfühlungsvermögen zu verdanken, dass er mich in seinen Briefen zur Oper hin orientierte; wissend, dass mir diese zum Lebensinhalt und möglicherweise zu einer neuen Existenz verhelfen könnte. Und dies gelang ihm ja auch. Wie schade ist es nur, dass er nicht mehr erleben konnte, wie weit mich seine Anregungen wirklich gebracht haben.

Bald begann ich, in die Oper und ins Burgtheater auf den Stehplatz zu gehen – *Hoffmanns Erzählungen* am 23. Jänner 1959, also bereits 14 Tage, nachdem ich in Wien angekommen war, mit Anton Dermota, Wilma Lipp, Mimi Coertse und Michael Gielen als Dirigent, auf Deutsch gesungen, war die erste Oper, die ich hier gesehen habe. Bei meinem allerersten Burgtheaterbesuch sah ich *Fast ein Poet* von Eugene O'Neill mit Paula Wessely und Attila Hörbiger; und obwohl ich nicht alles verstand, war ich sehr beeindruckt.

Die Besetzungen der Opern schrieb ich alle auf, da ich kein Geld hatte, mir jedes Mal ein Programmheft zu kaufen. Außerdem enthielten sie nichts Interessantes, und ich wollte ja nur die Besetzungen wissen und bin heute froh, dass ich diese handgeschriebenen Zettel habe.

Am 17. März 1959 hörte ich das erste Mal *Palestrina*, Meinhard von Zallinger am Pult, mit Julius Patzak, Hans Hotter und Sena Jurinac. *Palestrina* machte bleibenden Eindruck auf mich und selbstverständlich beeinflussten mich diese Eindrücke meiner ersten Wiener Jahre auch bei der Zusammenstellung des Spielplanes, als ich ihn Jahrzehnte später bestimmen konnte. Hätte mich *Palestrina* mit Patzak damals nicht so tief beeindruckt, ich bin nicht sicher, ob wir *Palestrina* heute am Spielplan hätten. Patzak am Komponistentisch in schwarzem Gewand und mit weißem Haar samt der göttlichen Musik übten großen Eindruck auf mich aus. Jeder Mensch bekommt in der Jugend die Zündung dafür, was er später schätzt oder auch liebt.

Als ich 1959 nach Wien kam, war eine sehr aufregende Zeit in der Wiener Oper, es war die Karajanzeit. Herbert von Karajan wurde wie ein Gott verehrt und auch alles, was um ihn herum war. Eine Zeit der großen Faszination der italienischen Oper; und die einen für die Ensemblesänger, die anderen für die italienischen Gäste. Aber auch die Parteigänger Karl Böhms, Karajans

Vorgänger als Operndirektor, und jene Karajans spalteten die Meinung des Stehplatzes.

Bekanntschaften, Freundschaften und Liebschaften am Stehplatz – damals wie heute ein eigenes Volk. Ich war immer am Stehplatz unten, nicht auf der Galerie. Bald lernte ich die Wagner-Opern kennen, die ich ja bis dahin noch nie auf der Bühne erlebt hatte. Strauß bedeutete für mich *Fledermaus* und *Zigeunerbaron* – ich schrieb damals: „Es ist unglaublich, wie viel Strauß in einem Opernhaus gespielt wird – Rosenkavalier, Elektra, Salome, Arabella!" Ich hatte damals keine Ahnung von den Werken Richard Strauss'. Ich war bei der *Elektra,* die auf mich schauerlich wirkte – dissonant, furchtbar, entsetzlich. Ebenso die *Salome.* Merkwürdigerweise beeindruckte mich hingegen *Wozzeck* mit Walter Berry und Christa Ludwig sehr. Ich fand es großartig, dass Berry sowohl die Bösewichte in *Hoffmanns Erzählungen* als auch Wozzeck sang. Alban Berg und Georg Büchner interessierten und packten mich sofort, nicht hingegen Richard Strauss, Wagner-Opern nur zum Teil.

Eine unfassbare Begeisterung rief in mir jedoch eine *Walküre* am 13. März 1959 mit Hilde Konetzni als Sieglinde, Jon Vickers als Siegmund, Hans Hotter und Gottlob Frick hervor, Karajan war am Pult. Nach dem ersten Akt war eine Stimmung im ganzen Haus, wie ich sie bis heute nie mehr erlebt habe. Die Pause zwischen erstem und zweitem Akt wurde durchapplaudiert. Wir wissen, welch außerordentliche Wirkung der erste Akt *Walküre* hat, wenn er nur halbwegs gut ist – man kann sich vorstellen, welchen Widerhall er damals auslöste.

Ich kannte mich nicht wirklich aus, konsumierte aber alles, was Wien bot, natürlich auch in der Volksoper. Mein immanenter Durst nach mir unbekannten Opern war unersättlich. Die Erinnerungen daran sollten dann später eine „fatale" Rolle spielen. Zum Beispiel sah ich in der Volksoper *Wilhelm Tell* auf Deutsch, mit Karl Terkal und Alexander von Sved, einem ungarischen Bariton, den ich namentlich noch aus Temesvar kannte und der in Wien sehr bekannt war, da er im und nach dem Krieg hier viel gesungen hatte.

Ich war wie ein ausgetrockneter Schwamm und saugte bewusst und unbewusst trotz meines inneren Widerstandes alles auf. Ich sah mit offenen Augen und Ohren, schmerzendem, aber offenem Herzen alles, was Wien vor allem auf musikalischem Gebiet bot.

Im Schnitt war ich fünfmal pro Woche am Stehplatz in der Oper, irgendwie spürte ich eine Zugehörigkeit zu den Geschehnissen im Haus und wollte so viel wie möglich von der Wiener Oper erfahren, vielleicht als Ersatz für die Temesvarer Oper, wo ich ja viele Interna gewusst hatte. Möglicherweise eine instinktive Handlung, die mir aber in diesen Jahren bis 1964 half, mich in Wien heimischer und irgendwie dazugehörig zu fühlen. Ich verfolgte alles, was in den beiden Opernhäusern und in den Konzertsälen vor sich ging, mit totaler Hingabe, unendlich viel davon habe ich mir gemerkt. Das hat tiefe Spuren hinterlassen.

Dass in der Volksoper alles deutsch gesungen wurde, hat mich weder gestört noch beeindruckt, ich empfand es als normal. Nur verstand ich nicht ganz, warum man hingegen in der Staatoper fast alle Opern in Originalsprache spielte; das war etwas vollkommen Neues für mich.

Ich sah erstmals Verdis *Otello;* Tito Gobbi hatte den Jago abgesagt, für ihn sprang jemand namens Paul Schöffler ein – der Name sagte mir nichts. Er sang deutsch, für mein Empfinden grauenhaft und stimmlos, eine Karikatur. Doch herrschte nach dem Credo ein unfassbarer Jubel im ganzen Haus – für mich völlig unverständlich. Ich wusste nichts von den heftigen Kämpfen zwischen den Sängern, die Karajan gebracht hatte, und dem alten Ensemble der Wiener Oper, das ich nicht mehr erlebt hatte und das Schöffler symbolisierte.

Historisch gesehen war es in der Karajan-Direktion das erste Mal, dass internationale Künstler regelmäßig an der Wiener Oper arbeiteten. Sänger, Dirigenten, Regisseure, ja bis zum Souffleur. Gastsänger wurden bis zu dieser Zeit meist nur im Notfall engagiert – also bei Erkrankungen im Ensemble oder auf Grund ihrer außerordentlichen Bekanntheit wie Benjamino Gigli, Ezio Pinza oder Amelitta Gali-Curci. Dass die Gäste italienisch und die anderen deutsch sangen, war nichts Unübliches. Das Außerordentliche in den 60er Jahren an der Wiener Staatsoper waren nicht nur die Leistungen mancher dieser Gastsänger, sondern der Umstand, dass sie überhaupt da waren. Wir hatten das Gefühl, die Wiener Staatsoper sei die Welthauptstadt der Oper – und es war auch so. Davon zehren wir noch heute, obwohl das bei Karajan erstmals praktizierte Gastsystem heutzutage leider sogar bis in die kleinsten Theater praktiziert wird.

Eines ist sicher: Trotz oder besser gesagt: durch Karajan und andere große Dirigenten waren die interpretatorischen Freiheiten der Sänger viel größer als heute. Der Ausdruck durch Gesang, Pausen, Fermaten, Rubati, Wortakzente wurden nicht nur toleriert, sondern im Sinne des Interpreten musikalisch unterstützt. Ganz besonders Herbert von Karajan hatte die Gabe, aber auch den guten Willen, Sänger zu begleiten, so dass diese ihr Bestes geben konnten. Wir sagten immer, dass unter Karajans Leitung die Sänger besser sangen, als wenn ein anderer Dirigent am Pult stand. Die so genannte Diktatur der Dirigenten gegenüber den Sängern ist heute viel prononcierter als vor 30 bis 40 Jahren. Das macht aber auch die Aufführungen eintöniger und einander ähnlicher. Vor allem die Kritiker erwarten heute im Sinne des Staggione-Systems, dass die Vorstellungen möglichst immer gleich sein sollen. Aber die Sänger können und wollen gar nicht bei jeder Vorstellung in derselben Rolle immer gleich sein. Es ist ganz normal, dass ein Interpret bei jeder Vorstellung musikalische Phrasen seiner jeweiligen Abendverfassung, aber auch seiner jeweiligen Empfindung nach gestaltet. Und die Empfindungen sind von Gefühlen geleitet – diese können und müssen nicht immer gleich sein. Viele Dirigenten der heutigen Zeit wollen jedoch dieser persönlichen Rollengestaltung nicht folgen, auch weil sie es einfach rein handwerklich nicht können. Dirigenten, die sich nicht im Repertoire hinaufgearbeitet haben, kennen ja dieses Repertoire nicht gut genug, um es zu beherrschen. Was aber die Voraussetzung ist, um Freiheiten zu geben. Die Kunst beginnt dort, wo die Technik endet, hat schon Goethe gesagt. Und gut ist eine Interpretation nicht allein, wenn alles stimmt, sondern wenn sie dem Zuschauer etwas sagt.

Dass Karl Terkal und Karl Friedrich durch Giuseppe Zampieri und Juan Oncina, Hilde Zadek und Carla Martini durch Antonietta di Stella und Claudia Parada, Paul Schöffler und Hans Braun durch Tito Gobbi und Aldo Protti usw. ersetzt wurden, spaltete den Stehplatz vollkommen. Ich war in den *Meistersingern* und verstand allmählich, warum Schöffler als Gott angesehen wurde. Diese Gottheiten der Bühne werden schnell zu den eigenen Göttern – ich kannte allmählich die Sänger und die Besetzungen. Manchmal standen wir zwei Nächte für eine Stehplatzkarte auf der Straße angestellt, um zum Beispiel die Tebaldi, di Stefano, Gobbi in *Tosca* unter Karajan zu hören. Es war schon damals 1959 dieselbe Inszenierung wie heute – oder umgekehrt. Vielleicht können sich manche im Publikum deshalb noch heute so schwer von den alten Bühnenbildern trennen, weil sie in diesen so Großartiges erlebt haben. Für manche Stammbesucher sind die Bühnenbilder von *Tosca* und *Bohème* quasi ihre eigenen Wohnstätten.

Diese Höhepunkte jener Opernzeit sind bis heute nirgends mehr wiedergekehrt. Vor allem waren sie durch Karajan als Dirigent, aber auch durch viele Sänger geprägt. Selbstverständlich gab es auch Mittelmäßiges, heute weiß ich – und jeder, der halbwegs objektiv ist, weiß das auch –, dass es glanzvolle genauso wie schlechte Vorstellungen gab. Aber es war die aufregendste aller Opernzeiten wegen großartiger italienischer Sänger und vor allem Dirigenten: Dimitri Mitropoulos, Tullio Serafin, Francesco Molinari-Pradelli, Oliviero de Fabritiis, André Cluytens. Natürlich waren sie nicht immer da, es dirigierten auch Hausmitglieder wie Heinrich Hollreiser, Berislav Klobucar, Michael Gielen, Ernst Märzendorfer, Wilhelm Loibner und es sangen auch Gerda Scheyrer, Lotte Rysanek, Kostas Paskalis, Hilde Zadek, Robert Kerns, Walter Kreppel italienische Opern. Aufregend war es immer. Wolfgang Windgassen, dann James King, Jess Thomas, Gustav Neidlinger, Hermann Uhde und Gottlob Frick prägten die Wagner-Opern. Leonie Rysanek, Christa Ludwig, Walter Berry, Hans Hotter, Eberhard Waechter, Erich Kunz und Waldemar Kmentt waren die Hausgrößen.

Über die Interna des Hauses wusste man wenig, die Leute akzeptierten, dass Karajan dort herrschte. Ich lernte viel instinktiv, ohne es in der damaligen Zeit werten zu können. Eines hab ich für mein Leben behalten: die Wichtigkeit der Ausstrahlung eines Sängers, die Symbiose zwischen Persönlichkeit und Stimme. Auch die Freiheit, die sich die Sänger leisteten und die man sich heute teils wegen Dirigenten, teils wegen des uniformistischen Einflusses durch die Schallplatten nicht mehr leistet. Es war wirklich jede Vorstellung derselben Oper anders.

Hans Hotter beeindruckte mich: dass man so groß sein kann, dass ein Sänger so viel Stimme hat und man ihm so fasziniert zuhört, ob in *Siegfried* oder *Walküre,* als Scarpia oder Großinquisitor. Wir hörten mit totaler Hingabe zu, was ich auch heute für das Entscheidende halte. Die Persönlichkeiten haben damals ihre Wirkung gehabt, und die Modernität des „Musiktheaters" war um nichts geringer wie heute, damals jedoch verwendete man noch nicht diesen Ausdruck, den ich auch heute noch meide, weil es eben Oper ist!

Wolfgang Windgassen war der Wagner'sche Heldentenor, obwohl er weder im Volumen noch in der Ausstrahlung und der Erscheinung irgendetwas hatte, was uns in dieser Richtung beeindruckte. Er sang aber sicher, verlässlich, sehr musikalisch und scheinbar ohne Anstrengung von Tannhäuser bis Siegfried alles. Ich glaube, auch der schnelle Erfolg seiner unmittelbaren Nachfolger und Konkurrenten Jess Thomas und James King hing damit zusammen; sie wurden deshalb so schnell akzeptiert, weil einfach jemand anderer kommen musste, der unserer Idealvorstellung näher kam. Ein Tenor soll doch auch eine männlich-erotische Ausstrahlung in Stimmtimbre und Erscheinung haben.

Die Sänger waren viel flexibler, es gab keine Serien, jeden Tag wurde etwas anderes gespielt, an sieben Tagen sieben Opern. Die Bühnenbilder waren damals noch so gebaut, dass das eben möglich war. Wer diese Opern inszeniert hat, weiß ich nicht – ich habe es nicht nur nicht aufgeschrieben, sondern auch nicht einmal registriert. Die einzige Inszenierung, die ich als solche bewusst auf Grund ihrer Andersartigkeit wahrnahm, war Rossinis *La Cenerentola* in der Inszenierung von Günther Rennert. Damals hieß sie noch *Angelina* und wurde auf Deutsch gesungen. Christa Ludwig sang die Titelrolle, Berry, Dönch, Kmentt wirkten mit. Es war ein wahres Feuerwerk, sprühender Witz, ein rasendes Spieltempo, eine ganz präzise Personenführung, eine Besetzung, die auch nie geändert wurde. Damals registrierte ich zum ersten Mal bewusst, dass es sich um eine Inszenierung handelte – den Namen Günther Rennert merkte ich mir.

Oscar Fritz Schuh war der Regisseur aller Mozart-Opern, Rudolf Hartmann der Regisseur der Richard-Strauss-Opern, Margarethe Wallmann die Regisseuse der italienischen Werke, Karajan inszenierte auch viele Werke selbst. Manche Inszenierungen waren 1955 vom Theater an der Wien übernommen worden, Neuinszenierungen in diesem Sinne interessierten uns nicht mehr als Repertoirevorstellungen. Wichtig war für uns „Stehplatzler" einzig und allein, wer sang und ob Karajan am Pult stand.

Die erste Neuinszenierung, die eigentlich durch ihre Absage wirklich in die Geschichte einging, war die *Bohème* unter Karajan, Franco Zeffirelli als

Regisseur, Mirella Freni als Mimi und Gianni Raimondi als Rudolf, die am 3. November 1963 nicht stattfand. Schon im Vorfeld der Premiere gab es zündenden Gesprächsstoff. Giuseppe di Stefano, von uns vergötterter Tenor, war als Rudolf vorgesehen, konnte aber die Arie im 1. Akt nicht mehr in der vorgeschriebenen Tonart singen, weil er Schwierigkeiten mit dem hohen C hatte. Karajan hatte ihn daraufhin durch den uns völlig unbekannten Gianni Raimondi ersetzt. Er war glänzend!

Ausschlaggebend für die nicht stattgefundene Premiere war jedoch Karajans Beharren auf einen italienischen Souffleur, einen Maestro suggeritore, also ein Souffleur, der auch die Einsätze der Sänger aus dem Souffleurkasten dirigierend vorgab. Das war damals für die Staatsoper ganz neu, heute ist es eine Selbstverständlichkeit. Der Souffleur galt aber nicht als künstlerisches Personal und konnte ohne Zustimmung der Gewerkschaft keine Arbeitsbewilligung bekommen. Der Betriebsrat drohte der Direktion mit Arbeitsverweigerung der Technik und des Chores für den Fall, dass der italienische Souffleur tatsächlich eingesetzt werden würde. Karajan bestand aber darauf, und als der Souffleur vor Beginn der Vorstellung in den Souffleurkasten ging, ging der Vorhang nicht auf! Das technische Personal war in einen Streik getreten. Karajan und der Kodirektor Egon Hilbert traten vor den Vorhang und teilten dem völlig verdutzten Publikum mit, dass die Vorstellung nicht stattfände. Man kann sich den Skandal vorstellen. Er bewegte viel und führte letztendlich auch zum Abgang von Herbert von Karajan als Direktor.

So war Franco Zeffirelli wohl der erste Regisseur neben Rennert, den ich zur Kenntnis nahm, auch wegen des wunderbaren Bühnenbildes und der Inszenierung. Wäre jedoch der Skandal nicht gewesen, weiß ich nicht, ob uns das so beeindruckt hätte. Für meinen späteren Werdegang waren all diese Vorstellungen unerhört wichtig, weil sie zeigten, was das Haus alles kann und was alles bei diesem Publikum möglich ist von *Mord in der Kathedrale* über *Pelleas* bis zu *Oedipus Rex* von Strawinsky mit Jean Cocteau als Sprecher. Auch das Publikum, vor allem der Stehplatz, ist bei weitem nicht mehr so eingestellt, wie es damals war. Der Stehplatz war eigentlich – so weit ich mich erinnere – immer ein junges Publikum. Es gab wichtige Alte, die viel mehr wussten als wir. Selbstverständlich debattierten wir nach den Vorstellungen. Ich war kein großer Ansteller für Autogramme; so weit ich mich erinnere, haben wir das alle nicht so betrieben, wie es heute üblich ist. Wir standen zwar nach den Vorstellungen beim Bühneneingang, aber eher nur um die Sänger zu sehen und vielleicht auch mit ihnen zu sprechen.

Karajan hingegen war „unantastbar". Er wurde ganz knapp vor Vorstellungsbeginn samt Auto auf der Seite des Hotel Sacher im Bühnenaufzug auf die Bühne gehievt und ging von dort, immer schon im Frack, direkt ans Pult. Und sofort nach Vorstellungsende verließ er das Haus auf dem selben Weg. Wir waren schon glücklich, ihn im Auto sehen zu können.

Ich gebe zu, dass wir, retrospektiv betrachtet, all diese Sänger verklärt in Erinnerung haben, so wie man alles Vergangene verklärt in Erinnerung hat. Trotzdem: Schon beim Lesen all dieser Namen bekommt man auch heute noch Gänsehaut, und zugegebenermaßen waren es in der Mehrzahl ganz außerordentliche Sänger und Dirigenten. Obwohl uns letztere nicht so wichtig waren – eigentlich sagten wir bei allen Dirigenten, die nicht Karajan waren: Ja, aber es ist nicht der Karajan.

Dass Burgtheater, Staats- und Volksoper so sehr im Mittelpunkt des Interesses für Jung und Alt standen, hatte natürlich auch Gründe, die in der damaligen Zeit lagen. Burg und Staatsoper waren auch Symbole des wiedererstandenen Österreichs – und zwar für alle: Wiener, Menschen aus dem ganzen Land und auch aus dem Ausland. Fernsehen und Schallplatten gab es fast nicht, ebenso wenig wie die so genannte Unterhaltungsindustrie. Die älteren Menschen wollten wieder erleben, was sie kannten, die jüngeren das kennen lernen, was sie von den älteren gehört hatten. Die menschliche Stafettenübergabe von Wissen, Erlebtem und Schönem funktionierte noch reibungslos. Diese Entwicklung, diese Nähe der Menschen zueinander ging mehr oder weniger bis zum Jahr 1968. Dieses Jahr brachte die große und bis heute nicht überwundene Kluft zwischen Jung und Alt mit sich. So ist die Geschichte des Staatsopernstehplatzes von 1955 bis heute auch ein Spiegel der Gesellschaftsgeschichte.

Regieassistent und Statist am Burgtheater

Es gab eine Flüchtlingsorganisation, International Rescue Comitee, am Opernring, geführt und finanziert von den Amerikanern, geleitet von Dr. Faust. Dort arbeitete Elly Weiser mit, die sich um mich kümmerte und sehr warmherzig war. Ihr Mann, Peter Weiser, war damals Kritiker beim „Kurier". Durch Elly Weiser kam ich zu Ernst Haeusserman, der noch nicht Burgtheaterdirektor war. Er leitete eine Filmfirma in der Mariahilfer Straße und empfahl mich als Regieassistent zu André Diehl, damals Generalintendant in Graz, und Ernst Lothar, dem bekannten Schriftsteller und Direktor des Theaters in der Josefstadt, der mit Adrienne Gessner verheiratet war. Meine Mutter war begeistert. Lothar, seine Bücher, Reinhardt, Josefstadt – er war für sie das Symbol des alten, guten Österreich der Vorkriegszeit. Lothar fragte mich, was ich denn so könne. Ich erwähnte auch das Tennisspielen. Na immerhin, das sei schon etwas, war seine Reaktion. Er inszenierte gerade Arthur Schnitzlers *Das weite Land* im Akademietheater mit Attila Hörbiger und Paula Wessely in den Hauptrollen des Ehepaares Hofreiter. Es gibt in diesem Theaterstück eine Szene, wo Tennis gespielt wird. Und damals inszenierte man noch so, dass tatsächlich ein Ball im Rhythmus einer Tennispartie hinter der Bühne hin und her gehen sollte. Dafür wurden zwei Statisten, die Tennis spielen konnten, gesucht – und einer der beiden war ich.

Arthur Schnitzler, von dem ich bis dahin nichts wusste, begeisterte mich – *Das weite Land* mit all diesen phänomenalen Schauspielern ließ mich begreifen, was Schauspiel ist, was große Schauspieler sind. Wenn ich ehrlich bin, beeindruckte mich dies mehr als die Oper. Ich war auch wirklich sehr stolz, neben diesen großen Künstlern dabei sein zu dürfen. Fred Hennings spielte den Hoteldirektor, Hermann Thimig den Portier, um nur einige zu nennen als Symbol, wie damals Chargenrollen besetzt wurden.

Albin Skoda, Ewald Balser, Josef Meinrad, Inge Konradi und viele andere prägten neben Paula Wessely und Attila Hörbiger das Burgtheater. Ich lernte *1918* von Franz Theodor Csokor, *Donnerstag,* inszeniert von Düggelin, und Ibsens *Gespenster* kennen, sah Leopold Lindtbergs Shakespeare-Zyklus im Burgtheater, erlebte dort Curd Jürgens, sah Brecht im Burgtheater und auch im Akademietheater – also die ganze Crème de la crème, Aglaja Schmid,

Alma Seidler, Käthe Gold, Adrienne Gessner und viele andere Größen. Dann wurde ich Statist am Burgtheater, aufgenommen durch den sagenhaften Statistenführer Pandura. Ich statierte zum Beispiel in *Wallenstein* in der Inszenierung von Leopold Lindtberg. Meinrad hielt die Kapuzinerpredigt und wir standen rund um ihn herum. Er spuckte beim Sprechen wie ein Lama, und man stand da und durfte sich nicht abwischen. Ich war immer froh, wenn Otto Schmöle anstatt Meinrad spielte.

Ich war nun also Statist am Burgtheater – und darauf sehr stolz. Geld bekam ich auch. Ich wollte jedoch Regie führen und landete im Theater am Parkring bei Direktor Wondruschka – ein Kellertheater. Es war ja die große Zeit der Kellertheater. Ich galt dort als der Brechtianer, Marxist, Linker und Stanislawski-Schüler – und erzählte in großen Tönen, was ich in Rumänien schon alles gemacht hätte. Schon damals hatte am Theater alles, was aus dem Osten kam, eine gewisse Faszination und Attraktion. Jörg Buttler war im Theater am Parkring Hauptregisseur, später wurde er Oberspielleiter in Linz; es spielten Georg Corten, Otto Schenk, Herbert Fux, mit dem ich seit damals befreundet bin. Ich war auch ein großer Bewunderer des Simpl mit Karl Farkas, Ernst Waldbrunn, Maxi Böhm, Elly Naschhold. Es war ein Muss, jedes neue Programm zu sehen. Und es war wirklich großartig.

Gianni Schicchi von Puccini wurde 1959 an der Volksoper von Otto Fritz neu inszeniert, bei ihm wurde ich Regieassistent. Wir probten in den Redoutensälen der Hofburg, man ging über die Stallungen hinein, es roch immer gut nach Pferdemist und ich fühlte mich an zu Hause erinnert. Ich führte ein Regiebuch zu *Gianni Schicchi*, schrieb aber nicht hinein, was Otto Fritz, damals Vizedirektor der Volksoper, inszeniert hatte, sondern wie ich *Gianni Schicchi* sah und richtig fand – es war natürlich der *Gianni Schicchi* von Temesvar. Dieses Regiebuch habe ich noch heute. Ich gab es damals Otto Fritz – und wurde sofort entlassen, weil nichts mit dem übereinstimmte, was er inszenierte.

Davor war ich schon bei Orffs *Der Mond*, noch mit Julius Patzak als Erzähler, mit dabei. In der Volksoper, die gemeinsam mit der Staatsoper auch den Redoutensaal bespielte, war ein großes, breites und qualitätsvolles Opernrepertoire zu hören. Die Volksoper spielte Operetten in höchster Qualität und auch sehr interessante und wichtige Opern. Dies wurde in der darauf folgenden Direktionszeit von Albert Moser vervollständigt: Marcel Prawys erste

Musicals in Wien – *Westside Story* mit der hinreißenden Julia Migenes als Maria – waren sensationelle Aufführungen und wurden von uns Opernstehplatzlern mit Begeisterung besucht. Aber auch *Evangelimann* – noch mit Patzak, später mit Rudolf Christ –, *Tiefland*, *Tote Stadt*, Verdis *Räuber* und *Nabucco* und natürlich die Operetten unter dem großen Dirigenten Anton Paulik.

Nichts Leichteres als *Ostern* von August Strindberg inszenierte ich 1960 im Theater in der Josefsgasse mit folgender Kritik: „Wie wohl bei diesem hochgesteckten Unterfangen Anspruch und Verwirklichung bislang kaum wirklich übereinstimmen konnten, ist doch ein Schritt vorwärts zu konstatieren. Ioan Holi-Holender, Rumäne mit Assistentenpraxis an größeren Wiener Bühnen (!), war als Regisseur bemüht, die etwas zähe Handlung nach der Absicht des Dichters gleichnishaft mit dem Geschehen der Karwoche optisch und sinngemäß in Einklang zu bringen. Daß zuweilen recht aufdringliche bengalisch wirkende Lichtspiele das Ergebnis waren, liegt wohl größtenteils an den begrenzten technisch-materiellen Möglichkeiten und ergab nicht viel mehr als eine gewisse Holzhammersymbolik, immerhin das absichtlich wenig bewegte Arrangement der Darsteller verriet Verständnis für die nicht eben einfache Dichtung." So schrieb der „Kurier" am 14. April 1960. Interessant ist, wie ausführlich man damals noch Kritiken schrieb, sogar über Vorstellungen in kleineren Theatern mit unbekannten Regisseuren.

Später durfte ich in der „Linde" und dann im Café Grünwald an Ernst Haeussermans Stammtisch sitzen. Große Persönlichkeiten waren immer bis spät in die Nacht dort, Curd Jürgens, Bernhard Wicki, Paul Hoffmann, manchmal Oskar Werner, immer Gernot Friedel und viele andere. Ich konnte zuhören – Schauspieler, Regisseure brauchen Publikum, auch für ihre Geschichten – und wurde akzeptiert.

Dann wollte ich ans Reinhardt-Seminar gehen, ich sprach jedoch Deutsch mit Akzent und nahm Stunden beim berühmten Sprachlehrer Zdenko Kestranek. Ich sprach Saint Justs Monolog aus *Dantons Tod* und einiges aus Schillers *Die Räuber* vor und wurde nicht aufgenommen. Nun kam ich nicht weiter, bis mir jemand sagte, dass Schauspiel und Regie doch nichts sei – Singen müsse man, Stimme haben – dann würde man schnell und viel Geld verdienen. Stimme hatte ich ja und war Tenor. So meinte ich jedenfalls.

Tennisspielen war seit meinen Anfängen in Wien, besser gesagt seit dem ersten Sommer hier im Jahre 1959 ein wesentlicher Bestandteil meines Lebens und trug auch viel zu meiner Integration und Lebensfreude in Wien bei. Ich wurde sofort in den Tennisclub der Vienna auf der Hohen Warte aufgenommen, wurde vom Clubbeitrag befreit und bekam auch eine Ausrüstung, weil ich in der Kampfmannschaft spielte. Als guter Tennisspieler wird man, ähnlich Bridgespielern, rasch und unabhängig vom sozialen Stand aufgenommen. Gute und angenehme Tennispartner waren und sind immer gesucht, da ja die überwiegende Mehrzahl der Tennisspieler eher mittelmäßig spielt und durch bessere Partner mehr Spielfreude haben. Auf diesem Gebiet hatte ich ja große Erfahrung, außerdem Zeit und Geduld und wurde ein akzeptierter, ja gesuchter Partner. Somit verbrachte ich viele Jahre lang jeden Nachmittag und natürlich jedes Wochenende auf dem Tennisplatz. Bis zu meinem Engagement in Klagenfurt 1964 dauert diese intensive Tenniszeit an. Aus Rücksicht auf meine sängerische Tätigkeit schränkte ich dann meine sportliche Aktivität sehr ein, um nach meiner Rückkehr nach Wien diese noch intensiver wieder aufzunehmen. Ich verließ die Hohe Warte und spielte für einen Floridsdorfer Arbeiterclub in der Kampfmannschaft. Diese Jahre in einem Arbeiterbezirk jenseits der Donau waren für mich die schönsten und erfülltesten Tennisjahre. Obwohl ich mit Mitte Dreißig der älteste Spieler in dieser Mannschaft war und bereits graue Haare hatte, fühlte ich mich in Floridsdorf sehr wohl und meiner früheren Umgebung in Temesvar irgendwie näher.

Tennis blieb noch viele Jahre ein zentraler Punkt meines Lebens, erst vor zwei Jahren hörte ich gänzlich auf. Ich spielte immer Einzelpartien, vier bis fünfmal pro Woche – und immer um zu gewinnen.

Erst die Geburt meiner Tochter Alina vor drei Jahren erweckte und verstärkte in mir das Gefühl der verhältnismäßigen Unwichtigkeit dieser meiner Aktivität. Nach so vielen Jahren, die ich auf dem roten Sand verbracht hatte, veränderten sich nun meine Prioritäten. Jetzt mache ich nur mehr intensives Hausradtraining und schwimme täglich in meinem Pool im Garten!

Meine Sehnsucht nach Temesvar und Rumänien war aber immer noch schmerzlichst vorhanden. Oft ging ich zur Donau und hielt Ausschau nach rumänischen Schiffen. Wenn ich eines mit der rot-gelb-blauen Fahne erblickte, schluckte ich meine Tränen hinunter. Man kann nicht zu Papier bringen, wie zermalmend Sehnsucht sein kann – sie ist wahrhaftig eine Sucht.

Sängerleben

Ich kam zu einem Gesanglehrer namens Giurescu, der am Preyner-Konservatorium unterrichtete, dem ich vorsang und der sagte: „Eine Weltstimme!" Das musste man mir nicht zweimal sagen, damit ich es glaubte. Wenn ich bei ihm bliebe, wäre ich in zwei Jahren berühmt. Er machte mir auch tatsächlich den Vorschlag, dass ich nichts für die Gesangstunden zahlen sollte, sondern 20% von zukünftigen Engagements. Von der Sekunde an glaubte ich an mich. Wenn im bösen, kapitalistischen Westen jemand so etwas machte, dann musste schon mehr dahinter stecken.

Aber: Giurescu war fast ein Irrer. Er hatte eine große Gipsstatue, die man sich um den Hals binden musste – dabei brach einem fast das Rückgrat – und damit singen sollte; ich wurde in einen Kasten eingesperrt, auch dort musste ich singen. Er hatte einen Stößel, den er einem auf den Bauch setzte, während man furchtbare Töne produzierte und er dabei rief: „Kommt schon, kommt schon!" Er konnte eigentlich keine Sprache, war der Sohn des früheren rumänischen Botschafters in Warschau während des Krieges und gelangte von dort irgendwie nach Wien. An der Wand hing ein vergrößertes Photo von ihm mit Gigli – selbstverständlich eine Photomontage, aber als ich meinem Gesanglehrer nach Temesvar schrieb, dass Giurescu mit Gigli gemeinsam abgebildet sei, antwortete mir dieser, dass ich niederknien solle vor ihm. Wenn er mit Gigli zusammen gewesen war, muss er der beste Gesanglehrer sein, weil Gigli der technisch vollkommenste Sänger war. Letzteres stimmte ja auch, doch mir half es nicht. Es gelang ihm nicht, meine Stimme vollkommen zu ruinieren – aber fast. Man sagte damals in Wien, wer Giurescu überlebt hat, dem kann nichts mehr passieren.

Im Sommer 1960, mein zweiter Sommer im Westen, wurde ich von meinen Eltern eine Woche nach Verona geschickt, erstmalig in die Arena, die mich sehr beeindruckte. Dort sah ich viel, war aber sehr enttäuscht, wie wenig man hört. In der Zwischenzeit habe ich mich daran gewöhnt und weiß es zu schätzen. Von dort fuhr ich dann nach Venedig, wo im Hof des Dogenpalastes *Otello* mit Mario del Monaco und Tito Gobbi angesetzt war. Del Monaco sagte ab, Dimiter Usunow, der auch viel und sehr gut in Wien sang, sprang ein. Das Publikum war tief enttäuscht von del Monacos Absage und pfiff während des gesamten ersten Auftrittes von Usunow durch. Merkwürdigerweise pfiff man damals mehr, als dass man buhte. Aber danach war er doch sehr erfolgreich – nur vom „Esultate", der Auftrittsszene Otellos, konnten wir nichts hören.

Obwohl ich mit 25 Jahren die Altersgrenze bereits um ein Jahr überschritten hatte, wurde ich am Konservatorium der Stadt Wien aufgenommen und bekam ab Oktober 1960 ein Hugo-Breitner-Stipendium in Höhe von 350,– Schilling im Monat. Gesang und alle Nebenfächer lernte ich dort, Fechten bei Ellen Müller-Preiss. Christl Mardayn war Lehrerin für Operette, Peter Klein leitete die Opernschule, Esther Réthy war meine Gesanglehrerin. Ich war Giovanni, Barbier, Herr Fluth, Figaro Graf, hätte aber am liebsten nur italienische Partien gesungen. Karl Hudez, der Studienleiter der Staatsoper, war der musikalische Leiter der Opernklasse und der Dirigent der Aufführungen.

Die Arbeiterkammer ermöglichte uns auch Vorstellungen in Niederösterreich. Das Konservatorium heute könnte stolz sein, wenn es wie wir damals die Niederösterreichischen Tonkünstler als Begleitorchester hätte. Ich war kein Star am Konservatorium und keine Erstbesetzung, sang wie alle anderen abwechselnd im Chor und Hauptrollen. Helga Dernesch und Adolf Dallapozza waren jene Klassenkollegen, die eine wirkliche Karriere gemacht haben. Ich fühlte mich aber dort nicht wohl, fand auch nicht gut, was man dort machte, und versuchte, so schnell ich konnte ins Engagement zu kommen.

Das Theater an der Wien wurde damals renoviert. Lustig und interessant ist, dass ich der erste Sänger war, dessen Stimme im wieder aufgebauten Theater an der Wien erklang – die akustische Probevorstellung war *Barbier von Sevilla* mit dem Konservatorium, den Niederösterreichischen Tonkünstlern unter Karl Hudez. Ich sang den Fiorello, eine kleine Rolle, aber die Oper beginnt mit ihm: „Piano, pianissimo, redet kein Wort." Das sind die ersten Töne, welche am 30. April 1962 im wieder eröffneten Theater an der Wien erklangen und es war meine Stimme, die sie produzierten. Wie traurig, dass es heute irrelevant geworden ist, wie eine Stimme im Theater an der Wien klingt, weil dort vorwiegend Musicals mit Verstärkeranlagen gespielt werden.

Ich kam über die Künstlervermittlung der Bühnengewerkschaft zu Grabowsky – ein bekannter Tournee-Unternehmer aus der Schweiz, der miserable Gagen zahlte, dafür aber auch junge Sänger, die am Anfang ihrer

Karriere standen, engagierte. Man war mit einem Autobus in Deutschland, der Schweiz, Luxemburg, Nordfrankreich und Österreich in Städten, in denen es keine Theater gab, unterwegs. Ich war engagiert als Doktor Falke in der *Fledermaus* und Homonay im *Zigeunerbaron*. Tagesfahrten von Lübeck nach Regensburg, von Luxemburg nach Wiener Neustadt – egal, nur keine Stehtage, damit er nicht ohne Einnahmen Diäten zahlen musste. Ich verdiente 1.000,– Schweizer Franken im Monat, die auch in dieser Währung ausgezahlt wurden. Das war kein Festengagement, aber immerhin war ich ein paar Monate versorgt. Damals hatte ich mir angewöhnt, abends nichts zu essen außer Brot mit scharfem Senf – mein Tourneemenü.

Im Sommer 1961 bekam ich ein Stipendium des italienischen Kulturinstitutes in Wien an das Konservatorium in Venedig. Eine meiner Lehrerinnen war Dalla Rizza, die letzte Liebhaberin Puccinis. Ich verlor dort völlig meine Stimme und wusste, als ich wieder zurück war, überhaupt nicht, wie ich singen sollte. In Italien lehrte man mich als Bariton sehr früh, spätestens beim D zu decken. Möglichst nicht offen zu singen sei richtig, aber jeder singende Mensch hat einen anderen Übergang und meiner war etwas höher. Entscheidend ist ja immer, dass die jeweiligen Töne im Register des Überganges technisch gut sitzen. Ein Sänger mit Schwierigkeiten im Übergangsregister – also zwischen Mittellage und Höhe – wird große Probleme haben, nicht nur in der Höhe. Man kann sozusagen nicht in den dritten Stock gelangen, wenn man den zweiten noch nicht erreicht hat.

Im selben Jahr nahm ich trotz des venezianischen Misserfolges an einem großen Gesangswettbewerb teil, organisiert von Karl Löbl von der Tageszeitung „Express", der in den Decca-Studios in Wien stattfand, und kam immerhin in die zweite Runde. Das war eine Aufmunterung und Motivation für mich, da sehr viele Sänger teilgenommen hatten.

Durch die Vermittlung der Gewerkschaft wurde ich 1962 auch für einen Film der Walt Disney-Production engagiert, Senta Berger spielte die Hauptrolle, 1.000,– Schilling Gage pro Drehtag war ein Vermögen für mich. Leider hatte ich aber nur vier Drehtage. Der Film hieß „Johann Strauß", ich spielte die Rolle des Frank, da ein Teil der *Fledermaus* gespielt wurde, ich musste auch singen. Senta Berger hatte ein Double, kam spät zu den Proben, spielte, tat dabei nichts und meinte immer zum Regisseur, ob es nicht zu viel sei, was sie tue. Dort lernte ich, wie wenig man beim Film mimisch machen soll. Ich war ca. 30 Sekunden in diesem Film zu sehen, meine ganze Familie hat mich gesucht, die meisten haben mich aber nicht entdeckt. Gedreht wurde am Rosenhügel, natürlich machte ich mir Hoffnungen auf weitere Rollen beim Film, es war immerhin eine amerikanische Produktion, doch blieb ich leider unentdeckt.

Am 9. März 1962 war mein erstes öffentliches Auftreten in Wien, ein Lieder- und Arienabend im Nansen-Flüchtlingshaus in der Salesianergasse 2. Ich sang Opernarien und Lieder, eine Kritik lobte sogar meinen dramatischen Ausdruck.

Erster Liederabend 1962

Mein erstes Engagement als Solosänger war am Stadttheater St. Pölten beim sagenhaften Direktor Hans Knappl in dem wunderbaren kleinen Theater, das dankenswerterweise trotz des Festspielhauses in St. Pölten noch existiert und wo man damals auch Oper spielte. Raoul Aslan, Peter Minich, Gerhard Klingenberg und andere wichtige Künstler waren dort engagiert, bevor sie ihre großen Karrieren machten.

St. Pölten suchte einen Escamillo, ich sang vor, war jung, sah gut aus und sang ganz gut – Escamillo ist eine undankbare Rolle, in der keiner gut ist, weil sie für Baritone zu tief und für Bässe zu hoch ist. Ich wurde engagiert.

Es gab damals am Hauptplatz von St. Pölten ein Gasthaus, wo Direktor Knappl ein und aus ging. In besagtes Gasthaus wurde man nach dem Vorsingen, wenn die Absicht bestand, engagiert zu werden, zum Essen eingeladen, man konnte gut und viel essen, dann kam die Rechnung und die Summe wurde sehr laut gesagt. Man staunte, wie wenig es sei und sagte das auch. Dann bemerkte Direktor Knappl, wie billig man hier in St. Pölten leben könne. Das war, bevor man die Gage ausgemacht hatte. Billig war aber natürlich nur diese eine Mahlzeit dort. Auch Gerhard Klingenberg, der spätere Burgtheaterdirektor, erinnert sich in seiner Autobiographie an diese unkonventionelle Vorgehensweise, die Knappl auch in anderen Bereichen beibehielt. So klapperte er auf seinem Motorrad die Gegend um St. Pölten ab, um Abonnements zu verkaufen. Auf einer dieser Fahrten sah er einen Bauern, der gerade seine Wiese mähte. Knappl hielt und schrie ihm zu: „Wolln Sie ein Abonnement?" „Wos?", rief der Bauer zurück. „Ein Abonnement fürs Stadttheater!", war die unmissverständliche Antwort. Der Bauer jedoch hatte dieses Wort in seinem Leben noch nie gehört und daher keine Ahnung, was dieser Motorradfahrer von ihm wollte, der sich nun sogar bereit erklärte, ihm die Wiese zu mähen. Eine Stunde später war die Wiese gemäht und der Bauer im Besitz eines Jahresabonnements für die ganze Familie.

Ich wurde also engagiert, der Vertrag besagte, dass ich 350,– Schilling pro Abend, die Bahnfahrt 2. Klasse und nach der Premiere die Übernachtung im Hotel Pittner bekam. Ich bekam eine gute Kritik im „Kurier" – eine Hoffnung, sagte man. So begann Ioan Holi-Holenders Sängerweg.

Ich sang dort zehnmal den Escamillo, auch am Stadttheater Wiener Neustadt, das St. Pölten damals bespielte, zweimal mit Helge Rosvaenge als José. Er war schon alt und nicht mehr so gut, aber immerhin noch sehr bekannt, und viele Wiener kamen extra, um Rosvaenge noch einmal zu hören. Noch heute zirkulieren Tonbandaufnahmen von damals mit Rosvaenge und mir.

Inszeniert wurde von Curt Hampe, der während des Krieges Generalintendant in Dresden gewesen war. Er scheint politisch belastet gewesen zu sein, da er nirgends mehr engagiert wurde, nur eben in St. Pölten. Er lebte mit einer nicht

Escamillo im Stadttheater St. Pölten 1963

mehr ganz jungen Amerikanerin namens Dorothy Fisher zusammen, die die Carmen sang und meine Mutter hätte sein können. Die damalige Micaela singt noch heute im Staatsopernchor. Ich konnte nun vom Singen leben.

Escamillos Auftritt am Stadttheater St. Pölten 1963

Eine große Freude hatte ich fast vierzig Jahre danach im Mai 2001, als sich die Stadt St. Pölten meiner Anfänge dort erinnerte und mir dafür den ehrwürdigen Jakob-Prandtauer-Preis verlieh. In einer kleinen eigens für diesen Festakt zusammengestellten Ausstellung wurden Photos, Kritiken und Programme meines damaligen Wirkens gezeigt. So schließt sich heute mancher Lebenskreis.

Das Schauspiel verlor leider zunehmend an Bedeutung für meine Tätigkeit – und daran hat sich bis heute nichts geändert, außer meinem Interesse für Schauspieler und Schauspiel. Ich kann mich gut an das Volkstheater unter Leon Epp erinnern und an den großen Wirbel bei der Premiere von *Der Stellvertreter* von Hochhuth. Auch der wunderbare Ernst Meister machte großen Eindruck auf mich. *Andorra* von Max Frisch erlebte ich dort, Dürrenmatts Stücke und vieles andere. Im Volkstheater war ich in *Der Fiaker als Marquis* als Sängerstatist engagiert und hatte eine Szene gemeinsam mit dem damals dort wirkenden Fritz Muliar.

1963 sang ich auch in Palais-Konzerten im Palais Auersperg, diese wurden vom Konzerthaus organisiert und waren die sommerlichen Liederabende des Kulturamtes der Stadt Wien. Ein Engagement dorthin bedeutete wirklich etwas Besonderes, da auch viele Zeitungen vertreten waren und man zur Kenntnis genommen wurde.

1964 bekam ich dann durch die Agentur Starka einen Einjahresvertrag als erster Bariton am Stadttheater Klagenfurt. Viele Vorsingen hatte ich schon hinter mir, in Detmold, Koblenz und St. Gallen. In Basel wurde ich fast engagiert, beim Vorsingen für die Deutsche Oper am Rhein in Düsseldorf begleitete mich Carlos Kleiber am Klavier. Der damalige Direktor Hermann Juch engagierte mich aber trotzdem leider nicht.

Es ist wirklich sehr schwer, bei einem Bühnenvorsingen zum richtigen Zeitpunkt, meist um 13 Uhr, in dem vorgegebenen Zeitraum von einigen Minuten eine Höchst- und Bestleistung zu erbringen. Die erste Arie ist immer ausschlaggebend, oft schon die ersten Töne. Kommt es zu einer zweiten Arie, hat man schon viel gewonnen, doch kann man mit dem zweiten Stück auch wieder alles verlieren.

Otto Hans Böhm war Direktor am Stadttheater Klagenfurt, Günter Lehmann Musikchef. 3.500,– Schilling Monatsgage, schöne Rollen – es war ein richtiges Engagement. Es ergab sich dann, dass man dort schon davor einen Gast gesucht hatte für den Sheriff Rance in Puccinis *Mädchen aus dem Goldenen Westen*, ich wurde engagiert und begann daher in Klagenfurt als Gast. Meine erste Rolle in Klagenfurt nach dem Sheriff, also im festen Vertrag, war der Sprecher in der *Zauberflöte*.

Während des Gastengagements, es war gegen Ende der Spielzeit, wohnte ich im Hotel Moser-Verdino, da das Stadttheater dies bezahlte, dann ab Herbst in einer Zweizimmermietwohnung in der Nähe des Fußballplatzes gemeinsam mit der Schauspielerin Astrid Boner und ihrer kleinen Tochter. Mein Leben als Gast in Klagenfurt war wunderbar. Die Partie des Sheriffs lernte ich schnell und spielte sie gut. Sie war nicht schwer, machte mir Freude und ich hatte Erfolg. Vom Hotel Moser geht man gute zehn Minuten zum Theater, in der kleinen Stadt wurde ich schnell bekannt und oft angesprochen. Das Strandbad

Sheriff (rechts) in Das Mädchen aus dem Goldenen Westen, *1964*

und der wunderbare Wörthersee in diesem schönen Frühsommer kamen hinzu und vergoldeten mir wirklich die ersten Monate in Klagenfurt.

Ende September 1964 kehrte ich dann nach dem Sommer wieder nach Klagenfurt zurück – erfreut und tatendurstig – und begann bald mit den *Zauberflöten*-Proben. Mein Lebensrhythmus war von den Proben und Vorstellungen bestimmt. Von 10 bis 13 Uhr waren immer Proben, davor habe ich mich „eingesungen", danach Mittagessen in einem der Gasthäuser der Umgebung, die ein spezielles Mittagsmenü anboten, abends meist Vorstellung oder Abstecher, wie man Vorstellungen des eigenen Theaters in anderen Städten der Umgebung nennt. Das Stadttheater Klagenfurt bespielte damals auch noch Villach, Fohnsdorf, Leoben, Spittal/Drau und viele andere Ortschaften. Natürlich hatte ich freie Zeit und freie Abende. Meine Tätigkeit als Opernsänger am Stadttheater verhalf mir natürlich auch zu privaten Kontakten, vor allem zu Schülerinnen der letzten Klassen des Mädchengymnasiums.

Ich genoss also in vollen Zügen das Leben eines Sängers in der Provinz. Doch war das nur die eine Seite meines Klagenfurter Lebens. Die andere war die harte Arbeit im Theater, das Einstudieren der neuen Partien – insgesamt habe ich immerhin 19 Rollen in meinem doch relativ kurzen Sängerleben gesungen. Diese musste ich nicht nur lernen, sondern auch stimmlich beherrschen. Der Musiklehrer in *Ariadne auf Naxos* und der Faninal in *Der Rosenkavalier* waren für mich musikalisch gesehen die am schwersten zu lernenden Partien. Vor allem der Musiklehrer mit seiner Mischung aus Sprechgesang und Vokalität und den rhythmischen Anforderungen machte mir viel Mühe, bis ich sie beherrschte. Genauso wie der lange Synkopenteil im Auftritt Faninals nach dem großen Wirbel im 2. Akt. Die vier Partien der Bösewichte in *Hoffmanns Erzählungen* und der Tonio in *Bajazzo* waren für mich stimmlich schwer zu bewältigen, was sicherlich das am schwierigsten zu lösende Problem ist. Mit viel musikalischer Arbeit kann man jede Rolle erlernen. Doch ohne die Beherrschung der eigenen Stimme kann man, auch nicht mit viel Arbeit, nicht jede Rolle singen. Die vier Bösewichte in *Hoffmanns Erzählungen* sind sehr lange Rollen, die dem Sänger alles abverlangen. Die drei ersten Partien sind relativ tief geschrieben, jeder Akt ist ein abgeschlossenes Stück. Zum Schluss kommt dann der Venedig-Akt mit der hoch exponierten Spiegelarie. Manchmal wurden sogar die vier Partien auf mehrere Sänger aufgeteilt.

Jede Vorstellung dieser Oper war für mich äußerst mühsam, verlangte meine ganze Konzentration und auch meine möglichst beste physische Verfassung. Nun war es aus mit Tennis und nächtlichen Unterhaltungen. Ich lebte in den Zeiten, in denen ich in *Bajazzo* und *Hoffmann* zu singen hatte, wie ein Opernsänger eben zu leben hat – und das ist gar nicht lustig. Doch trotz aller Probleme, meiner permanenten Angst vor dem Musikdirektor des Stadttheaters und meinem Streben nach Erfolg und Anerkennung hatte ich in diesen beiden Jahren in Klagenfurt ein schönes und erfülltes Leben.

Aus dem Tenor war also ein Bariton geworden. Dieser Tenor war eben nie ein Tenor gewesen, sonst wäre nicht das aus mir geworden, was aus mir geworden ist, weil ich mit Sicherheit Sänger geblieben wäre. Ich sang sehr gut bis zum G und an guten Tagen hatte ich auch ein As. Das hatte ich schon früher und das blieb. Es ist richtig, dass man sich durch Technik mindestens zwei Halbtöne erarbeiten kann, nur gelingt das nicht immer – bei mir war es leider nicht so.

Ich sang also Tonio in *Bajazzo,* Gottfried Hornik war der Silvio. Das As im Prolog war mir zu riskant, daher sang ich immer stattdessen das F. Auch damals kam wieder Rosvaenge als Gast und sang zweimal den Canio. In der

Zauberflöte war ich der Sprecher, Hornik der Papageno und Dermota gastierte zweimal als Tamino. Es war ein Ensemble, das Stadttheater funktionierte gut, doch nach zwei Jahren hörte ich dann dort auf. Die Direktion wechselte, Herbert Wochinz wurde neuer Intendant und ich ging, ohne ein neues Engagement zu haben. Im Jahre 1966, 31 Jahre alt, beendete ich nach zwei Spielzeiten und einer Gastverpflichtung mein erstes Engagement als Bariton am Stadttheater Klagenfurt. Die letzte Rolle, die ich dort sang, war der König in *Die Kluge* von Carl Orff, ich glaube, es war auch meine beste Rolle.

Peter Weiser war in der Zwischenzeit Generalsekretär des Wiener Konzerthauses geworden und ich kam durch die Vermittlung seiner Frau zu ihm. Es hieß immer, jeder Dirigent, den Peter Weiser empfängt, kommt heraus und sagt, jetzt hätte er alle neun Beethoven-Symphonien bekommen. Ursula Tamussino, die im Konzerthaus für die Künstlerengagements zuständig war, glaubte an mich und förderte mich. Ich kam daher zu verhältnismäßig wichtigen Engagements, die ich mühsam bewältigte – wegen meiner musikalischen Unerfahrenheit auf dem Konzertgebiet. Ich war musikalisch einfach nicht gut genug ausgebildet, Klavierspielen und Notenlesen lernte ich viel zu spät. Vor allem hatte ich Schwierigkeiten mit alter Musik. Trotzdem sang ich unter anderem *Die Jahreszeiten* von Haydn in Prag im Dom am Hradschin, immerhin mit Agnes Giebel, einer damals bekannten Konzertsängerin.

Ich hatte eine schöne und runde Baritonstimme mit gutem Übergang und strahlender Höhe und eine gute Bühnenpräsenz. Daher tat ich mich zwar in Opern leichter als in Konzerten, hatte aber auch im Konzerthaus einige wichtige Engagements. Dass man als Sänger des Klagenfurter Stadttheaters Konzertengagements in Wien bekam, war eher unüblich.

Ich kam auch in den Musikverein, wo ich dem Generalsekretär und unumschränkten Herrscher Professor Rudolf Gamsjäger vorsang. Gamsjäger war begeistert und engagierte mich für die *Matthäus-Passion* für den Solobass. Man muss sich vorstellen: mein Name angekündigt auf den goldenen Plakaten des Musikvereins! Damals spielte man noch die großen Bach-Passionen mit ersten Orchestern und allerersten Opernsängern. Günther Theuring dirigierte, Hermann Prey war Jesus – ich sollte die Bassarien singen. Stimmlich schaffte ich es, aber nicht musikalisch. Vor allem gibt es eine meistens gestrichene Arie mit der Viola da Gamba, die mich sehr störte, weil ich mich nirgends anhalten konnte. Theuring war ekelhaft, hatte aber Recht und sagte zu Gamsjäger, dass das so mit mir nicht ginge. Gamsjäger glaubte das nicht, kam gemeinsam mit Joachim Lieben, der für die Musikalische Jugend zuständig war, zur Probe. Auch Lieben meinte, dass das so nicht ginge, daraufhin strich man diese Arie und ich landete bei Petrus, Judas etc. Die Gage wurde sofort reduziert, ich sang die kurzen Einwürfe wie „Ich kenne den Menschen nicht" und war froh, wenigstens dabei geblieben zu sein. Heinz Holecek wurde statt mir für die Basspartie engagiert, aber auch er sang diese Arie nicht! Eine Kritik schrieb: „Eine Matthäus-Passion ohne Baßarien." Dies war mein erstes und letztes Engagement bei Gamsjäger.

Davor hatte ich aber schon einmal die *Matthäus-Passion* im Musikverein gesungen, noch mit dem alten Julius Patzak als Evangelist. Besagte Arie war dort von Haus aus gestrichen. Eine Episode ist mir unvergesslich: Der Evangelist singt eine Phrase „und ging heraus und weinte bitterlich" – das „her**aus**" ist ein hohes H. Noch heute weiß ich, dass Patzak bei der Probe sang, „und ging her-", stehen blieb vor dem hohen H und fragte: „Wollt Ihr's jetzt oder beim Konzert haben?"

Ich war sehr beeindruckt von allem, was ich im Musikverein hören konnte, und ging dort natürlich regelmäßig auf den Stehplatz, wo keine Luft ist und man gerade wie eine Kerze stehen muss. Ich hörte aber Otto Klemperer, Wolfgang André, Josef Krips, Brahms-Requiem unter Karajan, Pierre Monteux, Nathan Milstein, David Oistrach und alle Größen der 60er Jahre.

1966 sang ich in Rimini im Rahmen der Sacra Musicale durch das Engagement des Konzerthauses mit der Singakademie das Brahms-Requiem, Christiane Sorel war der Sopran. Es war im September, es war warm, Rimini liegt am Meer, man konnte noch schwimmen – und eine wichtige Dame der Konzerthausgesellschaft, die uns begleitete, hatte eine persönliche Sympathie für mich. Mir gefiel aber eine Chorsängerin. Auf der Rückfahrt in der Bahn sagte mir dann die Dame aus dem Konzerthaus, dass sie genötigt sei zu berichten, dass ich nicht entsprochen hätte. Für mich war es ganz klar: Wenn ich mich für sie und nicht für die Chorsängerin interessiert hätte, wäre das für meine Karriere nicht von Schaden gewesen. Man sagt immer, die Männer seien so böse, aber ich habe unter Frauen viel mehr gelitten. Männer sind auch im Nachhinein dankbar, ich jedenfalls war es immer, Frauen jedoch können zu großen Feinden werden, wenn man selbst eine Verbindung beendet.

Und da dachte ich mir, dass das kein lustiges Leben als Sänger werden würde, ich bin doch nicht gut genug. Wäre das so, würden mir solche Dinge weder helfen noch schaden können. Das war innerlich der Anfang vom Ende meiner Sängerlaufbahn. Es war auch dann tatsächlich aus mit weiteren Engagements im Konzerthaus.

Danach sang ich noch zweimal den Germont als Gast in Klagenfurt innerhalb einer rumänischen Kulturwoche, die ich dort initiiert hatte. Ich hatte für diesen Anlass auch ein Stück von Alexandru Mirodan übersetzt. Diese Vorstellungen in Klagenfurt waren mein letzter Auftritt als bezahlter Sänger.

In Klagenfurt

Im Herbst 1966 erfüllte sich mein Jugendtraum: Ich bekam eine Einladung, den Germont in *Traviata* und den Escamillo in *Carmen* an der Staatsoper Temesvar zu singen. Man kann sich vorstellen, was es für mich bedeutete, erstmalig und noch dazu als Sänger nach sieben Jahren zurückzukehren – die Erinnerungen und Sehnsüchte waren noch sehr frisch. Ich fuhr mit dem Zug. Als ich mich der Grenze, der Stadt näherte, hatte ich derartiges Herzklopfen, dass ich Angst hatte, das Herz würde mir aus der Brust springen. Dieses physische Gefühl habe ich bis heute in dieser Intensität in keiner Lebenssituation mehr erlebt.

Meine Einladung nach Temesvar wäre ohne die Liberalität, welche Ceaușescu ab 1965 erlaubt hatte, nicht denkbar gewesen und war sicherlich auch als Zeichen der Öffnung gedacht. Die Kreisparteileitung von Temesvar hatte mein Engagement ja zugelassen, wahrscheinlich sogar unterstützt. Ohne deren Zustimmung hätte mich ja der Direktor der Oper gar nicht einladen können! Diese Zeit der größeren Freiheit in Rumänien war eine Phase, in der Intellektuelle, Schriftsteller und Kunstschaffende im Allgemeinen größere Artikulationsmöglichkeiten hatten. Sie dauerte bis 1971, also bis zu Ceaușescus Besuch in der Volksrepublik China. Danach, unter Ceaușescus Eindruck des chinesischen Personenkultes und der totalen, uniformen Unterwerfung des gesamten Volkes, änderte er seine Innenpolitik vollkommen und alles entwickelte sich weiter zurück, als es je gewesen war. Das blieb dann so bis zu seinem Ende im Dezember 1989, als er und seine Frau erschossen wurden.

Nach seinem Besuch bei Kim Il-sung in Nordkorea verschlechterte sich die Lage noch mehr, Kim Il-sung war bis zuletzt auch für ihn persönlich ein Vorbild! Der Schusterlehrling Ceaușescu, der nur die Volksschule beendet hatte, glaubte am Ende wirklich, nicht zuletzt auch auf Grund der permanenten Huldigungen auch des westlichen Auslands, dass er der sei, als der er dargestellt wurde. Und das war das Schlimmste, was ihm und dem Volk passieren konnte.

Sieben Jahre waren also vergangen seit meinem Weggang aus Temesvar. Ich hatte nun eine Position, war professioneller Opernsänger im Westen. Das war mir durchaus bewusst, das gab mir Selbstvertrauen. Ich war nicht mehr ein Gescheiterter, ein aus der Gesellschaft Ausgeschlossener, man konnte mir nichts mehr antun. Ich hatte keinerlei Rachegefühle, sondern fast Verständnis für das Vergangene. Die anderen bewunderten und hofierten mich, sie suchten meine Gesellschaft. Natürlich fielen mir die Armut, das Graue, das Uniforme, das Dumpfe und das Hingeben in das Unvermeidliche jetzt negativ auf. Das war mir früher nie aufgefallen, doch hatte ich ja auch keine Vergleichsmöglichkeiten gehabt. Durch meine in Österreich gemachten Erfahrungen fiel mir vieles „zu Hause" in Rumänien auf, was ich früher nicht gesehen hatte und, als ich bereits weg war, rückwirkend verherrlicht sah.

Als ich in der *Traviata* auftrat, war das Opernhaus zum Bersten voll, die Stimmung ungeheuer und der Applaus nach der großen Germont-Arie geradezu demonstrativ. Ich sang in deutscher Sprache, die anderen auf Rumänisch. Doch bei der Stelle „Hat Dein heimatliches Land kein Gefühl für Dein Herz" holten die Zuhörer und mich das Leben, die Gefühle und Erinnerungen ein. Ich bekam wirklich Ovationen, es spielte natürlich viel Emotionales mit. Ich sang gut, aber es war viel mehr: Ich wurde auch als Symbol gefeiert für jemanden, der weggegangen und aus dem etwas geworden war. Ich verkörperte auch „den Westen", den „freien Menschen" – das, was jeder werden wollte, aber nicht durfte. Ich war das lebende Bespiel dafür, dass dies möglich war, wenn man die Chance dafür bekam unter dem Motto: „Schaut, was aus dem Holi geworden ist! Auch aus uns könnte das werden, wenn man uns ließe." Ich war sozusagen die lebendige Verkörperung der erfüllten Hoffnungen. Und das bin ich eigentlich für viele dort bis heute geblieben. In den Tagen zwischen der *Traviata*-Vorstellung und der darauf folgenden *Carmen* kam ich einer Schauspielerin näher, die ich schon früher unendlich verehrte. Jetzt endlich wurde ich erhört – das hatte keinen guten Einfluss auf meine stimmliche Leistung als Escamillo. Meine Tage in Temesvar waren überfüllt mit Besuchen, Essenseinladungen – ich nahm in einer Woche acht Kilo zu. Man kann sich gar nicht vorstellen, was bei privaten Mittagseinladungen alles gegessen wird. Schon die Vorspeisen wären hier zwei ganze Mahlzeiten. Natürlich war ich überall, wo ich früher gelebt hatte, am öftesten jedoch am Corso.

Zurück in Österreich gab ich mit 31 Jahren das Singen praktisch auf. Es fiel mir nicht leicht, diesen Entschluss zu fassen und ihn auch durchzuführen, war doch das Singen durch viele Jahre hindurch das Wichtigste in meinem Leben gewesen. Alles hatte sich darauf konzentriert, meine Tageseinteilung, mein Tun und Denken war auf die möglichst beste Verfassung meiner Stimme ausgerichtet. Nichts anderes war in diesem Lebensabschnitt zwischen 26 und 31 Jahren wichtiger. Viel schlafen, wenig sprechen, mich nicht zu verkühlen, täglich üben, Kontakte suchen und pflegen, die für mein Fortkommen als Sänger wichtig erschienen. Singen ist zum Teil natürlich auch körperliche Arbeit. Man kann gar nicht oft genug Atemübungen machen, um beim Singen einen ruhigen und möglichst langen Atem zu haben. Daher atmete ich sooft ich nur konnte und wo immer ich mich auch aufhielt bei jeder passender Gelegenheit so schnell wie möglich tief ein und so langsam wie möglich leise aus. Mein Körper und meine Sprechart gewöhnten sich im Laufe der Jahre an das Singen. Damit aufzuhören brachte demnach auch eine körperliche Umstellung mit sich.

Warum also hab ich ziemlich plötzlich aufgehört? Ich war nicht erfolglos als Sänger und mit 31 Jahren auch noch nicht zu alt, um diesen Weg weiterzugehen. Ich fing jedoch an, des Öfteren zu überlegen, wohin mich der Sängerberuf noch bringen würde. Ich analysierte ehrlich mit mir selbst meine eigenen Möglichkeiten und es war mir bewusst, dass Vorgaben der Natur, was Volumen, Stimmumfang und Timbre betrifft, nicht zu ändern und einzuholen sind. Die natürlichen Handicaps daran können weder mit viel Arbeit, Können oder Wissen über Rollen, Darstellung usw. entscheidend wettgemacht werden. Auch wurden mir die intellektuellen Grenzen eines Sängerlebens bewusst, und ich fragte mich immer öfter, wo ich in zehn bis fünfzehn Jahren sein und wie es dann noch weitergehen würde.

Wenn ein Künstler anfängt, solche Selbstgespräche zu führen, zweifelt er an sich selbst. Dann ist Singen nicht mehr Berufung, sondern wird zum Beruf. Und dann nimmt das Rationale überhand. Darüber hinaus kam noch das irrationale, jedoch starke Gefühl dazu, dass ich zu diesem Zeitpunkt das Allerhöchste schon erreicht hatte: Ich war auf der Bühne der Temesvarer Oper als Sänger gestanden. Viel zu oft hatte ich mir das als Jugendlicher gewünscht, nun war mit dem Erreichen dieses Zieles in mir eine Leere entstanden, ich hatte nicht mehr den ursprünglichen, bedenkenlosen Einsatz für das Singen, mein Interesse galt immer mehr auch anderen Dingen. Wohl mit dem Theater verbunden, aber nicht ausschließlich mit dem Singen.

In einer Vermittlungsagentur für Sänger und Schauspieler zu arbeiten, hätte mich sehr gereizt und interessiert. Die Möglichkeit, eine Schaltstelle für Opernhäuser und Sänger zu sein, begeisterte mich. Robert Schulz aus München, der alte Theaterhase und große Menschenkenner, erkannte das, so wie er auch bedeutende Sänger und deren Möglichkeiten, Rollenrichtungen und die Häuser, in denen sie sich am besten entwickeln konnten, früh und goldrichtig einschätzte. So wie er Regisseure erfunden und gefunden hatte, so hatte er auch meine Möglichkeiten erkannt. Und er hatte Recht. Ich habe damals und später nie bedauert, mit dem Singen aufgehört zu haben. Genauso wie ich 22 Jahre später und bis heute nie bedauerte, meine Arbeit als Agent nicht weitergeführt zu haben.

WIEN 1966 BIS 1988

Bühnenvermittlung

Im Winter 1966 wurde ich in der Wiener Bühnenvermittlung Alois Starka in der Mariahilfer Straße 3 aufgenommen.

Ich kam über Empfehlung des in der damaligen Zeit und auch viele Jahre danach führenden Münchner Opernagenten Robert Schulz dorthin – in meinen Augen der letzte Künstlervermittler, der so arbeitete, wie ich mir die Ausübung dieser Tätigkeit vorstellte. Was ist eigentlich ein Agent, ein Bühnenvermittler? Es sollte eine Person sein mit großer Menschenkenntnis und Sensibilität, aber auch von großer Fachkenntnis der gesamten Opernliteratur sowohl musikalisch als auch dramaturgisch, die Arbeitgeber und Arbeitnehmer, also Sänger suchende Direktoren und Engagement suchende Sänger, zusammenführt, für beide tätig ist und auch von beiden bezahlt wird. Damals war das ein restriktiv konzessioniertes Gewerbe, das nur wenigen Betreibenden gewährt wurde – in Österreich vom Sozialministerium und in Deutschland von der Arbeitsmarktverwaltung bestimmt.

Die Agentur Starka hatte ihre Ursprünge bereits Anfang des 20. Jahrhunderts. Die Büroräumlichkeiten in der Mariahilfer Straße 3 waren angeblich ein vormaliges geheimes Photoatelier der Kaiserin Elisabeth. Es wurde zu einer Agentur umfunktioniert, hatte auch eine kleine Bühne. Die Räume waren altmodisch, viel Jugendstil aus der Entstehungszeit war noch vorhanden, und hatten viel Charme und Reiz. Geheizt wurde mit Kohle in einem schönen Kachelofen im Vorsingraum, durch Rohre wurden alle anderen Räume mitgeheizt. Starka und auch bereits sein Vater waren in der Theaterbranche ein Begriff.

Alois Starka war ein äußerst bürgerlicher Mensch mit eisernen und eingefleischten Lebensgewohnheiten, der immer korrekt in Anzug mit Krawatte gekleidet war. Zwischen 9 und 1/2 10 Uhr kam er in die Agentur, um 1/2 2 Uhr nachmittags ging er. Von 12 bis 1 Uhr waren anfangs „Sprechstunden". Das Büro wurde um 2 Uhr gesperrt und um 5 Uhr wieder geöffnet. Um 7 Uhr abends war Büroschluss und Starka ging jeden Abend mit seiner Frau zum Heurigen, immer zum Feuerwehr-Wagner in der Sandgasse in Grinzing. In Kritzendorf hatte er an der Donau ein kleines Sommerhäuschen, wo er seinen Urlaub und heiße Sommerwochenenden verbrachte. Starka kannte sich im Schauspiel viel besser aus als in der Oper, er besaß keinerlei musikalische Vorbildung. Jeder hohe Ton eines Tenors war für ihn ein C und er sagte oft zu meinem Entsetzen: „Na, mit dem C hapert's noch, aber es wird schon werden." Doch war es oft schon ein B, bei dem es schon haperte.

Die Theaterleute vertrauten auf sein Urteil und seine Korrektheit, die auch außer Diskussion stand. Jeder kannte Starka seit seinen Anfängen, wobei zwischen seinem Vater, dem „alten Starka", und ihm kaum mehr unterschieden wurde. Die Direktoren konnten sich auf Starkas Urteil verlassen, sie wussten, dass er kompetent war und sowohl für den Schauspieler als auch für das Theater die bestmögliche Lösung im Auge hatte. Starka schlug daher nie mehr als zwei Schauspieler für eine Vakanz vor, da er genau einschätzen konnte, wer wofür in Frage kam. Dieses System gibt es leider heute nicht mehr, jeder Künstler glaubt, einen eigenen Manager haben zu müssen, der aber oft nicht mehr das Wissen und den Weitblick hat, wie man die Entwicklung des Künstlers am besten unterstützt.

Es war bereits in Wien zur Gewohnheit geworden, zu Starka in die Mariahilfer Straße zu gehen und von dort die Schauspieler zu beziehen. Auch alle Vorsprechen von Reinhardt-Seminaristen gingen bei erfolgtem Engagement automatisch über seine Agentur. Das war einfach so. Susi Nicoletti, die berühmte Schauspielerin und allseits anerkannte Lehrerin, brachte alle ihre Schützlinge immer zuerst zu Starka und dieser vermittelte ihnen dann Engagements.

Starka war von Natur aus misstrauisch und hatte noch nie jemanden neben sich. Daher war es für mich am Anfang sehr schwer, bis ich sein Vertrauen und das seiner Frau nach längerer Zeit endlich gewonnen hatte. Es kostete mich viele Abende beim Heurigen, bis ich akzeptiert wurde. Allmählich konnte ich auch das Zusperren der Agentur am Nachmittag verhindern.

Ich begann ganz unten, klebte Briefmarken und wusste genau, welches Porto für welches Land verwendet werden musste. Außerdem war ich ein genialer Aufgeber von Brieftelegrammen. Diese kosteten die Hälfte normaler Telegramme, durften höchstens 54 Worte beinhalten, und kein Wort mehr als 12 Buchstaben haben. Texte in dieser Kürze zu verfassen und entsprechend zu buchstabieren, gehörte zu meinen Spezialitäten. Ich arbeitete mich relativ schnell hinauf, alles interessierte mich sehr. Mein großer und sehr geschätzter Vorteil waren auch meine Sprachkenntnisse. Dass ich sechs Sprachen kann – Deutsch, Ungarisch, Rumänisch, Französisch, Italienisch, Englisch – half mir sowohl damals als auch in meinem späteren Leben.

Montag war immer Vorsingen, Dienstag Vorsprechen. Im Schauspiel gab es in den 60er und Anfang der 70er Jahre noch echte Fächer und klare Vakanzen in allen Bereichen; vom Düsseldorfer Schauspielhaus über das Stadttheater Regensburg bis zum Opernhaus Zürich – damals noch Stadttheater – wurde uns von den Intendanten und Direktoren mitgeteilt, was man für die nächste Spielzeit suchte. Einen lyrischen Sopran oder einen jugendlichen Liebhaber, einen deutschen Bass oder einen Charakterschauspieler. Die Hauptkunden waren keinesfalls die Wiener Staatsoper oder ähnliche Häuser, aber alle Stadttheater, die Mehrspartentheater waren und Oper, Operette und Schauspiel spielten, von klein bis groß: Auch München und Hamburg, da die entsprechenden Direktoren – Günther Rennert in München, Erich Schäfer in Stuttgart, Wolfgang Sawallisch in Köln – ihre Karriere damals natürlich noch an kleineren Häusern begonnen hatten und daher bereits eine alte historische Verbindung mit Starka bestand. Karlheinz Stroux, Harry Buckwitz, Karl Pempelfort, Hermann Juch, kamen mindestens einmal pro Jahr, um Vorsprechen und Vorsingen abzunehmen, die Kandidaten suchten wir bei Vorsingen, an Musikschulen und kleineren Häusern aus – es war wirklich sehr spannend.

Von Ende September bis Weihnachten herrschte immer ein erbitterter Kampf, um die Schafe ins Trockene zu bringen, also um die Vakanzen der nächsten Spielzeit zu besetzen. Man reiste sehr viel, wenigstens einmal im Jahr sollte man alle Theater, mit denen man arbeitete, besucht haben. Selbstverständlich mit dem Zug und nach Spielplänen. In der Regel blieb man in jedem Haus höchstens zwei Tage, um ein Schauspiel und eine Oper zu sehen, auf jeden Fall immer eine Opernvorstellung.

Die erste Reise machte ich gemeinsam mit Starka. Er stellte mich den Direktoren vor, manchen schrieb er auch nur, dass ich als sein Stellvertreter kommen würde. Nicht alle akzeptierten mich gleich, aber mit der Zeit nahmen mich auch solche an, die davor kaum mit Starka gearbeitet hatten. Schon damals wusste ich oft mehr als so manche Intendanten, da viele mehr Theater- als Opernfachleute waren. Die Generalintendanten kamen eher vom Schauspiel als von der Oper wie in Köln, Wiesbaden, Mannheim, Basel usw. Werner Düggelin übernahm das Basler Theater und eröffnete das neue moderne Haus, mit ihm verband mich ein äußerst vertrauensvoller und später freundschaftlicher Umgang, ich wurde in Basel sozusagen Hausagent. Fast alles lief über mich, auch bei anderen Empfehlungen fragte man mich nach meiner Meinung. Man glaubte mir und verließ sich auf mein Urteil. Hans Hollmanns raumverteilte Inszenierung der *Letzten Tage der Menschheit* von Karl Kraus in allen Bereichen des Zuschauerraums war der spektakuläre Eröffnungsakt. Friedrich Dürrenmatt war Mitglied der Direktion. Mit ihm führte ich wunderbare und anregende Gespräche bei viel Rotwein in seiner Basler Wohnung. Allmählich etablierten sich jedoch immer mehr Gast- und Stückverträge, Agenten wurden nun also noch wichtiger und ihre Verantwortung größer. Bei Festverträgen erhält der Sänger oder Schauspieler ein Monatsgehalt im Rahmen eines Jahresvertrages unabhängig davon, wie oft er auftritt. Bei Gastverträgen erfolgt die Bezahlung pro Vorstellung, Rollen und Daten sind vertraglich fixiert, Reisekosten werden separat bezahlt. Bei diesen Gastverträgen – auch Abendverträge genannt – bekam der Vermittler 10%, bei Jahres- oder Festverträgen 6% Provision von der Gage des Künstlers, jeweils die Hälfte vom Theater und die andere vom Künstler. Die Agentengebühren wurden vom Theater monatlich überwiesen, eine direkte Verrechnung mit dem Künstler fand nicht statt. Nun begann die Zeit der Terminpläne für die Sänger, die immer mehr freischaffend, also ohne feste Bindung, arbeiteten. Diese Entwicklung führte dazu, dass in den folgenden Jahren die Ensembles immer schwächer besetzt wurden und allmählich nur mehr für Nebenrollen vorhanden waren. Für die Theaterleiter ist ein Fehlengagement bei einem Zweijahresvertrag natürlich schmerzlicher als bei einem kurzen Gastvertrag, für die Entwicklung eines Sängers ist die fehlende Bindung an ein Theater sicherlich der schlechtere Weg; vorausgesetzt, er muss in einem festen Vertrag keine Partien singen, die seinen stimmlichen Möglichkeiten nicht entsprechen. Das aber ist leider oft geschehen.

Durch die immer wichtigere Rolle der Regisseure gewann die typmäßige Besetzung immer mehr an Bedeutung, nicht zuletzt bedingt und beeinflusst durch die optischen Ansprüche, die durch den zunehmenden Einfluss von Film und Fernsehen gestellt wurden. Sänger wurden demnach immer öfter in Rollen eingesetzt, die ihnen stimmlich nicht adäquat, persönlichkeitsmäßig jedoch näher waren. Sänger neigen ohnehin prinzipiell dazu, dramatischere Rollen zu singen, als es ihren stimmlichen Möglichkeiten entspricht. Dies ist heute mehr denn je zum Nachteil der natürlichen Entwicklung einer Stimme gang und gäbe. Die Schallplatten taten das ihre dazu, heute sagt jeder, wenn ein Blondchen für eine Platte Aida singt, dass es ja nur für die Schallplatte wäre. Doch singt der Sänger dabei nicht anders als auf der Bühne – er gibt, was er kann, und kann nur geben, was er hat.

Die Reisen begannen immer in St. Pölten und gingen weiter über Linz und Salzburg nach Deutschland: Regensburg, Würzburg, Nürnberg, Frankfurt usw. Einzelne Reisen in nur eine Stadt gab es nie, es waren immer lange Rundreisen, abgestimmt auf Spielpläne und Eisenbahn-Fahrpläne.

Ich lernte viel, sah eine große Zahl von Opern und kannte wirklich alle damaligen westdeutschen und Schweizer Theater und deren Sängerensembles. Unsere Hauptgebiete waren Österreich, die Schweiz und Deutschland, also die Häuser mit Ensembles und nicht die Staggione-Theater in Frankreich und Italien.

Die Agenten fixierten eine Gesprächsstunde mit dem jeweiligen Intendanten, die Vakanzen der nächsten Spielzeit wurden bei diesen Gesprächen mitgeteilt und Empfehlungen ausgesprochen. Was ich konnte und die anderen weniger, war, dass ich fragte, welche Werke denn kämen. Und durch die Frage nach den Werken und die Kenntnis der notwendigen Rollen und Sänger des Ensembles konnte ich auch fragen, wer diese oder jene Rolle in der geplanten

Oper singen werde. So erfuhr ich mehr, als man mir sagte – was wichtig und ein Vorteil war. Auch Direktoren erfuhren manchmal erst durch mich, welche Rollen sie nicht mit den vorhanden Sängern besetzen konnten.

Dann machte man Vorschläge und suchte die Sänger. Das Allerwichtigste für Anfänger war, irgendwo einen Jahresvertrag zu erlangen. Wenn man einmal im Engagement war, kam man bei entsprechenden Leistungen auch weiter. Natürlich ging man lieber gleich nach Basel statt nach Luzern, nach Augsburg und nicht nach Regensburg. Wesentlich war jedoch, dass man ein festes Engagement bekam, welche Rollen man dort dann singen konnte und – noch wesentlicher – welche man nicht singen musste – dass man nicht mit zu dramatischen Rollen beginnen musste. Also lieber Mozart als Puccini und lieber Puccini als Wagner. Man vermittelte die Sänger immer von unten nach oben – von Regensburg ging man nach Augsburg, nicht jedoch umgekehrt. Von Augsburg ging man ans Nationaltheater Mannheim, dann war man schon recht weit gekommen und auch die großen Häuser nahmen von einem Notiz.

Meine Fragen nach den Rollen bei den Gesprächen mit den Direktoren waren nicht grundlos. Man sagte, dass man einen lyrischen Tenor suche, und wenn ich nach den Rollen fragte, stellte sich oft heraus, er solle sowohl Tamino in der *Zauberflöte* als auch Kalaf in *Turandot* singen. Und ein lyrischer Sopran die Aida. Diese „Fachbezeichnungen" entsprachen zwar immer irgendwelchen Nachschlagewerken, Opernführern oder gar Bezeichnungen von Komponisten, aber selten den stimmlichen Möglichkeiten der Sänger und den Erfordernissen der Partitur. Schon damals sagte ich immer, dass es keine Fächer, sondern nur Rollen gibt. Und es gibt auch keine allgemein gültigen Normen, weil jeder Mensch anders ist und ein anderes Stimmorgan hat. Was bei manchen durchaus möglich und sehr gut ist, ist bei anderen vollkommen unmöglich und schädlich. Maria Callas sang 1950 am Anfang ihrer Karriere in Venedig die Kundry in *Parsifal* und in der selben Saison ebendort auch die Elvira in *I Puritani* – beides gut und ohne sich zu schaden, obwohl es kaum gegensätzlichere Partien gibt.

Tatsache ist aber auch, dass vor 30 bis 40 Jahren und davor ein Sänger ein wesentlich breiteres Repertoire sang, als das heute der Fall ist. Die Beschränkung auf einige wenige Partien, mit denen die Sänger der ersten Kategorie dann in den sieben bis acht Opernhäusern, die ihre Honorare bezahlen wollen und können, gastieren, ist heutiger Brauch. Kein guter, eher langweilig für das Publikum, weil es überall dieselben Sänger hört, und keinesfalls förderlich für die Sängerentwicklung.

Manches kommt auch daher, dass jeder heute das haben will, was der andere ebenfalls hat. Singt zum Beispiel Pavarotti in einer besonderen Konstellation eine Rolle an der Scala mit einem Dirigenten, der seine stimmlichen Möglichkeiten berücksichtigt, wollen Wien und London ihn in derselben Partie unbedingt auch haben, auch weil es sich das Publikum wünscht. Und was ein Sänger auf Schallplatten singt, will überhaupt jeder auch im Opernhaus hören. Und das tun dann eben die Sänger.

In letzter Zeit tragen prominente Dirigenten wie auch Regisseure dazu bei, dass immer dieselben Sänger für manche Partien engagiert werden. Dirigenten wünschen sich natürlich jene Künstler, die sie schon kennen, mit denen sie also bereits gearbeitet haben. Wenn Direktoren nicht die Durchsetzungskraft oder Macht haben, auf die eigenen Künstler hinzuweisen, singen in Spitzenhäusern mit Spitzendirigenten immer die selben! Dabei gab und gibt es immer als Alternative junge, neue und hervorragende Sänger; man muss sich nur trauen, diese entsprechend einzusetzen. Merkwürdigerweise hatten und haben Theaterleiter keinen Mut dazu, sie verlassen sich lieber immer wieder auf Bekanntes und Bewährtes. Heute kann ich selber darüber entscheiden, früher musste ich große Überzeugungsarbeit leisten, um Entscheidungsträger zu besseren und billigeren Sängern, die aber noch nicht bekannt waren, zu überreden.

Man musste also wissen, wer in Frage kam, die entsprechenden Schauspieler oder Sänger anfragen und auf diese Vakanz hinweisen. Ich reiste mit einer Schreibmaschine, da man in der Nacht die Aufträge für die Sänger und auch Empfehlungen an Direktoren schrieb. Das hatte große Eile und forderte schnelle Reaktionen, weil der Agent, der dem Sänger als Erster das Angebot für ein entsprechendes Theater machte und diesen auch als Erster dem entsprechenden Theater vorschlug, auch den Abschluss machte, wenn der empfohlene Sänger engagiert wurde. Die Sänger, die vorgeschlagen werden sollten, erhielten Auftragsscheine, mit denen sie diese bestimmte Bühnenvermittlung beauftragten, sie bei dem angeführten Theater für die entsprechende Saison zu vertreten. Wenn man aber als Zweiter kam, war es schon zu spät.

Diese Auftragsscheine hatten zwar keinen Vertragscharakter, waren aber doch bindend, und der Sänger war dieser bestimmten Bühnenvermittlung für jene am Auftragsschein ausgewiesenen Theater verpflichtet. Falls trotzdem ein Abschluss zwischen dem Sänger und dem entsprechenden Theater erfolgte, ging dies normalerweise über diese Bühnenvermittlung. Alleinvertretungen wie heute gab es nicht, Exklusivverträge waren verboten. Nur bei effektiv durchgeführter Arbeitsvermittlung hatte man auch einen Provisionsanspruch.

Die Sänger schlossen die Verträge nicht mit den Agenten, sondern mit den Theatern, die diese engagierten. Erst durch die Vermittlung zum Fernsehen und die komplizierten Schallplattenverträge begannen die heute dominierenden Exklusivverträge. In Amerika hingegen gab es von Anfang an nur Alleinvertretungen.

Schulz in München und Starka waren befreundet und sprachen sich bei Duplizitäten ab. Doch diese Freundschaften waren eher die Ausnahme. Obwohl es wirklich gegen die Regeln verstieß, beauftragten manche Sänger zwei Agenturen, aus Sicherheit, Vergesslichkeit oder um nicht einer nein zu sagen. Es gab einen „bösen" Agenten, Cornelius Hom in Frankfurt, der ohne zu wissen, ob es dort tatsächlich Vakanzen gäbe, auf Gutdünken viele Theater angab. Ich kann mich gut an Vorsingen im Salzburger Mozarteum erinnern, wo man Sommerkurse abhielt. Viele Sänger waren da, weil sie wussten, dass viele Agenten hinkamen. Es gab zwei Kurse à drei Wochen mit verschiedenen prominenten Sängern als Lehrer, die Schüler hörte man alle an und wies sie bei entsprechender Eignung auf Vakanzen hin. Es war im August noch ein bisschen früh zu wissen, was in der übernächsten Spielzeit kommen würde und es war immer ein großer Kampf mit dem Rektorat des Mozarteums, welcher Agent wann das Vorsingen machen konnte. Man wollte natürlich immer der Erste sein, durfte aber andererseits erst am Ende des Kurses kommen – als ob die Sänger nach dem Kurs mehr konnten als drei Wochen vorher. Hom hatte Verbindungen zum Sekretariat und bekam immer den ersten Vorsingtermin. Er schrieb dann mehrere Theater auf einen Auftragsschein und blockte dadurch Sänger von anderen Agenturen ab.

Bei den Salzburger Festspielen waren auch viele Direktoren, Intendanten und wichtige Dirigenten versammelt, die so wie wir meistens Zugang zu den Generalproben hatten. So konnten wir besonders talentierte Anfänger gleich an Ort und Stelle den Direktoren vorführen. Die Festspielzeit war daher für uns alle immer sehr wichtig. Es gab viel weniger Aufführungen als heute – beherrscht wurde alles von Herbert von Karajan. Neben ihm wirkten natürlich auch andere erstklassige Dirigenten mit, doch war die Einzigartigkeit der Salzburger Festspiele allein durch Karajan gewährleistet. Der beste Beweis dafür ist die lange Suche nach einer neuen Identität der Festspiele nach dem Tod Herbert von Karajans.

Diese Auftragsscheine verloren einige Jahre später an Bedeutung, da jemand einen Musterprozess geführt hatte, in dem entschieden wurde, dass der Auftragsschein keinen Wert habe – relevant sei nur, wer den Abschluss tätige. Eine Begebenheit mit Deborah Polaski, damals noch Deborah Poe, möchte ich erwähnen, der ich eine Vakanz am Musiktheater Gelsenkirchen angeboten hatte. Gelsenkirchen suchte eine Sängerin ihrer Art, sie war damals eine Zwischenfachsopranistin für das italienische Fach. Außerdem war und ist sie eine schöne, große Frau und eine gute Darstellerin von großer Persönlichkeit. Spät nach Weihnachten bot ich ihr also diese Vakanz an, sie sagte aber, dass sie bereits einen Auftragsschein dieses Frankfurter Agenten dafür unterschrieben habe, es kam aber nie bis zu einem Vorsingen. Ich schickte sie hin, sie wurde in Gelsenkirchen engagiert, von dort ging sie dann nach Karlsruhe und heute ist sie die führende Wagner- und Strauss-Sängerin. Sie wurde durch mich engagiert, der andere Agent stellte aber auch einen Anspruch – entschieden haben in solchen Fällen letztendlich immer die Intendanten, in diesem Fall für mich.

Ein anderes Beispiel, wo wir allerdings die Verlierer waren, war das erste Engagement von Thomas Moser in Graz, heute weltberühmter Heldentenor. Moser kam aus den USA als gut singender und aussehender Mozart-Tenor, sang auf Grund unserer Vermittlung für eine Vakanz in Graz vor und wurde nicht engagiert. Monate später sang er durch die Vermittlung einer anderen Wiener Agentur wieder in Graz vor, wurde engagiert und begann dort seine Karriere, die mit Tamino anfing und mittlerweile bis Tristan führte. Ein beispielhafter Werdegang eines klugen Künstlers, der immer warten konnte, es nicht eilig hatte und doch viel weiter kam als so mancher „Raser".

Das waren also die Agentenkämpfe damals, es war aber im Vergleich mit heute sicherlich eine weniger hektische Zeit. Meistens wurden Zweijahresverträge abgeschlossen, während dieser Zeit hatte man mit den Sängern praktisch nichts mehr zu tun und bekam allmonatlich die vom Theater in Abzug gebrachte Provision. Die Festverträge garantierten eine solide Geschäftsbasis. Gast- oder Stückverträge wurden erst abgeschlossen, nachdem die festen Engagements gemacht wurden. Einspringen für Künstler, die absagten, war ein anderer Teil des täglichen Geschäftes, und dieser erforderte permanente Erreichbarkeit, immer und überall, und perfekte Rollen- und Marktkenntnisse über die Sänger.

Es gab eine enorme Korrespondenz, man beschrieb ausführlich die Fähigkeiten von Schauspielern und Sängern, telefoniert hat man nur in dringenden Fällen – und so dringend war es eigentlich nie, außer bei Einspringern. Heute ist es undenkbar, dass z. B. die Bayerische Staatsoper in Abänderung des Programmes um 12 Uhr mittags *Tristan* ansetzt – selbstverständlich hatte man alle Sänger im Haus, es war keine Angelegenheit. Wie es heute aussieht, wenn man *Tristan* überhaupt ansetzt, welche Vorarbeit es bedeutet, eine Besetzung zusammenzubekommen, ist wohl zur Genüge bekannt.

Die höchste Gage bekamen damals landauf, landab in der Oper der Heldentenor, die Operettendiva und der Operettentenor und im Schauspiel der schwere Mann. Im Schauspiel wurden Empfehlungen abgegeben, die Künstler wurden lang und breit beschrieben, ihre Auftrittsdaten mitgeteilt. Es gibt eine dicke Korrespondenzmappe des früheren Burgtheaterdirektors Hofrat Adolf Rott mit Starka, der das neue Burgtheaterensemble zusammenstellte und unter anderem nach Hannover, Dortmund und Bochum – schon damals unter Hans Schalla wichtig – reiste. Die Antworten der Direktoren sind vor allem interessant wegen der Wertungen, die vorgenommen wurden. Ich kann mich noch gut an die Meinung des Burgtheaterdirektors Rott über Rolf Boysen erinnern; dieser werde wohl nie ein wichtiger Schauspieler werden, denn jemand, der so schmächtig und mager sei, könne nicht schwere, große Männer spielen und für den jugendlichen Liebhaber sei er nicht schön genug. Am meisten gesucht waren immer die Romeos und König Lears.

Paula Wessely, die noch vom „alten" Starka vermittelt wurde, und Attila Hörbiger bestanden darauf, dass ihre jüngste Tochter Maresa selbstverständlich in der Provinz beginnen sollte. So kam sie nach Regensburg, dann nach Bern, wo sie immerhin schon Shakespeares Julia spielte. Es war wirklich gegen alle guten Sitten, am Burgtheater zu beginnen.

Bei seinen Reisen machte Starka schriftliche Aufzeichnungen und verteilte ein bis vier Kreuze. Vier Kreuze bedeuteten die höchste Anerkennung für Sänger oder Schauspieler in dem Sinne, dass man aufpassen müsse, denn aus diesem könne noch Großes werden. Dieses Kreuzsystem habe ich bis heute für die schriftliche Charakterisierung bei Vorsingen beibehalten. Die Wertung ist nicht unähnlich der Hotelbranche, nur gibt es eben nur vier Sterne anstatt fünf! Doch öfter gab es nur einen, meistens aber gar keinen Stern.

Gerhard Klingenberg wurde 1971 als Nachfolger von Paul Hoffmann Direktor des Burgtheaters. So wie ich hatte er in St. Pölten begonnen und war noch als Regisseur eine alte Starka-Kundschaft. Ich bin bis heute der Meinung, dass die tief greifendste Änderung des Burgtheaters im internationalen Sinn und auch im Sinne einer Modernisierung und Öffnung unter Klingenberg geschehen ist. Eine ganze Reihe von internationalen Regisseuren wie Giorgio Strehler, Jean-Louis Barrault und Peter Hall wurden engagiert, viele neue Autoren wurden gespielt, an die man früher nicht einmal denken konnte, die jedoch zur Weltelite des Theaters gehören, so Edward Bond, Harold Pinter, Peter Handke und Thomas Bernhard.

Klaus Maria Brandauer war ein Hauptkunde von Starka und hatte vier Kreuze. Er war am Landestheater Salzburg engagiert, am Zürcher Neumarkt und am Düsseldorfer Schauspielhaus. Die Höchstgage am Burgtheater betrug damals 42.000,– Schilling monatlich. Brandauer verhandelte mit Starka im Hinterzimmer der Agentur über die Summe, über die Starka seinerseits mit Klingenberg verhandeln sollte. Brandauer wurde immer unzufriedener, weil Starka seine Forderungen als zu hoch und damit unerfüllbar einschätzte, und machte dann den Vorschlag, Starka einen Abfindungsbetrag zu bezahlen, wenn sich dieser von den Gagenverhandlungen zurückzöge und ihm selbst überließe. Brandauer übergab Starka einen Scheck, mit dem ich im Geheimen zu unserer Bank geschickt wurde, um ihn einzulösen. Als ich mit dem Geld zurückgekommen war, gab ich diese Kunde durch das interne Telefon an Starka durch, der Brandauer daraufhin viel Glück für die Verhandlungen wünschte und sich zurückzog, nicht ohne Brandauer nochmals zu warnen. Bei den Verhandlungen kam dann letztendlich natürlich viel mehr für Brandauer heraus und er bekam auch viele glanzvolle Rollen am Burgtheater, die er sich wünschte. Aus diesen Anfangszeiten entwickelte sich eine lebenslange Verbundenheit zwischen

Brandauer und mir. Er ist nicht nur ein außerordentlicher Schauspieler und glänzender Sprecher, sondern auch eine der geistreichsten, schlagfertigsten und intelligentesten Persönlichkeiten nicht nur des Theaters. Meine sommerlichen Wochen in seinem Kreis in Altaussee noch mit seiner Frau Karin, Marietta und Friedrich Torberg bleiben mir unvergesslich.

Bühnenvermittler drückten immer die Gagen aus Angst, der Abschluss komme nicht zustande und ein anderer Künstler, der nicht von ihm vertreten wurde, würde genommen werden. Bühnenvermittler waren und sind also alles andere als Gagentreiber. Das können sich nur Manager von bekannten Künstlern leisten, die bei Scheitern von Gagenverhandlungen von einem anderen Opernhaus engagiert werden.

Die Agentur wurde immer wichtiger, man wusste, dass es einen neuen jungen Mann gab, der sich offensichtlich gut mit Sängern und Oper auskannte und viele neue Sänger aus dem Osten, vornehmlich aus Rumänien und Ungarn, brachte, die bald an vielen Häusern engagiert wurden. Ich erinnere nur an Ludovic Spiess, den Tenor aus Bukarest, der an der Staatsoper, bei den Salzburger Festspielen, in München, Stuttgart und auch in Übersee sehr schnell viel Wichtiges sang, aber auch an Ileana Cotrubaş, Robert Illosfalvy, Marta Szirmay, Ion Buzea, David Ohanesian. Manche dieser Künstler begannen bei Rolf Liebermann in Hamburg und kamen dann durch ihn an die Pariser Oper, als er diese übernahm.

Ileana Cotrubaş hörte ich als Tebaldo in einer *Don Carlo*-Vorstellung an der Nationaloper Bukarest. Eine wirklich kleine Rolle, doch fiel sie mir trotzdem positiv auf und ich fragte den damaligen Direktor, wer sie sei. Dieser sagte, dass Cotrubaş als Opernsängerin auf Grund ihrer kleinen Stimme nicht in Frage käme, sie sei nur für Konzerte geeignet, da sie auch sehr musikalisch sei. Ich wollte Cotrubaş trotzdem kennen lernen: Sie sang hervorragend vor und ich empfahl sie Rolf Liebermann nach Hamburg, wo sie als Konstanze debütierte und dann eine glänzende Karriere machte. In Wien war sie die neue Traviata unter Josef Krips, an der Scala sprang sie am Tag der *Bohème*-Premiere für Mirella Freni als Mimi ein und triumphierte neben Pavarotti als Rudolf. *Traviata* unter Carlos Kleiber mit Ileana Cotrubaş gehört zu den absoluten Höhepunkten des Musiktheaters der letzten Jahrzehnte.

Eine der allergrößten Sängerentdeckungen und Hoffnungen war Anfang der siebziger Jahre die blutjunge ungarische Sopranistin Sylvia Sass. Sie war noch am Konservatorium, als ich sie in einer Nachmittagsvorstellung des Budapester Erkeltheaters in der kleinen Sopranrolle Frasquita in *Carmen* hörte. Damals bespielte die Budapester Oper noch zwei Häuser, das alte wunderschöne Opernhaus und das Erkeltheater. Am Wochenende gab es Matinee- und Abendvorstellungen, man konnte also an einem Wochenende in Budapest vier Opern hören! Ich kann mich gut daran erinnern, dort einmal an einem Wochenende *Die Königin von Saba, Aida, János Vitéz* und eben *Carmen* gehört zu haben. Sass war Anfang zwanzig, groß und schlank, eine ausgereifte Persönlichkeit, technisch vollkommen und außerdem eine perfekte Pianistin. In Aix-en-Provence war sie eine unvergessliche Traviata, neben Stratas und Cotrubaş die beste, die ich je erlebte. In Covent Garden sang sie bis heute unerreicht in Verdis *Lombarden.* In Wien sang sie die Tosca und Mimi in der *Bohème,* an der Mailänder Scala neben Placido Domingo die Manon Lescaut unter Prêtre, in München Traviata unter Carlos Kleiber – unvergesslich. Durch privates Ungemach zerrüttet, brannte diese wunderbare Sängerin, nebenbei auch eine begabte Malerin, die immer und überall alles gab, sehr rasch aus und war mit dreißig Jahren bereits am Ende. Trotzdem bleibt sie eine einzigartige und unvergessliche Künstlerin.

Außer diesen von mir neu entdeckten Sängern aus Ungarn, Rumänien und Bulgarien kamen nun auch mehr Aufträge aus Bern, Basel und der ganzen Schweiz. Hermann Juch, der frühere Volksoperndirektor, war Direktor am Stadttheater Zürich, Claus Helmut Drese in Wiesbaden, beide für uns wichtige Theater. Später ging Drese nach Köln, wo Istvan Kertész Chefdirigent wurde. Dort machte er als Erster einen viel beachteten Mozart-Zyklus mit Ponnelle. Wir hatten vertrauensvolle und gute Beziehungen mit nahezu allen Intendanten des deutschsprachigen Raumes. Das ermöglichte mir natürlich ein großes Basiswissen über Funktionalität der Theater, aber auch über Budgetprobleme, die damals jedoch nicht dramatisch waren. Man streckte sich überall nach der Decke, was selbstverständlich war und heute nicht mehr ist. Kein Mensch meinte damals, Oper brauche unermesslich viel Geld. Man hatte mit dem vorhandenen Geld auszukommen und kam auch damit aus. Kein Theater ging ein und kleinere Theater wie Detmold, Gelsenkirchen, Oldenburg oder Würzburg waren wichtige, seriöse und begehrte Häuser.

Nur ganz wenige Theater in Deutschland waren nach dem Zweiten Weltkrieg nicht ausgebombt und daher noch mit der ursprünglichen Inneneinrichtung ausgestattet. So in Oldenburg, Nürnberg oder Regensburg, ein besonderes Juwel. Interessanterweise blieb in Nürnberg, das fast gänzlich zerbombt war, das Opernhaus stehen. Viele neue moderne Bauten kamen dazu, wie das Musiktheater im Revier in Gelsenkirchen, inzwischen auch um das Überleben kämpfend, Wuppertal-Barmen, das Opernhaus, und Wuppertal-Elberfeld, das Schauspielhaus – beide wichtig und künstlerisch sehr gut. Wenn jemand in Wuppertal engagiert war, hörte man schon hin – es war ein Sprungbrett, ein Engagement dort ein Zeichen von Qualität. Grischa Barfuss war Intendant, bevor er an die Rheinoper nach Düsseldorf kam und diese lange und erfolgreich als reines Ensemblehaus mit hoher Qualität leitete. Kurt Horres, der ursprünglich in Wuppertal Oberspielleiter war, folgte ihm nach. Niemals erreichte die Deutsche Oper am Rhein – Düsseldorf und Duisburg – nach Barfuss und Horres annähernd das damalige Niveau und diese wichtige Stellung.

Im Laufe der vielen Jahre erwarb ich mir bei den Direktoren Glaubwürdigkeit, die dazu führte, dass man mir vertraute. Einspringende Sänger in Wien und nicht nur hier wurden dann später fast gänzlich über meine Agentur bezogen. Einspringen führte mehrheitlich zum Wiederengagement. Ich hatte in jedem Stimmfach fünf bis sechs erstklassige Sänger, die von jedem großen Opernhaus gewünscht wurden. Ich konnte Entwicklungen einigermaßen vorhersehen – im Guten wie im Schlechten – und wusste, in welcher Rollenrichtung die Sänger ihr Bestes geben konnten. Das ist Wissen und dieses bedeutet Stärke. Daran hat sich bis heute nichts geändert.

Während meines Gesangstudiums ist es mir gelungen, mit viel Arbeit in die Geheimnisse des richtigen Singens vorzudringen. Meine natürliche Gesangtechnik war nicht gut. Ich presste, ich war in der Atemtechnik kurz, ich sang zu breit und fand den Fokus nicht. Es hat relativ lange gedauert, bis ich auf den richtigen Weg gekommen bin. Ich wusste also schon damals, was schlankes Singen bedeutet und dass das Verbreiten der Töne, das künstliche Größermachen der Töne in eine Sackgasse führt. Die allergrößten Sänger sind vor dieser Entwicklung nicht geschützt, die Tendenz jeden Sängers war und ist immer, dramatischere Rollen zu singen, als es seiner Stimme eigentlich gut tut. Diese Erkenntnis hat mir in meinem Berufsleben bis heute sehr viel geholfen. Ich konnte negative Entwicklungen eines Sängers voraussehen, noch bevor die Auswirkungen den Sänger persönlich trafen. Das prominenteste Beispiel für diese Entwicklung war der damals von uns am Stehplatz unendlich geliebte Giuseppe di Stefano, der völlig offen sang, was großen Eindruck machte, sehr gefiel, aber lebensgefährlich für einen Sänger ist und mit Sicherheit nicht lange halten kann. Di Stefano verabschiedete sich immer mehr vom schlanken, lyrischen Ton, sang vermehrt das dramatische Fach, verlor immer mehr an Höhe, bis ihn Karajan dann in der *Bohème* umbesetzte.

In der damaligen Zeit schlossen die großen Opernhäuser mit den Sängern für eine bestimmte Anzahl von Abenden für mehrere Spielzeiten Verträge ab, ohne Daten und Rollen zu fixieren. Das hat Vorteile und Nachteile. Die Nachteile bestehen eher für das Theater als für den Sänger, denn man sucht Abende und dann die Rollen. Wenn das Repertoire des Sängers immer kleiner wird, findet man immer schwerer passende Rollen. Nicht zufällig sang di Stefano dann den Großteil seiner Abende an der Staatsoper mit dem Pinkerton in Puccinis *Butterfly* und dem Alfred in der *Traviata,* weil man keine anderen Rollen fand. Es ist ja wunderbar, dass Giulietta Simionato in Wien die verhältnismäßig kleine Rolle der Maddalena in *Rigoletto* gesungen hat, aber doch verwunderlich, dass sie da, wo man sie herzlich vermisste, also als Eboli und Amneris, nicht verfügbar war.

Dies und andere Erstbesetzungen von zweiten ersten Rollen beruhte auf der Tatsache, dass man eine bestimmte Anzahl von Abenden im Vertrag hatte. Alle waren untersungen und wurden zum Teil ohne Auftritte ausbezahlt für die volle Anzahl der Abende innerhalb eines bestimmten Zeitraumes, die sie im Vertrag hatten. Bis Mitte der 80er Jahre war dieses System auch in Wien üblich.

Ein gutes Beispiel dafür war der Vertrag der Sopranistin Luisa Bosabalian unter der Direktion von Egon Seefehlner, die ich noch als Agent vermittelt hatte. Sie sang ein paar gute Vorstellungen und Seefehlner gab ihr einen Vertrag für 15 Abende pro Spielzeit auf drei Jahre. Irgendwann gefiel sie ihm dann nicht und ich bekam keine Daten mehr. Auf meine Fragen danach wurde mir gesagt, dass er sie nicht mehr wolle. Ich erwiderte, dass er sie aber habe – ob er nun wolle oder nicht. Die Abende wurden immer wieder hinausgeschoben, bis Bosabalian in der dritten Spielzeit über 30 Abende offen hatte und es unweigerlich zu einer Auszahlung kam.

Als der Tenor Ludovic Spiess in München mit *Maskenball* debütierte, war der damalige Intendant Günther Rennert so begeistert, dass wir sofort einen Vertrag auf drei Jahre mit zwölf Abenden pro Spielzeit abschlossen. Der Betriebsdirektor Herbert List notierte mit weichem Bleistift, wann Spiess konnte. Man versuchte, den Spielplan entsprechend zu machen, was manchmal ging und manchmal nicht. Die fixierten Abende schrieb List dann mit einem harten Bleistift auf. So einfach war das damals. Auch die Direktionen waren viel kleiner besetzt als heute. Den Begriff des Besetzungsbüros kannte man noch nicht, diese Aufgabe nahmen die Direktoren selbst wahr. Heute tut das kaum noch einer. Außer Pereira in Zürich und mir selbst kenne ich in Europa keinen Leiter eines großen Hauses, der das selbst macht und auch kann. Ich finde aber das heutige System, wo man auf vier oder sogar fünf Jahre im Voraus rechtsverbindliche und unabänderliche Verträge abschließen muss, auch nicht ideal, weil es wirklich schwierig ist, die Entwicklung eines Sängers für einen so langen Zeitraum im Voraus einzuschätzen. Auch kann sich das Rollenrepertoire eines Sängers naturgemäß verändern. Das wird aber heute gemacht vor allem wegen des grossen Zeitvorsprungs, den die amerikanischen Häuser haben – New York, Chicago, Houston und San Francisco machen Verträge mit einer Vorlaufzeit von vier bis fünf Jahren und Europa muss sich dann danach richten, um diese Sänger nicht zu verlieren.

Auch jetzt ist man geneigt, wenn ein neuer wunderbarer Tenor oder ein hoffnungsvoller Sopran kommt und man meint, dass sich der Sänger positiv entwickeln wird, Rollen mit Gastverträgen zu füllen. Man darf jedoch dabei nicht die Sänger im Ensemble vergessen. Ihnen muss immer wieder die Möglichkeit gegeben werden, Hauptrollen zu singen. Sonst ist das Ensemble zerstört. Wenn man die Haussänger nur mehr mit Coververträgen, also nur als Zweitbesetzung, hält, ist ein Ensemble mit ersten Sängern nicht zu halten.

Placido Domingo war in Hamburg bei Rolf Liebermann als Tenor fix engagiert, er kam nach einem Vorsingen von der Oper in Tel Aviv dorthin. Der Bayerische Rundfunk bereitete für die Deutsche Grammophon eine Schallplatte mit *Oberon* von Carl Maria von Weber vor, Birgit Nilsson sang die Rezia, Rafael Kubelik dirigierte, ein Hüon wurde noch gesucht. Ich wies auf

Mit Placido Domingo als Agent 1985 und als Direktor 1995

Domingo hin, der Leiter des Bayerischen Rundfunks meinte, das sei doch der Sänger, der gerade in Hamburg als Lohengrin versagt hatte. Ich sagte, das stimmte wohl, doch sei er trotzdem ein erstklassiger Tenor, hochmusikalisch und meiner Meinung nach der Einzige, der das Volumen, die Beweglichkeit und die Musikalität für den Hüon hätte. Domingo wurde engagiert, die Platte gibt es noch heute, sie bekam sogar den Grand Prix des Disques. Das war mein erster Kontakt zu Domingo und es war auch die allererste Schallplatte, die Domingo überhaupt aufgenommen hat. Domingo sang noch während dieses Hüon-Engagements auch an der Wiener Staatsoper vor – gut, mit viel Anerkennung, aber ohne unmittelbare Folgen. Erst einige Monate später wurde ich von dem damaligen Betriebsdirektor Ernst August Schneider angerufen mit der Frage, ob der „Spaniole von Hamburg" Don Carlos könne. Domingo sagte ja und debütierte hier im Mai 1967 als Verdis Don Carlos. Sehr erfolgreich und sehr gut. Ich kann mich noch gut daran erinnern, dass er nach der Vorstellung unbedingt zum Schillerdenkmal vor der Kunstakademie wollte und als Zeichen seiner Dankbarkeit und Hochachtung vor dem Dichter des *Don Carlos* hinaufstieg!

Er hatte noch nie vorher den Carlos gesungen, sondern ihn extra für Wien einstudiert und ihn natürlich, wie es üblich war, ohne Orchesterprobe gesungen. Kurz danach wurde er dann als Manrico in Verdis *Il Trovatore* eingeladen und sehr schnell wurde aus ihm auch in Wien „der Domingo". Meine Zusammenarbeit mit ihm dauerte bis zum Jahr 1988, also über 20 Jahr lang, solange ich die Agentur hatte. Wir hatten nie einen schriftlichen Vertrag, man war nicht gebunden, er vertraute meiner Arbeit und ich vertraute ihm. Domingo ist in der Welt der Oper eine absolute Ausnahmeerscheinung – als Mensch, Künstler und Sänger.

Später dann vermittelte ich auch José Carreras an die Wiener Staatsoper, mit dem ich in zwei Zeitabschnitten zusammenarbeitete. Ich arbeitete für Katia Ricciarelli, eine damals begehrte Sopranistin, die mit Carreras befreundet war und mich unter Druck setzte, dass sie, wenn ich nicht imstande wäre, auch Carreras an die Wiener Oper zu bringen, mich verlassen würde. So kam Carreras mit zwei Gastspielen, *Rigoletto* als Debut und *Manon*, hierher. Der Herzog in *Rigoletto* war nicht mehr seine beste Rolle und er sagte dann selbst die *Manon* ab. Das waren der Anfang und das Ende meiner ersten Tätigkeit mit Carreras und seiner mit der Staatsoper. Ein paar Jahre später kehrte er triumphierend zurück – nicht mit mir. Die Misserfolge eines Sängers wurden ja in gewisser Weise auch als die des Agenten angesehen, nicht zuletzt auch vom Sänger selbst, was menschlich gesehen durchaus verständlich ist.

Ich litt als Agent darunter, dass Sänger, die mit einem Agenten klein begonnen hatten und gemeinsam mit ihm größer geworden waren, ihn dann verließen, weil sie übersahen, dass auch er sich weiterentwickelt hatte. Ich hatte ja nie irgend eine Vertragsbindung mit einem Sänger, weil ich immer auf Basis von Angeboten arbeitete. Ging der Sänger jedoch später eine Exklusivbindung mit einem anderen Agenten ein, war ich natürlich von der weiteren Zusammenarbeit ausgeschlossen. Bei Domingo war das nicht der Fall, aber bei einer ganzen Reihe anderer Sänger schon: Cotrubaş, Baltsa, Ricciarelli, Gruberova, Nucci, Bruson etc. Psychologisch verstand ich es, schmerzlich war es trotzdem. Mit vielen arbeitete ich dann später, als ich als Agent selbst auch berühmt geworden war, wieder zusammen, aber oft verlor man die, mit denen man begonnen hatte.

Jedes Jahr war ich mindestens einmal in Mailand, wo über die Mailänder Sängeragentur A.L.C.I., Asociazione Lirica Cantati Italiani, ein Vorsingen vorbereitet wurde. Es kamen bereits arrivierte, fertig ausgebildete, sich bereits in einem Engagement befindliche Sänger aus ganz Italien. Für viele waren diese Vorsingen der Weg zu wichtigen Verpflichtungen nach Wien, München,

Zürich, Genf, aber auch nach Klagenfurt, Liège oder St. Gallen. Nach einem sehr langen Vorsingen wollte ich endlich Mittagessen gehen – es war schon drei Uhr, alle angekündigten Sänger waren da gewesen bis auf einen Bariton, der an der Scala im Chor war und in Brescia eben den Figaro in *Barbier von Sevilla* sang. Auf ihn wollte ich wirklich nicht mehr warten, da aber mein italienischer Agenturkollege meinte, dass er bereits so Vielversprechendes über ihn gehört hatte, wartete ich doch, und endlich kam ein dünner junger Mann mit Schnurrbart und großen Augen und sang eine fulminante Cavatine des Figaro aus dem *Barbier*. Es war Leo Nucci, und kurze Zeit später war er schon der viel bejubelte Figaro der Wiener Staatsoper, wo er bis heute ein allererster Bariton geblieben ist. Solches verbindet natürlich ein Leben lang!

Oft warben die Salzburger Festspiele Sänger ab – Karajan und sein Sekretär und Agent Emil Jucker. Sein Nachfolger war Michel Glotz aus Paris, der noch immer aktiv ist. Sie waren die ersten Exklusivagenten in Europa.

Solange Karajan in Salzburg wirkte, war es für jeden Künstler das höchste Bestreben, im Sommer in Salzburg dabei zu sein. Ob in Opernproduktionen, Konzerten oder Liederabenden: Hauptsache war, unter den Solisten im Programmheft aufgeführt zu sein. Emil Jucker, der bis dahin Verwaltungsdirektor der Genfer Oper gewesen war, wurde Karajans Sekretär und gründete auch eine eigene Agentur; nahezu alle Sänger, die in Salzburg engagiert wurden, mussten über Jucker die Verträge abschließen. In der Folge übernahm er dann die Vertretung dieser Sänger auch allgemein. Da es sich kein Sänger leisten konnte oder wollte, mit Salzburg bzw. Karajan eine Verstimmung zu provozieren, fügten sie sich. Mir ist nur Gundula Janowitz bekannt, die dies schon in Salzburg und auch bei anderen Rollenangeboten Karajans ablehnte. Es hat ihr nicht geschadet, aber auch nicht geholfen. Im Übrigen war Karajan keine Ausnahme unter den berühmten Dirigenten, die oft falsch besetzten. Bei Karajan hatten falsche Besetzungen geradezu Tradition. Nicht nur er meinte, wenn er dirigiere, könne ein Sänger jede Rolle singen, weil der Dirigent die Lautstärke des Orchesters dem Sänger anpasse. Auch wenn dies stimmen würde: Der Sänger muss trotzdem die vorgegebenen Noten singen. Und diese sind eben unveränderbar. Ob Karajan von Juckers Machenschaften wusste, weiß ich nicht, doch ich glaube nicht. Es ist schwer vorstellbar, dass er dies geduldet hätte.

Über den früheren Wiener Volksopernkorrepetitor und in den 60er und 70er Jahren sagenhaften Generalmanager der nach dem großen Erdbeben wieder aufgebauten Oper in San Francisco, Kurt Adler, der noch bis 1938 bei Starka Sänger beim Vorsingen begleitete, knüpften wir auch Überseekontakte. San Francisco unter Adler war das europäischste Opernhaus Amerikas. In Amerika war Adler genauso bekannt wie Rudolf Bing und er überlebte ja Bing als Operndirektor. Ich kannte ihn persönlich gut, unser gutes Verhältnis dauerte so lange, bis einmal der von mir entdeckte rumänische Tenor Ludovic Spiess, der sein triumphales Amerikadebüt bei Adler in San Francisco mit dem Kalaf in *Turandot* hatte, dort eine spätere Produktion absagte. Spiess wollte eine Rolle, für die er bereits einen Vertrag hatte, doch nicht singen. Dies teilte ich Adler in der Halle des Hotels Imperial in Wien mit – er regte sich darüber so auf, dass er eine Nierenkolik bekam. Er meinte dann, dass Spiess oder ich ihm die Arztkosten ersetzen müssten, weil wir an seiner Erkrankung schuld seien. Mit dieser Episode endete jedoch auch unsere Zusammenarbeit.

Adler war auch ein leidenschaftlicher, aber nur mäßiger Dirigent. Er dirigierte natürlich viel am eigenen Haus, träumte aber bis zu seinem Lebensende davon, in Europa als Dirigent Karriere zu machen, was ihm jedoch nicht gelang. Eine *Tosca*-Vorstellung dirigierte er an der Wiener Staatsoper – aus Respekt für seine Leistung als Operndirektor in Amerika und als so genannte „Wiedergutmachung". Auch Adler hatte ja 1938 Österreich verlassen müssen. Abgesehen davon, dass man sowieso nichts wieder gutmachen kann, weil man Geschehenes nicht ungeschehen machen und die verlorene oder vergangene Zeit nicht zurückholen kann, ist es auch der falsche Weg, aus welchen Gründen auch immer, außer rein künstlerischen, Komponisten aufzuführen oder Künstler auftreten zu lassen. Damit wird nur jetzt etwas schlecht gemacht und nichts korrigiert, was in der Vergangenheit geschehen ist, da das ja nicht möglich ist.

Ich lernte auch Rudolf Bing kennen, den legendären Direktor der New Yorker Met. Bekanntlich stammte er aus Wien, wo er als Agent angefangen hatte. Bing kannte Starka – eigentlich den alten Starka. Es ist interessant, dass der 70-jährige Starka immer als „der junge" apostrophiert wurde, da sich alle noch an seinen Vater, den „alten Starka", erinnerten. Als Rudolf Bing einmal in Wien war, holte ich ihn mit dem Auto vom Hotel Sacher ab und brachte ihn in die Volksoper, wo wir für ihn ein Vorsingen für die Met arrangiert hatten. Ich war natürlich sehr aufgeregt, ihn persönlich kennen lernen zu dürfen und ihn sogar zu chauffieren. Während wir sprachen, schaute ich ihn immer an, aus Höflichkeit und Interesse, anstatt auf die Straße zu schauen. Als wir auf der Währinger Straße waren, sagte er zu mir, dass er, falls ich ihn noch einmal anschauen würde, sofort ausstiege und mit einem Taxi weiterführe. Ich traute mich nicht mehr, ein einziges Wort zu sprechen – das war mein letztes Gespräch mit Bing. Jahrzehnte nachher traf ich ihn knapp vor seinem Tod in seiner Loge in der Met wieder, wo er stumm, schon über 90, saß; äußerlich vollkommen unverändert, doch auf Grund von Alzheimer in völlige geistige Umnachtung verfallen. Er erkannte niemanden mehr, es war wirklich tragisch.

Dass die zwei wichtigsten Operndirektoren Amerikas aus Wien stammten, ist eines der vielen Zeichen dafür, welch hohen Stellenwert die Kultur in dieser Stadt hatte. Umgekehrt wurden aber gerade aus dieser „Stadt der Kultur" im Jahr 1938 so viele bedeutende Persönlichkeiten vertrieben.

New York unter Bing und San Francisco unter Adler waren damals die einzigen wichtigen, bekannten und funktionierenden Opernhäuser in Amerika. Es gab noch Chicago, das aber eher italienisch orientiert war. Bing und Adler hassten einander, was den Nachteil hatte, dass Sänger, die in San Francisco ihr Debüt hatten, kaum noch an die Met engagiert wurden – von San Francisco konnte nichts Gutes kommen, meinte Bing. Umgekehrt verhielt es sich genauso. Aber beide hatten natürlich großes Interesse, als Erster Sänger aus Europa zu holen. Es war Ende der 60er und in den 70er Jahren durchaus gang und gäbe, dass man sich in Amerika bei Engagements von Sängern und Dirigenten vorwiegend nach Europa orientierte – heutzutage ist es umgekehrt.

Amerikanische Sänger waren damals bei weitem nicht so beliebt und gesucht wie heute. Allerdings gab es auch nur wenige, weil noch keine entsprechenden Ausbildungseinrichtungen bestanden. Damals war Oper in Amerika ja bei weitem noch nicht so populär wie in Europa oder heute in Amerika. Es gab auch amerikanische Agenturen, doch war nur eine einzige von größerer Bedeutung, Sol Hurok, der erste amerikanische Agent für klassische Musik.

Hurok war aus Russland in die Vereinigten Staaten emigriert und etablierte sich in Amerika durch die Gastspiele großer Ensembles aus der jungen Sowjetunion: Russischer Zirkus und große russische Ballettgastspiele. Er hatte die Verbindungen zu den Sowjets, um die Genehmigungen für Gastspiele zu bekommen, und auch die notwendigen Kontakte in New York und in anderen großen amerikanischen Städten, diese künstlerisch erstklassigen Gruppen auftreten zu lassen. Damit machte er sich einen Namen, verdiente viel Geld und stieg dann, mehr gelegentlich, in das klassische Management ein. Somit gilt er als einer der ersten großen Agenten der Neuen Welt.

Auch andere waren tätig, wie Thea Dispecker, eine Emigrantin aus Europa, die die Theater und Agenturen noch kannte und die Sänger mit „Retainer" schickte. Das heißt, dass die Sänger eine gewisse Summe zahlten, dafür wurden für sie Vorsingtermine in Europa arrangiert und Kontakte zu den Bühnenvermittlungen hergestellt. Diese Agenten bekamen also keine Provisionen, sondern legten die Brücke nach Europa. Ob die Sänger dann engagiert wurden oder nicht, interessierte sie nicht mehr.

Unsere amerikanischen Verbindungen brachen allmählich ab, teils durch den Abgang von Adler und Bing, aber eben auch durch die Geburt der vielen amerikanischen Agenturen, die ja heute nicht nur Amerika, sondern auch Europa beherrschen und die diese Sänger dann übernahmen. Heute führend ist das Columbia- bzw. CAMI-Konsortium, eine Weltmacht auf dem Gebiet der klassischen Musik. Auch eine Folge der Globalisierung.

Ronald Wilford leitete das gesamte Columbia-Konsortium in der 57. Straße, er vertrat Herbert von Karajan in Amerika und ziemlich alle prominenten Dirigenten bis heute und ist eine legendäre und gefürchtete Persönlichkeit. Äußerst zurückhaltend, menschenscheu und absolut verlässlich mit Handschlagqualität. Mich verbindet mit Wilford ein auf gegenseitigem Respekt und Sympathie basierendes Vertrauensverhältnis.

Später tauchten in Amerika Publicityagenten auf, die man extra bezahlen musste. Das stieß hier auf völliges Unverständnis, denn es herrschte noch die Meinung, dass die Zeitungen Kritiken schrieben und die Sänger nach ihrer Leistung und nach nichts anderem beurteilt würden. Außer einer Tratschtante, Paula Elges, eine Kopie der amerikanischen Elsa Maxwell, gab es ja keinen Adabei, keine Seitenblicke oder ähnliche Einrichtungen in der österreichischen Medienlandschaft – und in Deutschland nicht einmal diese.

Neben diesen Agenten gab es in Europa nur wenige Manager, so den berühmten Gorlinsky in London, bei dem Callas, Nurejew, Gobbi, Nilsson,

Corelli und andere prominente Künstler unter Exklusivvertrag waren. Ich kannte Gorlinsky gut, er war ein russischer Emigrant, eine legendenumwobene Figur. Er sprach von den Künstlern als Artisten – was mich immer an Zirkus erinnerte. Seine Macht war, dass er sieben Weltspitzesänger hatte, die natürlich nicht an einem Tag an fünf Orten singen konnten, aber man wollte sie überall. Dort schickte er dann andere hin. So kam es auch zur Zusammenarbeit zwischen ihm und mir. Macht besitzt man eben, wenn man wichtige Künstler vertritt. Er unterschrieb auch selbst Verträge für die Sänger. Der große Vorteil für Künstler war, dass sie dann hier keine Steuern zahlen mussten, weil die Firma Gorlinsky der Vertragspartner war, nicht der einzelne Sänger – Unternehmen waren nicht steuerpflichtig. „For the services of" hieß das. Irgendwann wurde dieses System dann abgeschafft und viele Sänger gingen von ihm weg. Gorlinsky legte auch Gelder für seine Künstler an, betrieb also auch eine Art Vermögensverwaltung für sie.

In Frankreich und Italien herrschte ein völlig anderes System, wir hatten fast keine Kontakte außer mit der Scala und Verona durch herausragende Sänger wie zum Beispiel Spiess und Cotrubaş. Sehr schnell verloren wir diese Sänger jedoch an Agenten, die in diesen Ländern lokal tätig waren. Starkas Devise war immer, dass man in diesen trüben Wassern nicht fischen sollte, ein Zweijahresvertrag in Graz sei wichtiger als ein Vertrag in Verona, meinte er und hatte damit nicht Unrecht.

Es gab die bereits erwähnte italienische Agentur A.L.C.I.; geleitet von Aldo Cavaliere, einem ehrenwerten Mann, mit dem ich viele Jahre zusammenarbeitete, der alle italienischen Größen der damaligen Zeit, wie zum Beispiel Giuseppe Taddei, Giacomo Aragall, Aldo Protti, Gianfranco Cechele, Marcella Pobbe, Giangiacomo Guelfi, Gianni Raimondi, Fiorenza Cosotto, vertrat. Er hatte nichts anderes als ein Heft, in das er immer mit Bleistift die Angebote, mit blauer Tinte die zugesagten und mit roter die bestätigten Verträge hineinschrieb, wo und wann die Sänger Verträge hatten. Eine Meinung über Sänger konnte man von ihm nie hören, lediglich, ob sie frei waren oder nicht. Doch eine Zusage von Cavaliere hatte Vertragswert! Das ging viele Jahre sehr gut, bis dann auch in Italien immer mehr Manager auftauchten. Es gab nicht so viele italienische Theater, die von Bedeutung waren, nur die traditionellen Häuser wie Parma, Turin, Palermo, Triest und natürlich die Scala. Nach Triest hatten wir jedoch zu Baron Gottfried Banfield auf Grund seiner österreichischen Wurzeln eine direkte Verbindung. Sein Vater, der große Reeder von Banfield, war der letzte lebende Träger des Maria-Theresien-Ordens. Ich hatte die Gelegenheit, in der alten Villa der Banfields in Triest eingeladen zu sein. Es war wie ein Versinken in eine vergangene und untergegangene Welt.

Mit Frankreich und Italien bestand nur für deutsche Opern eine Zusammenarbeit: Die acht Walküren oder die drei Damen für *Die Zauberflöte* für Palermo oder Neapel wurden bei uns oder in München bestellt. Diejenigen, die sie aussuchten, bekamen fünf Prozent und der Lokalagent, der den Auftrag brachte, zehn Prozent.

Vladarski in Wien war ein führender Agent für Italien. Um zum Beispiel eine *Walküre*-Besetzung zusammenzustellen, erhielt er eine fixe Summe und bekam zusätzlich noch Provision von den Künstlern. Wenn er die Summe unterschritt, blieb ihm auch noch die Differenz. Also ein ganz anderes System als bei uns. Diese Gastverträge waren bei den Sängern sehr gesucht. Auch die Regisseure für die deutschen Opern, sowohl Wagner als auch Strauss, wurden aus dem deutschsprachigen Raum engagiert. Das ging so bis zum Teatro Colón in Buenos Aires, das bis in die 60er Jahre ein in der ganzen Welt führendes Opernhaus war. Das Teatro Colón ist das größte Opernhaus der Welt und hat angeblich auch die beste Akustik. Nur das Teatr Wielki in Warschau besitzt eine noch größere Bühne. In Buenos Aires gab es immer eine deutsche und eine italienische Saison. In den 50er und 60er Jahren war Argentinien ein finanzkräftiges Land und das Teatro Colón konnte es sich leisten, ganz im Sinne seiner Tradition die teuersten Sänger der Welt zu engagieren. In der Leitung des Hauses und bei den lokalen Agenturen waren vornehmlich aus Österreich emigrierte Personen tätig, so Hanna Dansky im Büro Quesada, die die Verhältnisse in Wien und Deutschland gut kannte, und ein Wiener Emigrant, der die andere Opernagentur in Buenos Aires hatte.

Frankreich war auf dem Gebiet der Oper unwichtig. Es gab natürlich die Pariser Oper, wo schon damals öfters gestreikt als gespielt wurde, sie galt mehr als Ballettopernhaus. In Brüssel vor der Ära Mortier fanden „Staggiones" mit ausgeborgten Dekorationen statt – heute nennt man das Koproduktion. Damals geschah dasselbe ohne große Worte. Man baute an diesen Häusern wenig neue Dekorationen, sondern holte bestehende Inszenierungen von dort, wo sie bühnenmaßmäßig passten. Wichtig waren einzig und allein Sänger und Dirigent.

Schon damals gab es auch Filmagenten; Erna Baumbauer, die Mutter des Münchner Intendanten und Salzburger Schauspielchefs Frank Baumbauer, war und ist Filmagentin und hat wie fast alle anderen ihre Agentur in München. Auch zu uns kamen nun Leute, die Filme besetzen wollten: Wolfgang Glück, Rainer Werner Fassbinder. Es kamen auch Filmfirmen, die Photomaterial von Schauspielern wollten. Ich kann mich noch heute erinnern, dass Starka fragte, von wo er denn Photos nehmen sollte. Irgendwelche waren dann schon aufzutreiben, aber eine Photokartei, wo man aus verschiedenen Bildern auswählen konnte, hatten wir nicht. Wir meinten, man kenne doch diese Schauspieler ohnehin. Wozu sollte man Photographien von einer Käthe Gold oder Helmuth Lohner haben?

Im Zusammenhang mit der Filmvermittlung hatte ich jedoch eine Erfahrung, die ich in meinem Leben nicht missen will. Zu dem großen Schauspieler und wunderbaren Menschen Attila Hörbiger hatte ich bereits guten persönlichen Kontakt durch seine Vermittlung als Frosch in die *Fledermaus*-Produktion der Wiener Festwochen unter Ulrich Baumgartner in der Inszenierung Michael Kehlmanns, dem großen österreichischen Filmregisseurs, der heute im Gegensatz zu anderen zu Unrecht vergessen ist.

Nun kam ein Filmangebot für Attila Hörbiger mit dem damals schon namhaften tschechischen Regisseur Andrej Vajda. Es ging um eine kurze Beurlaubung vom Burgtheater, damals unter der Direktion von Achim Benning. Zuerst musste ich, auf Bitte Attila Hörbigers, bei seiner Frau Paula Wessely antreten. Ohne ihr Einverständnis ging nichts und sie wollte mich kennen lernen. Also ging ich in die Villa in Grinzing und bekam das berühmte Glas Portwein – von Attila bereits avisiert, dass ich diesen besonders gern trinke. Ich wusste ja bereits, dass jeder, der die Gnade hatte, von Paula Wessely empfangen zu werden, ein Glas Portwein bekam und vorher von ihr gefragt wurde, ob er Portwein möge. Unvorstellbar der Gedanke, man hätte mit „Nein" geantwortet. Dann erläuterte mir Paula Wessely, dass über allem das Burgtheater stehe. Ich musste ihr die Handlung des geplanten Films schildern und insbesondere Attila Hörbigers Rolle. Er sollte in einem Altersheim wohnen, doch immer wieder ausbrechen und in einer Szene selbst Schlittschuh laufen. Das, sagte Paula Wessely, komme sicher nicht in Frage, weil er dabei stürzen und sich verletzen könnte, was zu einem längeren unvorhergesehenen Ausfall am Burgtheater führen würde. Er müsse in dieser Szene gedoubelt werden, unbedingt und als Voraussetzung für seine Zusage. Und verdienen dürfe er auch nicht zu viel, keinesfalls mehr als am Burgtheater, sonst könnte man meinen, er mache es des Geldes wegen. Und überhaupt das Wichtigste und über allem Stehende sei selbstverständlich sein Engagement am Burgtheater.

Natürlich verdiente er viel mehr, die Gagenverhandlungen führte ich mit Attila Hörbiger ganz geheim und nur persönlich. Er rief mich immer von einem Telefonautomaten an und nie von zu Hause. Letztendlich wollte er auch selbst Schlittschuh laufen und tat es dann auch. Es wurde ein wunderbarer, berührender Film und ich hatte eine geheime und menschlich tiefe Verbundenheit mit diesem wunderbaren Kind gebliebenen großen alten Mann. Seine von ihm besonders geliebte Tochter Elisabeth Orth wurde mir dann später und bis heute eine gute und wertvolle Freundin. Ich glaube, in ihr ist von allen drei Schwestern das meiste von ihrem Vater geblieben.

Starka arbeitete auch für Hans Moser, dessen Prozente immer der Veranstalter zahlen musste, und Josef Meinrad, der ja berühmt war für seine Sparsamkeit und die Provisionen demnach genauso wie Moser handhabte. Durch meine Vermittlung wurde Meinrad als Frosch in *Die Fledermaus* in Covent Garden in London engagiert.

Vielleicht gerade dieses Vermittlungsgeschäft zeigt den Unterschied zwischen einem Bühnenvermittler damals und einem Manager von heute. Helga Schmidt war künstlerische Administratorin an der Royal Covent Garden Opera in London. Ihr Vater war der frühere langjährige Studienleiter der Staatsoper. Covent Garden bereitete damals eine *Fledermaus*-Produktion vor – Lindtberg war der Regisseur, das Beste vom Besten sollte gerade gut genug sein, und man fragte mich nach einem österreichischen Frosch. Ich schlug Meinrad vor und man war mit diesem Vorschlag einverstanden. Ich machte also Meinrad das Angebot, er nahm an und so kam dieser Abschluss zustande. Das bedeutete nicht, dass ich Meinrad vertrat – vertreten habe ich im heutigen Sinne niemanden, vermittelt jedoch viele.

Eine Bühnenvermittlungstätigkeit in diesen Sinne erscheint mir viel interessanter, denn sie ist kreativer und künstlerischer als eine Reihe von Künstlern exklusiv zu vertreten und auf Verlangen zu verkaufen. Ich wurde um Vorschläge für Rollen gebeten und hatte dann die Möglichkeit, Künstler dafür auszuwählen und anzubieten. Waren diese gut und erfolgreich für den Künstler, waren sie es auch für den Theaterleiter und daher natürlich auch für den Agenten.

Heute jedoch, wo jeder Agent exklusiv Künstler vertritt, gibt es diese Beziehung nicht mehr. Jeder Agent versucht, seine Künstler unterzubringen, den freien Markt gibt es kaum mehr, Agenten in diesem Sinne daher auch nicht. Einige Künstler allein zu vertreten, bringt natürlich auch eine Abhängigkeit von diesen mit sich, ebenso wie eine einschneidende Einengung der Vorschlagsmöglichkeiten und damit der eigenen Glaubwürdigkeit. Man ist dann gezwungen, die eigenen Künstler – und nur diese – anzupreisen. Diese Art von „Vertretungen" hätte mich jedoch nicht interessiert, weil sie keine Kreativität mehr zulässt und ganz anders gestaltet ist.

Die Grillparzer-Festspiele in Forchtenstein und die Seespiele in Mörbisch hatte Starka exklusiv besetzt. Herbert Alsen, der früher großartige deutsche Bassist der Staatsoper, war Gründer und Leiter beider burgenländischer Festspiele. Aus diesem Grund musste man in Forchtenstein so früh beginnen, dass oft noch Schnee im Burggraben lag, da erst nach den Vorstellungen in Forchtenstein Mörbisch begann. Doch gab es für die Grillparzer-Stücke in Forchtenstein verhältnismäßig viel Geld und somit konnte man wirklich die allerersten Schauspieler des deutschsprachigen Raumes engagieren. Forchtenstein war der einzige Ort in Österreich und im deutschsprachigen Raum, an dem ausschließlich Grillparzers Werke gespielt wurden – ein Grillparzerisches Bayreuth sozusagen. Matthias Wiemann, Gustav Knuth, Fred Liewehr, Klaus Maria Brandauer, Heinrich Schweiger, Senta Berger, Sabine Sinjen, Martha Wallner waren die großartigen Schauspieler. Jahrelang war Ernst Haeussermann der Regisseur, er wusste immer die längsten Grillparzer-Stücke für die „Forchtensteiner Fassung" einzurichten. Das bedeutete eine Kurzfassung ohne Pause, da es keine Toilettenanlagen gab und fast immer bitterkalt war.

Nach Alsens Tod ging man weg von Grillparzer zum Thema „Macht und Widerstand" und nach zwei Jahren gab es in Forchtenstein wieder nur noch die schöne Burg und keine Festspiele mehr. Zehn Vorstellungen gab es jeweils Samstag und Sonntag in Forchtenstein und dann ab Mitte Juli eine Operette in Mörbisch am See. Ich wurde ein spezialisierter „Seeagent", da ich auch in Bregenz bei Ernst Bär, dem Gründer und langjährigen Leiter der Bregenzer Festspiele, die Opern- oder Operettenbesetzungen betreute. Die Hälfte plus eine der vereinbarten Vorstellungen wurde den Künstlern in Bregenz auf der Seebühne garantiert, als gespielt galt die Vorstellung für Publikum und Künstler, wenn der erste Akt der so genannten Seefassung stattgefunden hatte. Dieser erste Akt der Seefassung war immer der allerkürzeste, und so stark konnte es gar nicht gießen, als dass Ernst Bär nicht meinte, dass es doch kaum regnete. Es war immer recht lustig und spannend und oft auch sehr gut.

Ein gravierender Unterschied zwischen Bregenz und Mörbisch war die Tatsache, dass in Mörbisch Seespiele und Gelsen und in Bregenz Seespiele und Regen zu finden waren. Die Verstärkeranlagen waren jedoch gleich schlecht.

Ein Wort zu den damaligen Regisseuren im Allgemeinen. Sie waren respektierte und bekannte Theaterleute, oft auch Direktoren, sowohl im Schauspiel wie in der Oper. Lindtberg, Rennert, Schuh, Stroux, Graf, Rudolf Hartmann, der Inbegriff des Richard-Strauss-Regisseurs, waren Garanten für Seriosität und Werktreue. Man vermittelte die Werke und interpretierte sie nicht persönlich. Das Interesse des Publikums und der Presse galt den Sängern und Dirigenten und absolut sekundär den Regisseuren. Das war immer in Ordnung, es gab nicht viel Neues zu sehen und daher nicht viel darüber zu schreiben. Die Karajan-Inszenierungen in Wien fanden wir alle gut, schön und richtig, nur immer zu dunkel – besonders sein *Ring* mit den Bildern von Emil Praetorius. Weder störten noch animierten diese Inszenierungen.

Neu, anders und interpretierender, was die Personenregie betraf, vor allem in den Spielopern, war dann Jean-Pierre Ponnelle, der als Bühnenbildner begonnen hatte. Ich kann mich noch an seine ersten Bühnenbilder für *Margarethe* an der Staatsoper erinnern, Paul Hager inszenierte. Später kam dann Ponnelles große Zeit als Regisseur. Er war wirklich ein profunder Kenner der Werke, inszenierte immer musikalisch und sehr einfallsreich, aber auch sehr schnell, viel und überall. Seine Inszenierungen und Bühnenbilder zirkulierten weltweit. Heute gibt es Nachahmer, was die Häufigkeit, nicht aber was die Qualität betrifft.

Viel sprach man von Wieland Wagner, von seinen Entrümpelungen in Bayreuth und seinen Inszenierungen in Stuttgart. Schließlich kam er auch

In der Agentur

nach Wien und inszenierte *Elektra* und *Lohengrin* an der Staatsoper. Ehrlich gesagt interessierten sich die Zeitungen dafür mehr als wir im Publikum.

Im Bereich des Schauspiels hatten wir den Anschluss ans Fernsehen verpasst. Auch gab es allmählich keine Fächer mehr, die Ophelia wurde von einem alten Mann gespielt und Hamlet von einer Frau. Das Regietheater begann das Schauspiel zu erobern. Früher kamen Intendanten in die Mariahilfer Straße, sie hörten und sahen – und engagierten oder eben nicht. Nun kamen Dramaturgen – man wusste nicht, was ein Dramaturg eigentlich ist. Der Dramaturg müsse das noch sehen, hieß es – Ratlosigkeit machte sich breit. Der Regisseur müsse doch wissen, wie der Wotan aussieht, und er wünsche sich unbedingt einen kleinen Sänger. So begann es – es war der Anfang vom Ende der Festengagements. Die Vakanzen im Schauspiel zu füllen wurde daher immer komplizierter, die Gastverträge in der Oper nahmen zu, die Jahresengagements ab.

Bei einem Vorsingen auf unserer kleinen Bühne in der Agentur konnten sich die meisten der Direktoren vorstellen, wie das in ihrem eigenen Haus klingen würde. Allmählich wurde aber verlangt, die Leute auch auf einer großen Bühne zu hören. Das war schon schwieriger. Reisen waren nötig oder man veranstaltete Vorsingen auch in größeren Räumen in Wien, die man finden und mieten musste. Ein beliebter Vorsingort waren die Sofiensäle, wo man damals auch alle Schallplatten aufnahm. Ich meine, dass ich auch in einem kleineren Raum eine Stimme, das Volumen betreffend, beurteilen kann. Es ist nur eine Erfahrungssache. Von Tonbandaufnahmen soll und kann man jedoch keine endgültigen Schlüsse ziehen. Schallplatten wurden wichtig, immer mehr wurden produziert, dadurch entstanden wiederum Manager. Durch die Schallplatten entstand „publicity" – wer „publicity" hatte, machte Schallplatten und auch umgekehrt. Wir hatten überhaupt keine Plattenverbindungen – die Sache entfernte sich immer mehr von den klassischen Bühnenvermittlern.

1972 übernahm ich dann die Agentur, Starka zog sich zurück, wir schlossen einen Gewinnteilungsvertrag im Verhältnis 55% zu 45% zu meinen Gunsten, mein Anteil steigerte sich jedes Jahr um 2%. Ich hatte also die Agentur gekauft, jedoch nicht mit Geld, sondern mit meiner eigenen Arbeit. Starka legte seine Konzession zu meinem Gunsten zurück, und da sich dadurch die Anzahl der zugelassenen Agenturen nicht vermehrte, erhielt ich vom Sozialministerium die vielbegehrte Konzession. Ich verdiente in dieser und der folgenden Zeit relativ viel Geld, obwohl wir bei den einzelnen Abschlüssen nie vom Verdienst geleitet wurden. Der hohe Gewinn hatte zwei Hauptursachen: erstens die relativ geringen Investitionen. Die Reisen wurden traditionell äußerst sparsam bestritten, ich hatte ein Abonnement für die Eisenbahn, selbstverständlich zweiter Klasse – die dritte gab es ja damals nicht mehr. Die Hotels waren jene, die ich von Starka übernommen hatte, und im Laufe der Jahre wurden aus Vier-Stern- eher Drei-Stern- als Fünf-Stern-Hotels. Korrespondenz, Telefon, später dann zu meinem Entsetzen Telex, waren die einzigen Ausgaben. Dazu die Anzahl der Mitarbeiter, die auch äußerst beschränkt gehalten wurde. Eine langjährige Sekretärin, die tatsächlich ihr 50-jähriges Berufsjubiläum bei uns erlebte, Frau Trude Krammer, und zwei Schreibkräfte. Später arbeiteten ein ehemaliger Sänger der Grazer Oper, der heutige Agent Erich Seitter, und Eva-Maria Wieser, später Chefdisponentin der Salzburger Festspiele, erfolgreich mit. Die Basis des Gewinnes blieben die Jahresverträge, wobei sich natürlich im Laufe der Zeit die Gastverträge auch in der Höhe der Honorare vermehrten.

1971 heiratete ich die deutsche Schauspielerin Ariane Calix, mit der ich einen Sohn, Adrian, habe. Wir lebten uns jedoch auseinander und wurden nach neun Jahren geschieden.

In den letzten sechs Jahren meiner Agententätigkeit, also ab Anfang der 80er Jahre, hatte ich eine enge Geschäftsverbindung mit dem spanischen Agenten Carlos Caballé, dem Bruder der Sängerin Montserrat Caballé. Caballé vertrat einerseits absolute Spitzensänger wie José Carreras, Juan Pons, Dalmacio Gonzales, Natalia Troitskaya, Luis Lima und natürlich seine Schwester Montserrat, andererseits war er der Hausagent des Teatro Liceo in Barcelona und des Teatro Zarzuela in Madrid und hatte auch in Italien beste Verbindungen. Das Teatro Real, das in der Zwischenzeit wieder eröffnet wurde, veranstaltete in der damaligen Zeit nur Konzerte, man rechnete von Jahr zu Jahr mit der Wiedereröffnung dieses prachtvollen Opernhauses, doch dauerte dies 22 Jahre. Am Teatro Zarzuella wurden auch deutsche Opern gemacht, natürlich reines Staggione-System, 14 Tage Proben und sechs Vorstellungen in rascher Folge. Ich kann mich gut an *Lulu* und *Wozzeck* dort erinnern, die ich nach Gutdünken selbst besetzen konnte. Wie Prawy sagte, waren das „ein bissl Intendanzen", ich wusste auch das Gesamtbudget, das für Sänger zur Verfügung stand, und hatte es einzuteilen. Für *Lulu*, *Wozzeck* und *Arabella* waren dort nicht unbedingt Namen gefragt, der qualitative Anspruch war aber sehr hoch.

Caballé brachte also seine Sänger und die zu besetzenden Rollen an diesen wichtigen spanischen Opernhäusern. Ich vertrat seine Sänger für den deutschsprachigen Raum, die man hier nur über mich bekommen konnte. Wir arbeiteten in ganz Spanien, nicht aber mit den baskischen Häusern Oviedo und Bilbao, welche die allerhöchsten Gagen zahlten. Die glanzvollsten Spielzeiten gab es dort immer im September und Oktober, es wurden jedoch nur italienische und französische Opern gespielt, immer nur eine Vorstellung und eine Probe. Orchester aus dem Osten, wie der Tschechoslowakei oder Polen, wurden engagiert, die Dirigenten waren zweitrangig, die glänzendsten Sänger mit den größten Namen der Welt sangen. Das hat sich heute etwas geändert. Auch in den baskischen Opernhäusern zählen nicht mehr nur die vokalen Leistungen.

Dazu kamen als sehr attraktiver Ort in Spanien die Kanarischen Inseln Las Palmas und Teneriffa. Das Teatro Perez Galdos in Las Palmas ist ein altes Opernhaus mit langer Tradition. In der Zeit, als man noch per Schiff nach

Amerika fuhr, war Las Palmas nicht nur der Ausgangspunkt für Christoph Kolumbus' Entdeckungsreise, sondern später auch für die Sänger die letzte Station vor ihrer Weiterreise nach Amerika. Ein weiteres wunderbares kleines Opernhaus gibt es in Mahon auf der Insel Menorca, nicht zuletzt berühmt als Wohnort von Lady Hamilton, der Geliebten Lord Nelsons.

Die Oper in Las Palmas spielte von jedem Werk immer nur zwei Vorstellungen. In dieser Stadt wohnen die meisten der prominenten spanischen Ärzte vom Festland, die alle begeisterte Opernliebhaber sind und sich durch ein Konsortium die Opernsaison in Las Palmas, wo man fünf Opern jedes Jahr bringt, leisten. Auffallend war für mich, dass man im südlichen Teil der Insel, in dem bekanntlich viele Touristen vornehmlich aus Deutschland sind, keinerlei Plakate oder Werbung vorfand. Auf meine Frage wurde mir gesagt, es sei nicht erwünscht, dass Touristen in die Opernvorstellungen kommen, diese gestalte man für die Insulaner und wolle unter sich bleiben.

An der Wiener Staatsoper wurde 1978 an Stelle einer geplanten *Lucia di Lammermoor*-Vorstellung auf Karajans Wunsch eine Vorauführung von Verdis *Troubadour* gespielt. Franco Bonisolli war als Manrico vorgesehen, doch endete er vor der Stretta und ging ab. Karajan dirigierte seelenruhig das begleitende „umtata" weiter, die Direktion hatte aber keinen Tenor für die folgende Premiere und Karajan wünschte sich Placido Domingo, den er natürlich anfangs leicht hätte bekommen können, doch zog er Bonisolli vor. Domingo war in Wien durch mich vertreten. Der damalige allmächtige Generalsekretär des Bundestheaterverbandes Robert Jungbluth rief mich nach der Generalprobe spätabends an mit der Frage, wo Domingo sei, denn er solle in Wien *Troubadour* singen. Ich sagte ihm, dass Domingo mit *Tosca* in Las Palmas sei, woraufhin Jungbluth mir den Auftrag gab, ihn dort freizukaufen. Das war nicht anders möglich, als die gesamte Vorstellung aufzukaufen. Und das tat ich. Domingo war zur selben Zeit auch für Proben der Neuinszenierung von Puccinis *Manon Lescaut* an der Scala beschäftigt, Las Palmas war sozusagen ein Probenabstecher von der Scala. Wir brachten Domingo mit einem Privatflugzeug nach Wien und er sang hier den Manrico unter Karajan.

Wien zahlte die anderen Sänger in Las Palmas aus, um Karajans Wunsch zu erfüllen und Domingo herzuschaffen. Solches war damals vor 25 Jahren noch möglich, heute wäre es undenkbar. Und das ist auch gut so.

Den früher beschriebenen Gorlinsky-Effekt konnte nun ich ausspielen. Im Tenorfach vertrat ich Domingo, Carreras, Lima, Giacomini, Merighi und andere, im Baritonfach Bruson, Pons, Nucci, Manuguerra etc., die natürlich nicht an verschiedenen Orten zur selben Zeit singen konnten. Und so hatte ich die Möglichkeit, eine ganze Reihe anderer junger Sänger anstatt dessen vorzuschlagen und beherrschte dadurch den Opernmarkt in nahezu allen großen Opernhäusern Europas.

Den Sängermarkt in Europa kannte damals niemand besser als ich, und zwischen 1970 und 1988 entwickelte sich die Agentur zu einer reinen Sängeragentur, der Name wurde in „Opernagentur Holender" geändert. Schauspiel machte ich nicht mehr.

Der alte Starka meinte immer, die Wiener Staatsoper solle gar nicht angerührt werden, man müsse permanent in der Kantine sitzen und verliere den Sänger bereits am Weg zum Vorsingen, denn schon wären drei andere Agenten zur Stelle, die dauernd in dunklen Gewässern fischten.

Es ist jetzt die Zeit nach Karajan: die Direktion Heinrich Reif-Gintl noch vor Rudolf Gamsjäger. Wir hatten damals an der Wiener Staatsoper fast keine Sänger. Durch meine Beharrlichkeit hatte man doch einige über uns engagiert – Ludovic Spiess, Nicolai Ghiuselev, Milka Stojanovic, Lilijana Molnar-Talajic, Nicola Nikolov, lauter Sänger aus den Oststaaten. Man wusste in der Staatsoper schon, dass es mich gab, wir waren aber sicherlich die kleinste Agentur, was die Anzahl der Künstler an der Oper damals betraf.

Albert Moser war von 1963 bis 1973 Volksoperndirektor, zu ihm hatte ich eine gute und vertrauensvolle Verbindung, viele herausragende Sänger waren damals an der wichtigen Volksoper engagiert wie Kónya, Buzea, Irosch, Boky, Zschau, van Daalen, Serafin, Gutstein. Ich glaube bis heute, dass die Volksoper ihre größte Zeit nach dem Zweiten Weltkrieg unter Albert Moser hatte. Von Cileas *Adriana Lecouvreur* bis zu Korngolds *Toter Stadt* und *Ring des Polykrates*, *L'Enfant et les Sortilèges* von Ravel, Kódalys *Háry János* zu *Fausts Verdammnis* von Berlioz wurde all das aufgeführt, was heute als große moderne Tat apostrophiert wird. Natürlich neben Operetten und Spielopern in wirklich guten Besetzungen. Damals sangen ja Opernsänger auch noch in Operetten. Quadri, Melles, Maag, Bernet und natürlich Anton Paulik waren die wichtigsten und hervorragenden Dirigenten.

An der Staatsoper waren bis 1972 die Wiener Agentur Vladarsky, Schulz aus München, auch Taubmann und natürlich Gorlinsky aus London tätig – wir kaum. 1972 wurde Rudolf Gamsjäger Staatsoperndirektor – er galt als großer Reformer, Leopold Gratz war Minister für Unterricht und Kultur und hatte eine vertrauensvolle Freundschaft zu Gamsjäger. Wir alle – die Opernfreunde und auch die Politiker – erwarteten uns viel davon, nicht zuletzt wegen seines guten Rufes im Musikverein, den er seit Jahrzehnten erfolgreich allein geleitet hatte. Ich hatte zu Gamsjäger eine gute Vertrauensbasis, meine große Agententätigkeit in der Staatsoper begann mit ihm und durch ihn. Sehr viele neue Sänger kamen damals, teils durch Vorsingen, teils durch sein Vertrauen in mich an die Staatsoper – Gamsjäger reiste kaum. Ich empfahl ihm beispielsweise mit großer Überzeugung zwei junge Sängerinnen, die damals sehr erfolgreich unter anderem Hänsel und Gretl in Frankfurt bei Dohnanyi sangen: Cotrubaş und Baltsa. Er engagierte beide blind auf zwei Jahre, sagte mir jedoch, falls die beiden nicht so seien, wie ich sie geschildert hätte, wäre es zwischen uns aus. Es war so, wie ich es ihm geschildert hatte, es war zwischen uns nicht aus und diese vertrauensvolle Verbindung ging bis zum Ende seiner Direktion. Durch die politischen Verhältnisse und den Austausch der handelnden Personen, durch seine Unbestechlichkeit und Gradlinigkeit und auch durch seine Vereinsamung hatte er nicht das erreicht, was er eigentlich wollte – seine Direktionszeit ging nach vier Jahren sang- und klanglos zu Ende. Er zog sich ins Burgenland zurück und heiratete seine langjährige Mitarbeiterin und Weggefährtin Hanne Lacchini. Ich hatte jedoch bis zu seinem allzu frühen Tod weiter privaten Kontakt zu ihm.

Agnes Baltsa hatte ich erstmals bei einem Vorsingen in einem privaten Münchner Opernstudio gehört. Sie war damals 21 Jahre alt und auf meine Frage, was sie mir vorsingen möchte, sagte sie: Rosina und Eboli! Ich meinte, das ginge doch nicht miteinander, entweder sei sie ein Spielmezzo oder eine Dramatische. Worauf sie sehr überzeugt antwortete: Ich kann alles!

Und so war es auch wirklich und ist es in dieser einmaligen Karriere geblieben: von Cherubin bis Amneris und von Octavian bis zur Kundry. Und noch heute ist Agnes Baltsa eine einmalige und unerreichte Carmen. Die Rosina in Amsterdam war meine erste Vermittlung für sie und demnächst wird sie erstmals die Küsterin in Janáčeks *Jenufa* an der Wiener Staatsoper singen. Ihre Fides im *Propheten* und Herodias in Massenets *Hérodiade* gehören zum besten der Wiener Operngeschichte genauso wie ihre selbstbewusste, tief gekränkte und verletzte Santuzza. Baltsa ist eine singuläre Künstlerpersönlichkeit, und ich kann Herbert von Karajan gut verstehen, wenn er sagte, dass er in Baltsa alles gefunden hatte, was er immer schon suchte.

Für Gamsjäger ging die Staatsoper wirklich über alles. Kreisky war Bundeskanzler und versuchte, eine wirtschaftliche Zusammenarbeit mit China zu ermöglichen. Eine Tournee der Wiener Philharmoniker als erstes großes Ensemble aus dem Westen wurde kurzfristig vereinbart, doch Gamsjäger hatte für denselben Zeitraum an der Staatsoper Richard-Strauss-Tage geplant, die ohne die Philharmoniker natürlich nicht möglich waren. Gamsjäger widersetzte sich daher dem Beurlaubungswunsch der Philharmoniker trotz Kreiskys Intervention. Die Folge war der endgültige Bruch mit Kreisky, aber auch mit Finanzminister Hannes Androsch, der damals oft in die Oper ging und mit Gamsjäger sehr gut war. Natürlich fuhr das Orchester nach China, die Richard-Strauss-Tage wurden verschoben und verwässert, Gamsjäger jedoch fiel in Ungnade. Sehr viele Produktionen aus der vielfältigen Direktionszeit Gamsjägers blieben jedoch weit über seine Zeit hinaus am Spielplan: *Salome, Meistersinger, Onegin, Katja Kabanowa.* Er brachte als erster Schönbergs *Moses und Aron* an die Staatsoper und Christoph von Dohnanyi als Dirigenten. Carlos Kleiber dirigierte *Tristan* und *Rosenkavalier*.

1976 kam dann Egon Seefehlner als Gamsjägers Nachfolger von Berlin an die Oper, was für mich am Anfang arg war – er hatte kein Vertrauen zu mir und glaubte, dass ich Gamsjäger bestochen hätte. Gamsjäger war so unbestechlich, dass man ihm nicht einmal eine Zigarette anbieten konnte, obwohl wir beide sogar dieselbe Sorte rauchten. Außerdem hasste Seefehlner Gamsjäger schon aus der historischen Rivalität auf Grund seiner früheren Tätigkeit im Konzerthaus, als Gamsjäger zur selben Zeit im Musikverein war. Seefehlner galt als progressiv und Förderer moderner Musik, Gamsjäger als konservativ und Weggefährte Karajans. Beides stimmt jedoch nur sehr bedingt. Tatsache war aber sicherlich, dass jeder von Gamsjäger erwartete, er würde Herbert von Karajan an die Staatsoper zurückbringen. Er hatte Karajan ja bereits nach dem Krieg nach Wien gebracht und ihn zum wichtigsten Dirigenten im Musikverein gemacht. Durch die durch Gamsjäger ermöglichte Aufführung konzertanter Opern empfahl sich Karajan unüberhörbar für die Wiener Staatsoper. Die beiden waren befreundet und schätzten einander sehr. Der große und endgültige Bruch war bereits in Gamsjägers Vorbereitungszeit in der Staatsoper, da er sowohl Karajan als auch Leonard Bernstein den *Tristan* angeboten hatte. Karajan war daraufhin enttäuscht und beleidigt und brach alle Beziehungen zu Gamsjäger und Wien ab. Bernstein kam übrigens auch nicht, Carlos Kleiber sprang dann ein.

Durch meine unzähligen Gespräche mit Gamsjäger, der Karajan zu seinem größten persönlichen Feind hochstilisierte, weiß ich, dass er diesen Bruch eigentlich nie überwunden hat und somit plötzlich allein dastand. Die Wiener verziehen ihm niemals, dass Karajan nicht mehr kam. Die tiefere Ursache lag jedoch meiner Einschätzung nach eher bei Karajan.

Ich verlor mit dem Antritt Egon Seefehlners viele Sänger, die ich bereits an der Staatsoper hatte, die aber vor mir die Gelegenheit hatten, über andere Agenturen mit Seefehlner zu verhandeln. Er empfing mich die längste Zeit nicht, verspürte Abneigung mir gegenüber, die sich dann aber relativ schnell in eine tiefe Freundschaft bis zu seinem Tod verwandelte. Wir arbeiteten viele Jahre lang in seiner ersten und zweiten Direktionszeit wunderbar zusammen, und ich fand in ihm einen Befürworter, Ratgeber und väterlichen Freund. Seine Bildung und sein Humor, aber auch sein Wissen in allen Kunstbelangen war beachtlich. Nichts konnte ihn aus der Ruhe bringen, am wenigsten die Belange der Staatsoper und schon gar nicht budgetäre Angelegenheiten. Es war noch eine goldene Zeit damals.

Danach folgte 1982 bis 1984 die kurze Direktionszeit Maazel, meiner Meinung nach die fragwürdigste aller Direktionszeiten an der Wiener Staatsoper, weil Lorin Maazel das Haus so wie auch das ganze Land total unterschätzt hatte, sich selbst aber in allem überschätzte.

Legendär ist mein Wirken bei der Eröffnungspremiere dieser Direktion geworden. Zu Maazel hatte ich wie viele andere an der Oper ein kühles und distanziertes Verhältnis. Die Eröffnungspremiere war *Tannhäuser* und der Sänger der Titelrolle, Reiner Goldberg, war durch mich vermittelt worden. Goldberg hatte bei den Proben nie ausgesungen und für jedermann vernehmbare Probleme mit der Partie. Nach der Generalprobe, bei der er auch nur markierte, fragte ich, was passiere, wenn er es nicht schaffen sollte. Maazel dirigierte selbst, ich wurde zurechtgewiesen, dass ich keine Panik verbreiten möge.

Ich bekam auch keine Karte für die Premiere, hatte aber den Tenor Spas Wenkoff gemeinsam mit meinem damaligen Mitarbeiter Seitter auf der Galerie eingeschleust. Goldberg hörte nach wenigen Takten bereits am Beginn der langen Oper im Venusberg auf zu singen, trat ab und der Vorhang fiel. Und damit wäre wohl, retrospektiv gesehen, die Direktionszeit Maazel bereits nach der Ouvertüre der Eröffnungspremiere zu Ende gewesen. Seitter schnappte Wenkoff, klopfte an die Türe zum Bühnenraum und sagte, dass hier der Sänger Wenkoff wäre, der den Tannhäuser kann. Ohne zu fragen, wurde Wenkoff geschminkt, angezogen, währenddessen erzählte ihm Otto Schenk die Inszenierung. Wenkoff rettete diese Premiere, die ohne mein Zutun nie gerettet gewesen wäre. An einen Cover-Tannhäuser hatte in der Direktion niemand gedacht. Die ganze Stadt und Generalsekretär Jungbluth – der Allmächtige – wussten das. Es war niemandem sympathisch, dass gerade ich das war, für die Presse war es selbstverständlich die Direktion. Agenten sind stille Nutznießer, sind finanzielle Nutznießer, sie haben keine Öffentlichkeit. Wenkoff sang dann in der Folge oft in Wien und ich hatte einen wichtigen Sänger mehr und jeder in der Branche wusste, wie es dazu gekommen war.

Nach dem schnellen Ende der Direktion Maazel kam Egon Seefehlner wieder, eine schöne Zeit für mich. 1986 folgte Claus Helmut Drese, dessen Berufung ich begrüßt hatte, obwohl ich schnell merkte, dass er überfordert war – er hatte Angst vor den Gruppen, also Chor, Technik, Orchester, und deren Betriebsräten, vor der Wiener Presse und den ihm nicht geläufigen Einflüsterern. Drese suchte krampfhaft Kontakte zur „Wiener Gesellschaft", die es im Sinne der Staatsoper nicht gab, und schätzte die so genannten Wiener Kräfte samt der Presse völlig falsch ein.

Drese war ein kultivierter und belesener Mann. Er kam aber vom Schauspiel und nicht von der Oper, zu Stimmen hatte er keine Beziehung und schon allein dadurch keine wirklich eigene Meinung darüber. Sein Spielplan war dramaturgisch begründet, aber blutarm, die Regisseure waren ihm unverhältnismäßig wichtig. Und jene, die er wirklich wollte, kamen schließlich nicht. Der Besuch ließ nach und die Presse war für ihn schlecht. Auch die Kombination mit Claudio Abbado als Musikdirektor erwies sich für ihn alles andere als glücklich. Nach außen hin war für alles Schlechte Drese verantwortlich, auch für die deutschen Opern, die Abbado hier erstmalig dirigierte.

Er verbrauchte übermäßig viele Orchesterproben für seine eigenen Dirigate und brachte keine anderen wichtigen Dirigenten – der Erfolg war bescheiden, obwohl Abbado ein außerordentlicher Dirigent ist. Leider war auch Dreses eigene Eitelkeit nicht gerade hilfreich, die Dinge im Haus so zu sehen, wie sie wirklich waren. Darüber hinaus scheute er auch nicht davor zurück, im eigenen Haus selbst Regie zu führen, was ihm wirklich nicht geholfen hat.

Wir hatten eine gute Zusammenarbeit – ich kannte ihn ja noch aus der Zeit seiner Intendanz in Heidelberg. Ich erinnere mich an die Artikel in den Zeitungen anlässlich meines 50. Geburtstages 1985: die graue Eminenz der Staatsoper, die die Besetzungen macht. Natürlich übertreiben die Zeitungen wie immer, so wichtig war ich auch nicht. Aber man glaubte mir so weit, dass, wenn ein Sänger schlecht war, die Direktoren sagten, dass dieser Sänger ja von mir geschickt sei und er selbst dadurch gedeckt war. Wenn er von mir käme, könne er ja nicht schlecht sein. Ob man mich nun mochte oder nicht, man konnte nicht mehr an mir vorbeigehen, weil man meine Künstler wollte und meine Meinung den Direktoren die Sicherheit gab, welche sie aus eigener Kraft nicht besaßen. Allmählich wurde ich als Opernagent zu einer Legende.

Eberhard Waechter

Eberhard Waechter war zu einem Lebensfreund geworden – durch Tennis, Fußball, Heurigenbesuche, durch seine wunderbare, offene, ehrliche, natürliche und lebensbejahende Art und natürlich durch meine große Bewunderung für ihn als Sänger.

Im Sommer war Eberhard Waechter immer in seinem Haus am Irrsee und ich war jeden Sommer einige Zeit dort. Ich wohnte bei einem Bauern oberhalb von Waechters Haus, wo um fünf Uhr früh der Hahn krähte und es kein Warmwasser gab. Aber ich war ohnehin den ganzen Tag bei Waechters. Immer waren alle sechs Kinder und viele Freunde dort. Vor allem die Schenks, die im Sommer auch am Irrsee wohnten, aber auch Waldemar Kmentt, Heinz Holecek, Hanns Kraemmer. Am Vormittag wurde immer zwei Stunden lang Tennis gespielt, am Nachmittag Fußball. Beides täglich und obligatorisch. Abends gingen wir oft zum Seewirt. Wenig wurde nicht getrunken und vor allem immer über Oper gesprochen. Es war eine wunderbare Zeit, wir waren uns sehr nahe. Fernsehen gab es nicht, dafür las Waechter immer gern und viel. Er war ein gebildeter Instinktmensch aus gutem Hause mit schlechtem Benehmen. Ein wunderbarer Mensch!

In Wien trafen wir uns während der Spielzeit auch regelmäßig zu ausgedehnten Mittagessen, entweder bei ihm zu Hause oder bei meiner Mutter, weil Eberhard Waechter ein leidenschaftlicher Esser war und meine Mutter für ihn immer Besonderes auftischte. Auch waren wir natürlich oft gemeinsam beim Heurigen, und ich besuchte die Volksoper, nachdem er sie übernommen hatte.

Natürlich sprachen wir permanent über die Fehler der diversen Direktionen, Waechter war noch als Sänger aktiv und Betriebsrat der Solisten der Staatsoper, 1987 bekam er dann die Berufung an die Volksoper, wo wir eng zusammenarbeiteten. Er war ein erfolgreicher Volksoperndirektor, weil er das Haus wirklich liebte, sich um alles persönlich kümmerte und im Haus allgegenwärtig war. Er war bei nahezu allen Vorstellungen anwesend und reagierte schnell auf bessere und weniger gute Leistungen. Waechter gab dem Haus ein ausgeprägtes Eigenprofil und schon bald nach seiner Direktionsübernahme hatte die Volksoper einen besseren Ruf als das Haus am Ring. Man wurde neugierig auf die guten neuen jungen Sänger, die fast alle eine schöne Karriere machten. Stellvertretend für sie alle möchte ich Bo Skovhus und Adrianne Pieczonka nennen.

Der auf Deutsch gesungene Da-Ponte-Mozart-Zyklus, von dem Regisseur und Bühnenbildner Marco Arturo Marelli in Szene gesetzt, und vor allem dessen erste Produktion des *Don Giovanni* prägte die Interpretationen der Mozart-Opern stärker als die Staatsoper. Dazu kam, dass die Direktion Drese in den Medien nicht gut aufgenommen wurde. Waechter selbst und die Volksoper insgesamt hingegen waren Sympathieträger. Als Drese vor der Verlängerung stand, wusste auch ich, dass man ihn nicht verlängern wollte und einen Nachfolger suchte. Jeder in der Stadt wusste, dass Dreses Vertrag nicht verlängert werde, nur er glaubte es nicht. Gérard Mortier, den ich seit vielen Jahren gut kannte, vor allem durch seine Tätigkeit in der Direktion von Dohnanyi in Frankfurt, war bereits als Leiter der Salzburger Festspiele designiert, doch immer wieder auch als Staatsoperndirektor im Gespräch.

Ich empfahl dem designierten Nachfolger von Robert Jungbluth, Rudolf

Mit Eberhard Waechter auf der Hauptstiege der Wiener Staatsoper 1992

Scholten, damals noch Ministersekretär bei Franz Vranitzky, Eberhard Waechter als Staatsoperndirektor. Ich und auch viele andere meinten, dass nun ein Österreicher kommen sollte, der weder sang noch inszenierte und das Haus und die Stadt kannte. Mit Waechter wurde gesprochen, doch nahm man dann davon Abstand und begann, mit Alexander Pereira, dem jungen, dynamischen Generalsekretär des Konzerthauses, zu verhandeln. Pereira setzte sich mit seinem jugendlichen Charme über alle schwerwiegenden Probleme schon im Vorfeld hinweg – Betriebsräte, Kollektivverträge wollte er abschaffen. Scholten und Springer erschraken über seine Unbekümmertheit in diesen Dingen nun doch und kehrten zu Waechter zurück. Waechter hasste Reisen – er sagte immer, schon in St. Pölten bekäme er Sehnsucht nach Wien – und war ein bequemer Mensch; das gute Leben hatte durchaus seinen Stellenwert in seiner Lebensgestaltung. Ich empfahl ihm schon im Vorfeld als zweiten Mann Peter Katona von Covent Garden, London, der noch immer dort wirkt, den Markt gut kennt, sprachgewandt ist, gerne reist und organisatorisch gut ist. Eines Tages war ich bei meiner Mutter zum Mittagessen, Waechter rief dort an und sagte mir wörtlich: „Jetzt sitz ich hier mit dem Springer und dem Scholten in Sievering beim Herkner, das Essen war phänomenal, kann ich dir sagen. Ich ruf von einem Automaten an, hab nur einen Schilling, also sag schnell: Sie haben mir jetzt die Oper angeboten, ich mach das aber nur mit dir. Also sag schnell ja, denn der Schilling läuft ab."

Es war der Beginn, und letztendlich kämpfte Waechter meine Berufung gegen alle Widerstände durch. Ich hatte eigentlich nie wirklich ja gesagt und war auch nicht sicher, ob wirklich so entschieden werden würde, auch wenn ich ja sagte. Es ging mir alles auch zu schnell und hatte dadurch etwas Irreales. Aber ich machte mit, doch arbeitete ich unverändert weiter in der Agentur. Hilde Hawlicek war damals Kulturministerin, eine nette Frau, die Waechter sympathisierte, uns vertraute und Dreses Arbeit nicht sehr schätzte, aber die letzte Entscheidung hatte der Kanzler zu treffen. Ich wusste, solange er nicht zustimmt, wird es nichts. Jetzt befinden wir uns im April/Mai 1988. Merkwürdigerweise lief tatsächlich alles geheim und nichts drang bis zur Ernennung an die Öffentlichkeit. Es war ein Coup de théâtre, eigentlich schon ein Coup d'état – sehr aufregend, als wir eines Tages morgens um 9 Uhr bei Bundeskanzler Franz Vranitzky antreten mussten. Hilde Hawlicek hatte uns also vorgeschlagen, mit Waechter sprach Vranitzky wenig – interessant war ja auch nicht Waechter, das hatte man ja vermutet, die Überraschung war ich als Generalsekretär beider Häuser: Volks- und Staatsoper. Mit mir unterhielt sich Vranitzky, der die gefährliche Eigenschaft hatte, den anderen sprechen zu lassen und aufmerksam zuzuhören – nicht lange, aber konzentriert. Er stellte ein paar Fragen, auch wie ich gedenke, meine Agenturtätigkeit zu beenden. Ich sagte, wie ich mir die Sache vorstellte, nach einer Viertelstunde stand Vranitzky auf und sagte: „Na dann, also viel Erfolg, meine Herren!" Das war die Entscheidung.

Ein wirklich dramatisches Erlebnis hatte ich noch wenige Tage vor meiner Ernennung, als ich einen der üblichen Agententermine bei Drese hatte und ihm natürlich nichts von der Sache sagen durfte. Drese unterbrach das Gespräch, um im Fernsehen die $^1/_2$ 8-Uhr-Nachrichten zu hören, wo man in den

Schlagzeilen ankündigte, dass im Kulturteil eine Meldung über die künftige Staatsoperndirektion gebracht werde. Das Blut erstarrte in meinen Adern und ich überlegte, ob ich zum Fenster hinausspringen sollte. Doch nannten die Nachrichten Gérard Mortier als wahrscheinlichen Nachfolger und nicht uns. Die Uninformiertheit des ORF hatte für mich damals auch Vorteile.

Dieses Gespräch mit Drese, das ich noch als Agent führte, obwohl ich von meiner künftigen Tätigkeit ja schon wusste, brachte mir nach der Verkündigung unserer Ernennung viele negative Kommentare ein, doch konnte ich in der damaligen Situation wirklich nicht anders handeln. Die Verantwortlichen, also Rudolf Scholten als neu ernannter Leiter der Bundestheaterverwaltung und Georg Springer als sein Stellvertreter wie auch Waechter selbst, wussten von meinem Drese-Termin und meinten, ich möge ihn unbedingt einhalten und nicht absagen, damit kein Verdacht aufkommen möge.

Am Tage nach dem Termin bei Bundeskanzler Vranitzky kam die Pressekonferenz. Ich war im 53. Lebensjahr und seit 29 Jahren in Österreich, als ich zum Generalsekretär von Staats- und Volksoper ernannt wurde.

OPERNDIREKTION 1991 BIS 2001

Die Designation

Am 22. Juni 1988 wurde eine Pressekonferenz im Bundesministerium für Unterricht und Kunst von der damaligen amtierenden Ministerin Hilde Hawlicek einberufen, in deren Rahmen Eberhard Waechter als designierter Direktor der Staatsoper und weiter der Volksoper und ich als Generalsekretär beider Häuser mit Beginn der Amtszeit am 1. September 1991, bestellt auf sechs Jahre, also bis Ende der Spielzeit 1996/97, der Presse vorgestellt wurden.

Noch nie in meinem Leben habe ich mich in der Einschätzung des Widerhalls von etwas, was ich zu tun beabsichtigte, so verkalkuliert. Ich dachte wirklich – und hoffe, dass man mir das wenigstens heute glaubt –, dass man es positiv und hoch schätzenswert betrachten würde, wenn ich sozusagen von der einen Seite des Tisches auf die andere wechsle, wenn ich die Agentur aufgebe, mit der ich unverhältnismäßig viel mehr Geld verdient hatte, wie je ein Generalsekretär oder Direktor der Staatsoper verdienen kann. Und dass man es wirklich so verstehen wird, wie ich es meinte: dass ich mit Freude mein Wissen, meine langjährige Erfahrung auf dem Gebiet der Oper in den Dienst eines Opernhauses stelle, indem ich die Kodirektion der Wiener Oper übernehme. Zugegeben, das Erstaunen und die Überraschung für die gesamte Öffentlichkeit und die Medienvertreter bestand weniger in der erwarteten Ernennung von Eberhard Waechter als in der Ernennung meiner Person, von der wirklich niemand etwas wusste und ahnte. In den restlichen Monaten des Jahres 1988, und das war immerhin noch ein halbes Jahr, begann ein Teil der Medien einen beispiellosen, Menschen vernichtenden und persönlichen Feldzug gegen meine Person und meine Ernennung.

Nach der Pressekonferenz flüchtete ich mit meiner zukünftigen Frau Angelika Niederberger, die bis zu diesem Zeitpunkt Operndramaturgin am Stadttheater Luzern war, nach Mallorca, um Distanz von allem zu bekommen. Wie mich der Journalist Alfred Worm, ein gefürchteter geachteter „Aufdecker"-Journalist vom Wochenmagazin „profil" dort aufspürte, weiß ich nicht. Jedenfalls erschien er eines Tages und wir hatten ein mehrstündiges Gespräch. Alfred Worm war unglaublich gut informiert. Obwohl ich glaube, die Fähigkeit zu besitzen, meistens meine Gesprächspartner und ihre Ansichten richtig einzuschätzen, konnte ich Worms Pokergesicht in keiner Weise durchschauen und hatte keine Ahnung, was er schreiben wollte, ahnte aber nichts Gutes. Wir aßen in einem Gasthaus zu Mittag, er aß fast nichts und erlaubte mir nicht einmal, sein Mineralwasser zu zahlen, was für mich kein gutes Zeichen für das Kommende war. Sein langer Artikel über mich, mein ganzes Leben, seit ich in Österreich war, meinen Aufstieg als Opernagent usw. war jedoch zu meinem grenzenlosen Erstaunen so, dass ich beim Lesen anfing, mich selbst zu bewundern. Worms Artikel half mir natürlich auch medial sehr.

Der Höhepunkt der Kampagne wurde von der damals prominenten Kulturjournalistin Sigrid Löffler des selbigen Wochenmagazins gestartet, die mir von Haus aus nur unlautere Absichten unterstellt hatte und das vielleicht auch wirklich selbst glaubte. Sie ist keine schlechte Journalistin, doch war sie überzeugt davon, dass sie Recht hatte, ohne eine sachliche Grundlage dafür zu haben. Ich unterstelle ihr nicht, dass sie alles, was sie geschrieben hat, gegen besseres Wissen schrieb, doch hatte sie sich so hineingesteigert, dass sie nicht mehr zurückkonnte.

Letztendlich klagte ich die Journalistin respektive das Wochenmagazin und gewann in einem Presseprozess. Man musste gewisse Passagen richtig stellen. Das beruhigte und bremste die weiteren Reaktionen einigermaßen, aber aufgehört hat ein Teil der Zeitungen trotzdem nicht. Die bürgerlichen Zeitungen begrüßten meine Bestellung und fanden die Kombination mit Eberhard Waechter Erfolg versprechend. Die eher progressive Presse und die Wochenmagazine fanden die Bestellung eines Agenten gänzlich unmöglich. Innenpolitisch wurde ich hingegen eher aus Kreisen der ÖVP angegriffen. Warum, dafür gibt es keine Erklärung, außer dass die uns bestellenden Politiker zur SPÖ gehörten. Waechter wurde von einem sozialdemokratischen Bundeskanzler und einer ebensolchen Ministerin ernannt, er selbst war aber eher der schwarzen Hemisphäre zuzurechnen. Seine Handlungs- und Gedankenwelt als Aristokrat war äußerst sozial und die Idee, Waechter als Operndirektor zu installieren, war eindeutig von Hilde Hawlicek und Rudolf Scholten ausgegangen und von Georg Springer wahrscheinlich initiiert. Waechter wurde auch vom deutschen Feuilleton wegen seines Österreichtums angegriffen, weil er im Sommer in seinem Domizil im Salzkammergut kurze Lederhosen trug, geradezu allergisch auf alle modischen Entwicklungen reagierte und ein wirklich ehrlicher und bekennender Österreicher im allerbesten Sinne war. Das jedoch wurde von manchen nicht unbedingt als sympathisch angesehen.

Ich rechne es Waechter ewig hoch an, dass er unbeirrt darauf bestanden hatte, dass ich weitermachen solle. Als eine parlamentarische Anfrage bezüglich des Verkaufs der Agentur kam, hatte ich eigentlich genug. Meine Mutter meinte, es wäre unfassbar, dass sich nun sogar das Parlament mit mir beschäftige. Ich wusste damals noch nicht, dass eine parlamentarische Anfrage noch kein Vorzeichen eines Verbrechens ist. Ich war nahe dran, mich in aller Form zurückzuziehen, noch konnte ich zur Agentur zurückkehren. Doch sowohl Waechter als auch Scholten und der Kanzler bestanden darauf, die Flinte nicht ins Korn zu werfen. Ich solle mich an Presseattacken gewöhnen, denn diese gehören zum Amt. Aus heutiger Sicht betrachtet muss ich sagen, dass es wohl doch eine ausgleichende Gerechtigkeit gibt, möglicherweise hatte ich später dann in meiner Amtszeit weniger Probleme mit den Medien als meine Vorgänger.

Waechter kümmerte sich überhaupt nicht darum, was in den Zeitungen stand, weil er sie wirklich nicht las und mir immer vorwarf, wenn ich mit ihm darüber sprechen wollte, warum ich das überhaupt lese und ob ich denn sonst nichts zu tun hätte. Das war keineswegs Koketterie, sondern tatsächlich so. Ich las natürlich alles, damals wie auch heute, vielleicht hatte er Recht und ich hätte es nie tun sollen. Meine Zeit und Kraft wurden sehr in Anspruch genommen durch Gegendarstellungen und Gespräche mit Pressevertretern.

Dass Direktoren der Wiener Staatsopern kritisiert wurden, war nichts Neues, neu und eine „Uraufführung" war in diesem Zusammenhang die Tatsache, dass noch nie, bevor eine Direktion begonnen hatte, derart Negatives geschrieben wurde darüber, wie es sein werde. Waechter sagte immer, es könne gar nicht so schlecht werden, wie geschrieben wurde, das würde niemand schaffen und es möge mich nicht stören. Wichtig sei, wie es ab dem 1. September 1991 sein werde. Schlussendlich behielt er auch in dieser Angelegenheit Recht, aber es dauerte lange, bis in die erste Hälfte 1992, bis sich die Lage beruhigt hatte und man über deren Arbeit und deren Ergebnis berichtete und über nichts anderes.

Die Zeit der Designation ist jedoch trotzdem die schönste Zeit im Leben eines Operndirektors. Man macht Pläne, ist äußerst optimistisch, glaubt, dass alles gelingen wird, was man vorhat. Darüber hinaus kann man guten Gewissens alles kritisieren, was die anderen machen, und immer behaupten, man selbst würde solche Fehlentscheidungen nie treffen und alles besser machen.

Ich war also nun mit 54 Jahren Staatsbeamter geworden, was ich bis heute bin. Das war mir bewusst, weil die grundsätzliche Handlungsweise und die Entscheidungsparameter doch sehr verschieden sind von denen eines Privatunternehmens und mir klar und bewusst war, dass ich mit fremdem Geld agiere und die Entscheidungen, die ich traf, mit fremdem Geld geschahen. Waechter war ja weiter amtierender Direktor der Volksoper, daher war von Anfang an der Schwerpunkt meiner Tätigkeit die Staatsoper, daran änderte sich auch nichts in den sieben Monaten, die Waechter als Staatsoperndirektor noch erleben durfte.

Die Vorbereitungszeit dauerte 2 1/2 Jahre, ich wurde ab 1. Jänner 1989 von der Bundestheaterverwaltung angestellt, hatte ein kleines Zimmer im Hanuschhof, wo wir Gespräche mit Künstlern und Regisseuren führten, ich ging oft in Vorstellungen und reiste viel, um Sänger überall zu hören. Natürlich war es nicht einfach, mit der damals noch amtierenden Staatsoperndirektion zusammenzuarbeiten – man kann von allem anderen als von einem harmonischen Übergang der Direktionsgeschäfte sprechen. Drese war persönlich zutiefst verletzt, dass man ihm keine Verlängerung seines Vertrages angeboten hatte, und nahm leider nicht zur Kenntnis, dass diese ganz unabhängig von uns auch nicht geschehen wäre. Hätte man uns nicht genommen, so eben jemanden anderen. Vor allem meine Ernennung hatte bei Drese negative Reaktionen hervorgerufen, da ich ja während all seiner Direktionszeiten gut mit ihm zusammengearbeitet hatte. Menschlich verstehe ich diese Reaktion durchaus, andererseits hatte er als Krönung seiner Laufbahn fünf Jahre die Staatsoper geleitet – letztlich sollte man sich mit unabänderbaren Tatsachen abfinden und für sich selbst das Beste daraus machen.

Mein persönliches Leben war angenehm – Vormittag arbeitete ich in meinem Büro und baute mit Hilfe der heute als Theaterschriftstellerin erfolgreichen Michaela Ronzoni den gesamten Spielplan für die Staatsoper auf mit Besetzungen, Proben und allen Details. Jeden Nachmittag verbrachte ich am Tennisplatz, jene Jahre waren der letzte Höhepunkt meiner Tennistätigkeit. Ich war unbelastet, hatte mehr Zeit und schlagartig wurde mein Arbeits- und Lebensrhythmus langsamer. Die Hektik, die permanente Anspannung durch den Wettbewerb in der Agentur fielen weg. Tennis blieb bis 1999 ein lebensbestimmender Teil. Später, als ich bereits an der Staatsoper war, ging ich immer direkt von der Oper auf den Tennisplatz, war spätestens um $^1/_2 4$ Uhr dort, hatte wichtige Einzelpartien ausgemacht und kam erst danach nach Hause. Sogar Reisen und andere Verpflichtungen versuchte ich nach der Tennissaison einzuteilen.

Die entscheidende Arbeit, die mich letztendlich an die Spitze der Staatsoper führte, verfasste ich Anfang des Jahres 1988 in Luzern in der Wohnung der damaligen Operndramaturgin des Stadttheaters. Es war ein ausführliches Konzept, in dem ich darlegte, wie ich mir die gesamte Strukturreform und die Funktionalität von Staats- und Volksoper unter einer Führung vorstellte, mehr oder weniger auf Waechter abgestimmt. Dieses Konzept übermittelte ich Rudolf Scholten. Die Dramaturgin aus Luzern, Tochter eines Schweizer Landarztes mit vier Geschwistern, wurde im Sommer, bevor ich an der Staatsoper begann, meine Frau und ist dies nun seit zehn Jahren. Sie beschenkte mein spätes Leben auch noch mit zwei Kindern, einem Sohn und einer Tochter, gab und gibt mir Halt, Zuversicht und eine ständige Wärme und hält mir außerdem von vielem den Rücken frei. Da ich noch immer um sie buhle, kann ich nicht schreiben, wie wichtig sie für mein Leben geworden ist. Also sage ich nicht, dass ohne diese Frau manches nicht möglich gewesen wäre und vieles möglich geworden ist.

Die Agentur verkaufte ich Ende 1988, es war eine selbstverständliche Bedingung der Regierung, dass ich mich absolut sauber, transparent und für jedermann nachvollziehbar von der Agentur trennte. Der Käufer war natürlich in diesem Zusammenhang wichtig, und ich war sehr erleichtert, als die dem Sozialministerium angeschlossene Arbeitsvermittlungsstelle für Künstler (ÖIK) zu einem fixen Preis, nicht mit einer Rente auf Lebenszeit oder ähnlichem, die Agentur kaufte – also auf eine Art und Weise, durch die ich in keiner Weise weiter involviert war. Auch die Kaufsumme, obwohl nicht bekannt gegeben, wurde viel diskutiert und angegriffen. Verkauft habe ich auf der Basis der vorgelegten Bilanzen, wie man jedes Unternehmen verkauft, für eine Summe, die den Durchschnittsgewinn der letzten drei Jahre betrug. Es war also ein korrekter, transparenter und für jedermann nachvollziehbarer Vorgang.

Eine der großen Unbekannten in dieser Direktionsübernahme war der amtierende Musikdirektor Claudio Abbado, der Waechter zusagte, mit ihm weiter zu arbeiten und die Position weiter auszuüben. Abbado wurde also vor der Pressekonferenz davon unterrichtet, ich war jedoch bei diesem Gespräch nicht anwesend. Wie ich danach feststellen konnte, hatten weder Scholten noch Waechter Abbado von meiner Kooptierung in die Direktion in Kenntnis gesetzt. Waechter fand es irrelevant, Abbado darüber zu informieren, und meinte, es ginge ihn ja auch nichts an. Abbado war auf Urlaub, als die Pressekonferenz stattfand, und fühlte sich übergangen, was er auch lautstark äußerte. Mein Verhältnis zu Abbado war bis dahin und danach korrekt und distanziert, ohne dass wir uns weder gesprächsweise noch in meiner Tätigkeit als Agent oder Generalsekretär näher gekommen wären. Aber ich sah kein Problem, mit ihm weiterzuarbeiten, umso mehr, als er für die wichtigen betrieblichen Angelegenheiten der Staatsoper ohnehin kein sonderliches Interesse hatte. Dieses beschränkte sich eigentlich nur auf die von ihm dirigierten Opern und Besetzungen. Er dirigierte eine Wiederaufnahme von *Lohengrin,* wo ich gegen die Besetzung der Elsa mit der von ihm gewünschten Sängerin war. Nicht weil sie nicht gut gesungen hätte, sondern weil sie so dick war, dass sie im zweiten Akt, nachdem sie niedergekniet war, nicht aufstehen konnte. Das fand ich der Opernästhetik nicht entsprechend. Schließlich sagte sie dann auch ab.

Abbado dirigierte noch die Wiener Premiere von *Boris Godunow* am 6. Oktober 1991, also nach fünf Wochen, dann bat er um Freistellung von der

Staatsoper, um seine neuen Verpflichtungen als Chefdirigent der Berliner Philharmoniker erfüllen zu können. Dies hatte keine wesentlichen Auswirkungen auf unsere weitere Spielplangestaltung, lediglich für das Dirigat der ersten Premiere der dritten Spielzeit, den *Troubadour,* wofür Peter Zadek von mir als Regisseur engagiert wurde und die Abbado dirigieren sollte. Andererseits eröffnete der Abgang des Musikdirektors den Weg für wichtige andere Dirigenten wie Riccardo Muti, Zubin Metha, Seiji Ozawa, Christoph von Dohnanyi und als großen Wunsch Waechters Carlos Kleiber.

Lange dauerte es, bis man uns glaubte, dass Sänger, die nicht teuer und unbekannt sind, trotzdem gut sein können. In der ganzen Opernlandschaft lautete das Motto: Nur was teuer ist, ist gut. Durch meine Tätigkeit als Agent war man damals bereit, neue Sänger zu nehmen – aber erst, als ich bekannt war. Die Unwilligkeit und Angst der Intendanten vor nicht erprobten Sängern war in allen großen Häusern verbreitet. Inhalt vieler Gespräche mit Waechter war ebenfalls, um wie viel besser man es auch mit weniger Geld machen könnte. Das Honorar der Ausführenden spiegelt nicht immer ihre Leistungen wider. Waechter war lange Zeit gefürchteter Betriebsrat in der Oper, der für die Leute Unglaubliches herausgeholt hatte. Aber er sprach immer darüber, wie ängstlich, weich und grenzenlos entgegenkommend Direktoren der Wiener Staatsoper gegenüber den Betriebsräten waren. Die Angst vor Betriebsräten, die natürlich das Maximum für die von ihnen vertretenen Leute herausholen wollen, ist der Anfang vom Untergang eines jeden Arbeitgebers. Ich versuchte von Anfang an, die Betriebsräte in unsere Vorhaben einzubeziehen und im weitesten Sinne zum Wohle des Hauses zu denken, was mir auch einigermaßen gelungen ist. Doch soll man Konflikte wenn nötig auch austragen und ihnen nicht aus dem Weg gehen.

Und dazu der totale Zerfall des Ensembles. Die Wiener Oper, die wir vorfanden, hatte ja kaum noch Sänger im Ensemble, die man wirklich leistungsmäßig ansetzen konnte. Es ging so weit, dass der Sänger des Fiorillo – die Rolle im *Barbier von Sevilla,* die ich damals am Theater an der Wien sang – als Gast von Zürich mit Abendgage und Flug kam. Und dieses Beispiel ist keine Ausnahme, sondern eher typisch. So viel Geld kann kein Theater haben.

Ideologisch hatte diese Entwicklung unter Herbert von Karajan begonnen, sagte man, weil auch zweite Rollen mit Italienern und Gastsängern besetzt wurden. Und dann ging das Ganze als vorauseilender Gehorsam weiter, Karajan war schon lange weg und andere, die ihm das Wasser nicht reichen konnten, aber wesentlich prätentiöser waren, kamen und wollten für alle Rollen irgendwelche Leute, die sie von irgendwo her kannten. In übertriebener Servilität und totaler Verleugnung der Wichtigkeit des eigenen Hauses, das ja nicht mehr existierte und mit dem man überhaupt nicht mehr operierte, wurden noch höhere Gagen gezahlt als anderswo und alle herumreisenden Sänger geholt. Es gab kleine Karajans als Dirigenten und noch kleinere als Regisseure, es ging bis zu den Regieassistenten. Damit begann wirklich der totale Abbau des Fundaments der Oper. Es wäre auch ganz bestimmt nicht mehr so weitergegangen – es war teuer und schlecht. In der Direktion Drese, auch durch den Musikdirektor Abbado bewirkt, wurde diese Besetzungspolitik geradezu grotesk. Es wurde nicht nur sagenhaft teuer, wie zum Beispiel bei einer zwar lustigen Buffooper von Rossini, für welche jedoch 14 der teuersten Sänger für je eine Arie engagiert wurden! Wahrhaft grotesk mutet es aber an, wenn auch die Barbarina in *Figaros Hochzeit* eine Gastsängerin ist und der ebenfalls gastierende Bartolo trotzdem so jung ist, dass er der Enkel des Figaros sein könnte.

Waechter und ich meinten, dass es nicht so schwer sein kann. Er stand auf dem Standpunkt, dass wir es nur besser machen konnten als unsere Vorgänger. Und wenn wir es ein bissl besser machten, würden die Leute das anerkennen. Und so war es. Wir brachten unsere Ideen zu Papier – Waechter und ich hatten bereits eine ganze Spielzeit in allen Details mit den zu engagierenden Fächern, jedoch noch ohne Namen, durchbesetzt.

Die einfache Erkenntnis, dass die sängerische Qualität in der Oper von höchster Wichtigkeit ist und man in erster Linie dort ansetzen muss, um zum Erfolg zu gelangen, brachte die zweite Erkenntnis mit sich, dass ein Weg gefunden werde müsse, gute, qualitätsvolle, junge Sänger längerfristig ans Haus zu binden. Durch die vielen Gastangebote und die erleichterten Reisemöglichkeiten war es nicht mehr möglich, entsprechende Sänger ein ganzes Jahr lang zur Verfügung zu haben. Andererseits ließen und lassen sich Sänger gerne auch längere Zeit an ein Haus wie Staats- oder Volksoper binden, wenn sie entsprechende Aufgaben bekommen. Daher gestalteten wir die Monatsbezüge der fest engagierten Sänger attraktiver und versahen sie mit entsprechend großen Urlaubszeiten. Ich arbeitete eine neue Form von Verträgen aus, die ich Residenzverträge nannte. Diese sind ein Mittelding zwischen Fest- und Abendverträgen, die Rollen, die Höchstanzahl der Auftritte in längeren, verschiedenen Perioden sind fixiert. Auf dieser gesunden Basis engagierten wir ein Ensemble, das in beiden Opernhäusern in verschiedenen Rollen auftrat und durch Doppel- und Coververträge auch Ruhe und Sicherheit im Alltagsbetrieb gewährleistete. Gastsänger, die den stimmlichen Anforderungen nicht mehr entsprachen, bauten wir ab und setzten lieber auf junge, unbekannte, aufstrebende Sänger. Anfangs mit Skepsis betrachtet, ging die Rechnung bald auf und heute ist die Wiener Staatsoper eine wahre Fundgrube für Opernhäuser weltweit, die auf der Suche nach jungen hervorragenden Sängern sind. Zwei Drittel aller Rollen kann die Wiener Staatsoper heute aus ihrem eigenen Ensemble besetzen.

Schwerpunkte unserer Programmgestaltung waren Mozart, Verdi, Wagner, Strauss, ganz im Einklang mit der musikalischen und orchestralen Wichtigkeit dieser Werke und der hohen Qualität des Orchesters. Es war uns klar, dass wir nicht alles spielen können. Die leichten Rossini-Opern, die vielen russischen Opern mussten vernachlässigt werden zugunsten des großen deutschen Repertoires, dazu kamen die Grundpfeiler der italienischen Opern, die ins Repertoire integriert werden sollten. Aber vor allem wollten wir das Repertoire durch Werke erweitern, die entweder noch nie oder seit Jahrzehnten in diesem Haus nicht gespielt wurden. *Vespri*, *Ernani*, *Nabucco* und andere Verdi-Opern, *Die Frau ohne Schatten*, *Die schweigsame Frau* oder *Daphne* von Richard Strauss, Brittens Werke, Halevys *Jüdin*, Bellini und Werke des 20. Jahrhunderts waren und sind mir auch heute wichtiger als die Neuinszenierung im Repertoire befindlicher Werke, auch wenn es wichtig wäre, aus Qualitäts- und ästhetischen Gründen, aber auch wegen der Zeitbezogenheit einer Inszenierung, alte Produktionen neu zu gestalten. Mehr als fünf Opernpremieren neben Ballettpremieren, Kinderoper und Wiederaufnahmen sind jedoch nicht möglich. Ich entschied mich daher deutlich für die Repertoireerweiterung und gehe diesen Weg auch weiter.

Im Grunde genommen war für unseren Beginn das entscheidend, was einzig und allein immer entscheidend ist: Welche Werke mit welchen Künstlern gespielt wurden. Waechter und mir war es ein Anliegen, dass man mehr Wagner spielt, weil die Anzahl seiner Werke an der Staatsoper beschämend gering war. Wagners Werke haben wir von *Rienzi* bis *Parsifal* im Spielplan. Das hat derzeit kein anderes Opernhaus der Welt! Unsere erste Entscheidung war, einen neuen *Ring* auf die Bühne zu bringen. Ich stand auf dem Standpunkt, es könne nicht sein, dass zwei Generationen von heranwachsenden potentiellen Opernbesuchern keinen *Ring* sehen, weil sich die Direktionen nicht auf einen Regisseur und einen Dirigenten einigen konnten. Waechter hatte Adolf Dresen engagiert, einen guten Regisseur, der schon an der Wiener Staatsoper einen wunderbaren *Wozzeck* und an der Volksoper Zemlinskys *Geburtstag der Infantin* und *Die Florentinische Tragödie* gemacht hatte. Wir einigten uns, dass Christoph von Dohnanyi dirigieren sollte. Die Premieren des gesamten *Nibelungen-Rings* waren für die zweite Spielzeit geplant.

Wir beschlossen, in der ersten Saison keine Neuinszenierungen zu machen, sondern die vorhandenen Kapazitäten von nicht gespielten Inszenierungen zu nützen und diese wieder auf die Beine zu stellen. 41 Titel standen auf dem Spielplan.

Einer der wichtigsten Gründe dafür war aber die Tatsache, dass wir Zeit und Raum schaffen wollten, der großen Anzahl neuer Sänger Probenmöglichkeiten zu gewähren, um sie in das große Repertoire zu integrieren. Vor allem das deutsche Feuilleton griff uns scharf an, weil wir nichts Neues brachten, nach rückwärts orientiert wären und der szenischen Komponente nicht genug Wichtigkeit gewährten. Genau das Gegenteil war jedoch der Fall. Um eben auch szenisch und natürlich auch musikalisch intensiver proben zu können und das vorhandene Repertoire mit den neuen Kräften zu konsolidieren, trafen wir diese Entscheidung – und sie hat sich mehr als bezahlt gemacht. Man musste nur Geduld haben. Und die hatten wir.

Wichtig fanden wir, dass zum Beispiel Friedrich Cerhas *Baal,* der bereits vor Jahren eine Wiederaufnahme erleben sollte und es wegen der Erkrankung des vorgesehenen Titeldarstellers Theo Adam aber nicht mehr so weit kam, wieder zu sehen sei.

Wiederaufnahme bedeutet einen nicht geringen Probenaufwand, der manchmal vergleichbar mit dem für eine Neuinszenierung ist. Des Weiteren gab es eine sehr gute, aufbewahrte und nicht abgespielte Inszenierung von

Erste Pressekonferenz mit Domingo, Waechter und Baltsa 1991

Joachim Herz von Leos Janáčeks *Katja Kabanowa*, die als zweite Wiederaufnahme reaktiviert wurde, total neu besetzt. Die einzige echte Premiere war Andrej Tarkowskijs Neuproduktion von Mussorgskijs *Boris Godunow* unter der Leitung von Claudio Abbado am 6. Oktober 1991. Tarkowskij war in der Zwischenzeit gestorben, daher konnte er die Wiederaufnahme nicht selbst betreuen, die Produktion kam aus London. Eine weitere glänzende Wiederaufnahme galt Tschaikowskys *Pique Dame* unter Seiji Ozawa.

Wir verfuhren so, wie man in einem Ensembletheater auch schon früher verfahren ist, indem wir versuchten, jedes Sängerfach möglichst doppelt und auch dreifach im Haus zu besetzen. Der Großteil der neuen Sänger war völlig unbekannt, viele von ihnen gehören heute zu den ersten Fachvertretern aller großen Opernhäuser. Bei der Pressekonferenz, anläßlich der Vorstellung der ersten Spielzeit, wurde uns von vielen vorgeworfen, dass man all diese Sänger nicht kenne und man doch nicht mit namenlosen Sängern erste Fächer an der Wiener Staatsoper besetzen könne. Das kann nicht gut sein, nach dem alten Motto: Was man nicht kennt, kann nicht gut sein. Die Skepsis Wiens allem Neuen oder besser gesagt allem nicht Bekannten gegenüber ist ja bekannt. Das beschränkt sich keinesfalls nur auf Interpreten, sondern betrifft ja noch nicht bekannte Komponisten, Dichter und Maler genauso. Und ebenso der Unwille gegenüber Veränderungen. Ich hasse abgrundtief dieses wienerische „Das war schon immer so!" Diesen Satz hörte ich an der Staatsoper am häufigsten; er ist der stumpfste, als Erklärung dümmste und jede gut gemeinte Aktivität tötendste Satz, den es gibt.

Traditionell waren die Sänger an der Wiener Staatsoper in Monatsverträgen schlecht bezahlt. Diese Monatsgehälter erhöhten wir also; ich meinte, ein Sänger solle am wichtigeren Opernhaus zu Hause sein und an den weniger wichtigen gastieren. An der Staatsoper war es umgekehrt, Sänger aus der deutschen Provinz waren die Gastsänger an der Staatsoper. Ich erinnere mich in diesem Zusammenhang, dass ich nach München fuhr, um die Sopranistin Eliane Coelho für Salome zu hören, fand sie gut und bestätigte ihr *Salome*-Vorstellungen an der Staatsoper. Auf meine Frage, wo sie denn engagiert sei, sagte sie, in Frankfurt. Sie erzählte mir, was sie dort alles sang, und ich machte ihr den Vorschlag, nach Wien zu kommen, um hier ein noch breiteres Repertoire zu singen und von hier aus in Frankfurt und andernorts zu gastieren. Man sollte von oben nach unten gastieren, also vom besseren Haus aus und nicht andersherum.

Der finanzielle Bedarf war uns bewusst, er war kalkulierbar und vorhersehbar. Selbstverständlich wollten wir nach wie vor die erste Klasse der Sänger in Wien haben – Alfredo Kraus, José Carreras, Placido Domingo, Luciano Pavarotti, Piero Capuccilli, Agnes Baltsa und Edita Gruberova waren wichtige Künstler unserer Eröffnungsspielzeit.

Die Eröffnungsvorstellung am 1. September 1991 war *Parsifal*. Wagners letztes Werk sollte unser Beginn sein. Es war dies durchaus programmatisch gedacht, aber auch symbolisch: Bühnenweihespiel und Erlösung auf dem Wege zum Besseren an diesem Hause! Waechter meinte, die Todesglocken sollten gleich zu Beginn läuten, dann würden sie möglicherweise erst später echt klingen. Dieses Später hat sich leider für sein eigenes Leben nicht bewahrheitet.

Der kundigste aller kundigen Wagnerdirigenten, Horst Stein, stand am Pult, Placido Domingo sang die Titelrolle und Waltraud Meier die Kundry. Monte Pedersen, unsere erste von vielen Neuentdeckungen, war der sensationelle Klingsor. Ich saß neben Eberhard Waechter in unserer Direktionsloge am ersten Rang rechts, Loge Nummer 13. Es war für mich ein erhabenes und überwältigendes Gefühl, als Mitgestalter dieses wunderbaren Hauses jetzt da sitzen zu dürfen. Ich ahnte damals am 1. September 1991 weder, dass mein Mitstreiter und Freund Eberhard Waechter nur noch sieben Monate vor sich hatte, noch dass ich 16 weitere Jahre dort allein sitzen würde.

Zur Ehre des Wiener Publikums, aber auch der Wiener Presse muss ich sagen, dass sich die Aufregung sehr schnell legte, dass man mit großem Erstaunen, aber auch mit großem Zuspruch die neuen Sänger akzeptierte und nach ihren Leistungen bewertete. Innerhalb des Hauses konnten wir bei den Philharmonikern, der Technik, dem Chor einen Zusammenhalt und eine immer stärker werdende Identifikation mit dem Haus erleben.

In einem Repertoirebetrieb sind die Arbeit, die Anspannung, die Verantwortung nicht zu vergleichen mit einem Staggione-Betrieb oder mit Festspielen. Jeden Abend wird ein anderes Stück gespielt, jeden Abend kann ein Sänger wegen Indisposition oder Krankheit absagen, und nicht alle Verträge, die man abgeschlossen hat, werden auch wirklich eingehalten. Und vor allem muss man jeden Abend Vorstellungen auf die Bretter zaubern, die von 2.700 Zuschauern angenommen werden sollen. Darüber hinaus hat man das ganze Haus zu führen. Wir hatten von Anfang an eine sehr monolithische Führung, wir führten das Haus sehr persönlich und persönlichkeitsabhängig. Waechter ging immer in der Früh um $1/2 9$ in die Volksoper und kam gegen 11 Uhr in die Staatsoper, ich ging in der Früh direkt in die Staatsoper, blieb bis etwa 3 Uhr, danach ging ich Tennis spielen, nach Hause essen und kam gegen 6 Uhr abends wieder, um bis zum Vorstellungsende zu bleiben. Bis auf die Tatsache, dass ich nicht mehr Tennis spiele, hat sich an diesem Ablauf bis heute nicht viel geändert.

Waechters Tod

Am 27. Februar 1992, also sechs Monate nach Beginn unserer ersten Spielzeit, wurde mein zweiter Sohn Liviu geboren. Waechter hatte ihn – ein Monat vor seinem Tod – noch im Rudolfinerhaus besucht. Ich war nun fast 57 Jahre alt und 63, als meine Tochter Alina geboren wurde. Trotz meines Amtes und der vielen Verpflichtungen auch noch außerhalb der Oper erlebte und erlebe ich ganz bewusst des Heranwachsen zweier Menschenkinder in meiner unmittelbaren Umgebung und meine Frau als ideale Mutter. Auf vieles muss man verzichten, ohne etwas zu verlieren – jedenfalls viel weniger, als man bekommt. Man kann nie so viel geben, wie Kinder brauchen können. Etwas Schöneres, Reineres und Vollkommeneres als Kinderstimmen beim Aufwachen gibt es nicht. Auch mit meinem heute bereits über 30jährigen Sohn Adrian hatte ich nach meiner Scheidung wunderbare Jahre verlebt, bis er die Schule beendet hatte. Die Gnade, das noch einmal erleben zu dürfen, ist mir bewusst.

Während ich diese Zeilen geschrieben habe, es ist halb elf Uhr abends, erreichte mich ein Telefonat aus der Berliner Oper mit der unfassbaren Nachricht vom Tode Giuseppe Sinopolis. Mitten im Leben am Höhepunkt seiner Schaffenskraft wurde dieser außergewöhnliche Mensch und Musiker aus dem Leben gerissen. Er war seit einem Vierteljahrhundert mein Freund und Weggefährte. Ich hatte ihn bei Mario del Monacos 60. Geburtstag in Treviso als noch jungen Komponisten und Jazzpianisten kennen gelernt. Großes, Bedeutendes und Bleibendes hat er für unser Haus geschaffen von seinem Debut mit *Attila,* von Seefehlner geholt, bis zu seiner unvergesslichen musikalischen Leitung der neuen *Frau ohne Schatten.* Nie wurde mir das Vergängliche bewusster als durch das so ähnliche Sterben von Eberhard Waechter und Giuseppe Sinopoli.

Mit Giuseppe Sinopoli, Pressekonferenz zu Frau ohne Schatten, *2000*

Waechters plötzlicher Tod beendete seinen Lebensweg am 29. März 1992. Es war ein Sonntag, wir hatten Vormittag eine Benefizmatinee mit Otto Schenk und Marcel Prawy, nachher war ein Empfang im Hotel Intercontinental. Waechter war blendender Laune, es war prachtvolles Wetter, ein schöner Frühlingstag. Nach drei Uhr gingen wir, Waechter wollte noch im Wald spazieren gehen, ich ging nach Hause und zwei Stunden später rief mich die Telefonzentrale an. Die Beamtin brachte es nicht über sich, mir zu sagen, was wirklich passiert war. Sie stammelte nur, dass etwas Furchtbares passiert sei, und gab mir den leitenden Arzt der Wiener Rettung, der mir sagte, dass Waechter tot sei. Ich konnte es nicht glauben. Er wurde dann mit dem Rettungsauto bei mir zu Hause vorbeigeführt, damit ich mich persönlich davon überzeugen und ihn noch einmal sehen konnte.

Waechter war also tot und ich stand da ohne ihn – ohne den Mann, der mich dazu bewogen hatte, in die Oper zu wechseln, der diese tief greifende Entscheidung in meinem Leben zu einem Zeitpunkt, wo ich doch bereits in einem reifen Alter war, mitverursacht und mitgetragen hatte.

Und plötzlich war ich allein.

Am nächsten Tag rief mich Bundeskanzler Vranitzky zu sich und fragte mich, wie es meiner Meinung nach weitergehen solle. Ich sagte ihm, dass ich mit Waechter gekommen sei und es mir daher logisch erscheine, auch gemeinsam mit ihm zu gehen. Zurück zur Agentur könne und wolle ich nicht mehr, selbstverständlich bliebe ich, bis man eine Lösung fände und mein Vertrag ausläuft. Vranitzky fragte mich aber, ob ich das Haus in Vollverantwortung bis zum Ende meines Vertrages übernehmen würde. Ich wusste nicht, dass die Philharmoniker und der Betriebsrat der Staatsoper in der Zwischenzeit dem Bundeskanzler telegrafisch den Wunsch mitgeteilt hatten, dass er mich im Sinne der Kontinuität mit der Weiterführung der Staatsoper betrauen möge. Ich sagte Bundeskanzler Vranitzky, dass ich das tun würde.

Wenn ich auch durch die Dramatik der darauf folgenden Tage nach diesem Sonntag, dem 29. März 1992, keine Zeit hatte, in mich zu gehen und die vollkommen veränderte Situation zu analysieren oder mir darüber bewusst zu werden, dass ich nun ganz allein in der allerersten Linie stand, war die Lage doch grundsätzlich anders als die ursprünglich gedachten Voraussetzungen. Eberhard Waechter war für mich persönlich ein Freund, eigentlich der einzige, und nicht nur Mitstreiter in unserem enormen Vorhaben, sondern auch die auslösende Persönlichkeit, der Grund und die Ursache dafür, dass ich die Privatwirtschaft verlassen hatte und mein persönliches Leben total änderte, um an die Oper zu gehen. Waechters Bekanntheitsgrad, seine Akzeptanz bei den Opernfreunden, aber auch bei der österreichischen Bevölkerung war unvergleichbar größer als meine. Waechter symbolisierte für viele die vergangene gute Zeit der Wiener Oper, er war auch ein lebendes Zeichen der großen Karajan-Zeit, in der er ja viel und Wichtiges gesungen hatte, und es ist selbstverständlich, dass viele es nicht wahrhaben wollten, dass jetzt plötzlich ich mit allen Attributen, Kompetenzen und der gesamten Macht allein dastand. Diese Bedenken, dieses latente Misstrauen mir gegenüber nahm keine fassbaren Formen an, aber atmosphärisch spürte ich es und es dauerte, bis sich das geändert hatte.

Am 2. April 1992 erfolgte meine Ernennung zum Direktor der Wiener Staatsoper und der Volksoper. Ich ließ Waechters Zimmer, in dem ich nun amtieren sollte, die ganze Spielzeit unberührt, ich brachte es nicht über mich, es zu betreten. Wir schlossen die Vorhänge und ließen es bis zum Ende der Spielzeit, wie es war. Das Nebenzimmer war mein Büro. Es war viel schwerer, als man meinte, denn plötzlich war ich nicht nur ganz allein, sondern ich fühlte mich auch ganz allein. Auch wenn ich die schwerere und heiklere Arbeit an der Staatsoper getan hatte, machte Waechter doch vieles selbst. Viel wichtiger war, dass ich in ihm eine Stütze und vor allem einen Gesprächspartner für alles hatte. Sprechen konnte ich nun nur mehr mit mir selbst und daran hat sich bis heute eigentlich nichts geändert.

Mit 57 Jahren war ich nun alleiniger Direktor der zwei großen Wiener Opernhäuser. Außer Waechter, gemeinsam mit mir, hat diese Bürde noch niemand getragen. Die sängerische Zusammenarbeit der Häuser funktionierte von Anfang an klaglos und brachte Vorteile für beide Häuser. Eine ganze Reihe von heute international anerkannten Sängern und Dirigenten begannen während meiner Direktion an der Volksoper ihre Karriere. Ich nenne nur Donald Runnicles, Simone Young, Bertrand de Billy oder Asher Fish.

Ein Beispiel soll die gute Zusammenarbeit der beiden Häuser illustrieren: Eines Tages sang mir ein junger südafrikanischer Tenor aus Bonn an der Staatsoper vor, Arien aus *Tosca* und *Turandot*. Es war mit unglaublicher Perfektion und Stimmschönheit, dazu mit großem Volumen vorgetragen, so dass ich dachte, irgendetwas Negatives müsse dahinter sein, wenn ein Mann so phänomenal singt und an einem mittleren deutschen Theater unentdeckt engagiert ist. Ich probierte ihn daher zuerst in der deutschen *Bohème* an der Volksoper aus, bevor ich ihn an der Staatsoper einsetzte. Das war Johan Botha. Er sang einen phänomenalen Rudolf in dieser *Bohème,* ich kann mich an keinen anderen Sänger dieser Partie erinnern, der mit einer so großen Stimme die Fähigkeit hatte, das viel gefürchtete hohe C auch noch bis zum Pianissimo zurückzunehmen. Heute ist Botha einer der wichtigsten Tenöre der Staatsoper und aller wichtigen Opernhäuser der Welt.

An der Volksoper war es für mich schwieriger, ich konnte weniger Fuß fassen, spürte keine so starke Verbindung mit dem Haus und war auch physisch weniger anwesend als in der Staatsoper. Dazu kam, dass Waechters alleinige Direktion an der Volksoper vier Jahre vor der Staatsoper begonnen und prägnante und persönliche Spuren hinterlassen hatte. Ich wusste, dass ich nicht die Zeit haben würde, mich ihr im selben Ausmaß zu widmen wie der Staatsoper. Mittwoch war immer der Volksoperntag, was bald zu dem Spruch führte: „Wir haben einen Mittwochsdirektor." Da war schon etwas Wahres dran, aber ich war natürlich auch oft in Vorstellungen – einen freien Abend hatte ich nie. Robert Herzl und Robert Schubert halfen mir an der Volksoper in den folgenden vier Jahren bis zum Sommer 1996 unendlich viel. Ohne sie hätte ich die Doppelbelastung nicht geschafft.

Es war keine Zusammenlegung beider Häuser – weder inhaltlich noch formal. Die Reform umfasste den intensiven Künstleraustausch der Solosänger und auch von Dirigenten zwischen den beiden Häusern, so zum Beispiel dirigierte Leopold Hager *Die Lustigen Weiber von Windsor* und Jan Latham-König *Nabucco* und *Das schlaue Füchslein* an der Volksoper. Das wurde zum Nutzen beider Häuser gemacht, nicht nur in zweiten, sondern auch durchaus in ersten Fächern. Sänger und Sängerinnen der Volksoper machten dann ihre große Karriere an der Staatsoper, so zum Beispiel Adrianne Piezconka, die heute eine der wichtigen Sopranistinnen aller Bühnen der Welt ist und an der Volksoper als Operettensängerin anfing, und Boje Skovhus, der von Waechter entdeckte dänische Don Giovanni der Volksoper. Er sang auch weiter an der Volksoper – ich brachte *Hamlet* von Ambroise Thomas heraus, Skovhus war sicherlich ein entscheidender Faktor für diese Stückwahl. Diese Entwicklung und Zusammenarbeit ging auch nach meiner Direktionszeit weiter. Heute ist es nicht mehr so – Zeiten ändern sich und auch die handelnden Personen. Prinzipiell fand ich dieses Konzept richtig, die Volksoper behielt ihre Identität durch den abgegrenzten Spielplan und eine große und wichtige Opernliteratur. Die Künstler konnten mehr und besser eingesetzt werden, kamen rascher weiter, wurden bekannt und fanden in beiden Häusern neue Möglichkeiten.

Neues an der Volksoper …

Die erste Premiere nach dem Tod Waechters, die ich nach außen hin voll verantworten musste, war die Robert-Stolz-Revue *Servus Du*. Ich konnte mich mit dieser Art von Revue nicht anfreunden, sah auch keine Notwendigkeit dafür, und da die Akzeptanz beim Publikum auch nicht gerade gut war, setzte ich sie bald wieder ab.

Einige der wichtigen Produktionen der Volksoper galten Werken des 20. Jahrhunderts, Prokofiews *Feuriger Engel,* Janáčeks *Die Sache Makropulos* – beide Werke mit Anja Silja in der Hauptrolle. *Lady Macbeth von Minsk* mit dem Debüt von Donald Runnicles als Dirigent und Christine Mielitz als Regisseuse und Janáčeks *Das schlaue Füchslein* waren künstlerisch große Erfolge, die an der Volksoper erzielt wurden. Und bedeutende Werke der Opernliteratur wurden erstmals in Wien aufgeführt. Sowohl der Dirigent Donald Runnicles als auch die Regisseuse Christine Mielitz sollten noch wichtige Mitgestalter meiner späteren Vorhaben in der Staatsoper werden.

Das klassische Musical wurde mit *Kiss me Kate, My fair Lady* und dem von mir neu herausgebrachten *Mann von La Mancha* neben dem von Waechter gebrachten *La Cage aux Folles* erfolgreich gespielt. Sicherlich gehe ich leider auch in die Annalen der Volksoper mit der Wiederaufnahme von *Kiss me Kate* ein durch die Besetzung des Petruchio mit dem als Schauspieler und große Persönlichkeit geachteten Mario Adorf, der aber die Gesetze des singenden Darstellers leider nicht bewältigen konnte. Ich glaube bis heute, dass die Erwartungen auch durch den Bekanntheitsgrad dieses Künstlers enorm waren und daher sein Versagen umso größer empfunden wurde. Der Skandal und die Buhrufe bei der Premiere erreichten jedenfalls Staatsopernformat.

Wir versuchten, noch einmal Gottfried von Einems *Dantons Tod* Leben zu geben, der Komponist war uns auch ein Berater und freundschaftlich gesonnener großer Mann bis zu seinem Tod. Ich hatte eine starke persönliche Affinität zu diesem großen Mann und auch er schätzte meine Arbeit sehr. Lange geistreiche und fruchtbare Gespräche mit Gottfried von Einem bei viel Rotwein blieben mir in bester Erinnerung. Durch nichts außer durch Qualität war er zu beeindrucken und hatte einen scharfen Sinn, diese zu erkennen.

Dann machten wir eine Uraufführung von Heinz-Karl Grubers Oper *Gomorra,* aber vor allem stand natürlich die Pflege der Operetten im Vordergrund. Viele Werke waren schon im Spielplan, es war nicht leicht, ihn zu ergänzen, weil ich der Meinung war und bin, dass wegen der Libretti trotz der großen musikalischen Qualität viele Operetten kaum aufzuführen sind. Wir machten Ralph Benatzkys *Im weißen Rössl,* das bis heute im Spielplan besteht. Kein großer Erfolg war *Giuditta* beschert – ein Werk, das früher an der Staatsoper gespielt worden war und das weder szenisch noch sängerisch entsprechend gelang. Ursprünglich war Cheryl Studer für die Titelrolle vorgesehen, damals wirklich die begehrteste Sopranistin, die dann, ebenso wie der stückentscheidende Tenor, von ihrem Vorhaben zurücktraten, worauf auch noch der von mir vorgesehene Regisseur Imo Moskowits verloren ging.

Bei den Vorstellungen am 18. und 21. Juni 1993 gelang uns eine einmalige Sache, etwas, das auf der ganzen Welt bis dahin nicht einmal Placido Domingo gelungen ist: Er sang an einem Abend zwei Rollen an zwei verschiedenen Opernhäusern. Zuerst in Puccinis *Der Mantel* an der Volksoper, dann fuhren wir mit einer alten Straßenbahn samt anderen Künstlern und unter lebhafter Beteiligung der Bevölkerung zur Staatsoper, er stieg am Ring vor der Staatsoper geschminkt aus und zog als Canio im *Bajazzo,* begleitet von akklamierenden Menschen auf der Straße, in die Oper ein. Die ganze Stadt stand Kopf. Noch nie waren Staats- und Volksoper so nah wie an diesem Tag.

Mona Lisa von Max von Schillings war meine letzte Premiere in der Volksoper, eine sehr interessante Oper des 20. Jahrhunderts, komponiert von einem Mann, dem man ein Naheverhältnis zur Ideologie des Dritten Reiches nachsagte. Ich wurde angegriffen, gerade diesen Komponisten aufzuführen, der jedoch bereits 1933 gestorben war – man kann daher nur spekulieren, wie er im Laufe der Zeit tatsächlich zu den Nationalsozialisten gestanden wäre. Außer-

Domingo in der Straßenbahn zwischen Volks- und Staatsoper

dem entspricht es nicht meiner Auffassung, Werke nach dem Charakter seiner Schöpfer auszuwählen, sondern nach ihrer Qualität.

Die Direktion der Volksoper hat mir viel Freude gemacht. Die Volksoper ist ein wichtiges Opernhaus und deckt einen großen und wichtigen Teil der Opernliteratur, welcher in der Staatsoper nicht gespielt wird, ab. Ich war und bin sehr dafür, die Werke dort in deutscher Sprache zu spielen. Die ganze deutsche Spätromantik, Werke von Schreker, Zemlinsky, d'Albert, Pfitzner, Kienzl, aber auch die Spielopern Lortzings würden an der Volksoper bestens aufgehoben sein. Mein Vorhaben, Goldmarks *Königin von Saba* noch einmal zum Leben zu erwecken, konnte ich nicht mehr realisieren. Hoffentlich kommt aber noch die Zeit für diese und andere Werke, die in Wien derzeit niemand mehr spielt, anstatt in beiden Wiener Opernhäusern allmählich dasselbe zu spielen.

Als Abschluss spielte ich in der *Zauberflöte für Kinder* selbst als Regisseur mit. Bei der letzten Vorstellung in der Volksoper bekam ich dann auf offener Bühne zu meinem wirklichen Erstaunen und zu meiner großen Freude die Ehrenmitgliedschaft des Hauses überreicht. So bin ich also Ehrenmitglied beider Wiener Opernhäuser, was mir viel bedeutet.

… und der Staatsoper

In Sevilla gastierten wir anlässlich der Weltausstellung mit *Don Giovanni*, dort sah ich eine Ausstellung des mir bis dahin unbekannten Künstlers Hermann Nitsch. Die Bilder und vor allem die Farben inspirierten mich dazu, mit ihm Gespräche über die Gestaltung der geplanten *Hérodiade* von Jules Massenet zu führen. Nitsch spaltete die Gesellschaft und auch das Opernpublikum in ungeahnter Weise, man erwartete etwas Ungeheuerliches, weil Nitsch zum Teil Tierblut als Farbe verwendet.

Es war das erste Mal in der Geschichte des Hauses, dass ein Teil eines Bühnenbildes durch eine Schüttaktion während einer Vorstellung gestaltet wird. Bei jeder Vorstellung entstand also ein neues Bild! Beim Tod des Johannes werden von oben über eine große weiße Leinwand verschiedene Farben geschüttet. In einer Kunstauktion verkauften wir nach jeder Vorstellung diese Leinwand, die zerschnitten und vom Künstler signiert wurde – Teile eines nicht mehr benützten Bühnenbildes wurden also als einzelne Kunstwerke verwertet. Die Oper wurde ein großer Erfolg, auch dank der großartigen Sängerleistungen von Agnes Baltsa, Nancy Gustavson, Placido Domingo, Juan

Premiere von Hérodiade, *1995*

Pons und Feruccio Furlanetto. Dirigiert hat der junge, besonders begabte Marcello Viotti, den ich noch von seinen Anfängen am Luzerner Stadttheater gut kannt und der heute ein wichtiger Spitzendirigent ist. Und all jene, die Nitsch bis dahin in nicht sehr würdiger Form auch persönlich attackierten, deklarierten ihn nun nach seinem Erfolg an der Staatsoper als Staatskünstler – auch das gehört zu den Bizarrheiten der österreichischen Gesellschaft.

Es war mir von Anfang meiner Tätigkeit an klar, dass die Staatsoper im Fernsehen präsenter sein müsse. Nicht, weil ich dieses Medium so geeignet finde für die Kunstgattung Oper, aber schon vor zehn Jahren war es so, wie es heute ist: Was im Fernsehen nicht zu sehen ist, hat nicht stattgefunden. Ich habe mit viel Arbeit und Kampf mit den verschiedenen Vertretern der Gruppen dem von mir hoch geschätzten Generalintendanten des ORF Gerd Bacher, gegen dessen willkürliche Absetzung durch Bundeskanzler Bruno Kreisky ich einige Jahre zuvor öffentlich demonstrieren gegangen war, einen Plan unterbreitet, der eine dauerhafte und finanziell mehr als vertretbare Übertragung auch von Repertoirevorstellungen im Fernsehen ermöglicht hätte. Leider wurde dieser Plan vom ORF nicht angenommen, das bedauern manche auch im ORF bis heute. Trotzdem gelang uns eine vergrößerte und intensivere Form der Fernsehpräsenz, nicht nur mit Integralübertragungen, die nicht mehr den Gewohnheiten der Fernsehzuschauer entsprechen, weil niemand mehr mehrere Stunden bei einem Kanal ausharrt. Die zuletzt angegriffenen Kurzfassungen von Opern – Montagefassung genannt – haben zu mehr Verständnis, Interesse und Neugier des Fernsehzuschauers für die Oper geführt. Man soll und kann ja nicht durch das Fernsehen das Bedürfnis der Menschen nach Oper befriedigen, sondern muß vor allem diejenigen, die die Oper nicht besuchen, auf diese Kunstgattung aufmerksam und neugierig machen. Ich betrachte Oper im Fernsehen als Werbung für die Gattung Oper im Allgemeinen und natürlich im Besonderen für die Staatsoper.

In den ersten Jahren beschäftigte sich die Berichterstattung mit der Krise des Staatsopernballetts, die ich durch das Engagement der englischen Choreographin Anne Woolliams als Ballettdirektorin beendete. Woolliams empfahl mir dann den derzeitigen Ballettdirektor Renato Zanella, der an der Oper einen dauerhaften Aufbau des Balletts in einer der heutigen Zeit mehr entsprechenden Form einleitete. Spätestens heute hat sich mein Wunsch erfüllt, nicht nur detailgenauest bestehende Choreographien von meist nicht mehr lebenden Choreographen nachzuahmen, sondern neue Themen zu suchen und neue Kreationen auch im Ballett zu finden. Ich habe nie verstanden, worin der künstlerisch kreative Akt in Nachahmungen von Choreographien besteht außer der Tatsache, dass Tantiemen und testamentarisch festgelegte Zahlungsverpflichtungen an die Erben des ursprünglichen Choreographen zu einer teureren und nicht mehr zeitgemäßen Form geführt hatten. Dieses System erinnerte mich oft an Disney Musical-Produktionen, die dann oft mehr schlecht als recht kopiert wurden.

Die Spielplangestaltung an der Staatsoper im Sinne unseres Vorhabens, in Wien weniger bekannte und wichtige Werke zu spielen, fand den entsprechenden Widerhall, so spielten wir *I Puritani* von Bellini mit der unvergleichlichen Edita Gruberova, aber auch wichtige Werke des 20. Jahrhunderts, wie Paul Hindemiths *Cardillac* mit dem großen Sängerdarsteller Franz Grundheber in der Titelrolle.

In der Saison 1994/1995 war die Staatsoper bis Mitte Dezember 1994 wegen Renovierungsarbeiten im Bühnenbereich geschlossen, in dieser Zeit gastierten wir in Japan. Auch im Theater an der Wien war die Staatsoper präsent – der Mozart-Da-Ponte-Zyklus wurde mit *Così fan tutte* unter Riccardo Muti unter der Mitwirkung junger Sänger wie Barbara Frittoli, Angelika Kirchschlager, Bo Skovhus, Michael Schade begonnen. In dem Theater, wo Mozart-Opern in Wien ideal gespielt werden könnten. Am 14. Dezember fand in der Staatsoper als Festvorstellung der Abschiedsabend von Christa Ludwig als Klytemnästra in Richard Strauss' *Elektra* statt. Eine Frau, die jahrzehntelang für das deutsche und italienische Fach in gleich hoher Qualität von so großer Bedeutung war. Ich kenne keinen anderen Sänger, keine andere Sängerin, dem oder der das auf solch hohem Niveau gelungen ist. Heute ist vielleicht Violetta Urmana ihre diesbezügliche Nachfolgerin, doch wird sie in Zukunft nur Sopranpartien singen.

Die Welturaufführung eines Werkes, das noch Eberhard Waechter und ich gemeinsam in Auftrag gegeben hatten, hatte Premiere, es war Alfred Schnittkes *Gesualdo,* ein interessantes und spannendes Thema aus der Barockzeit. Schnittkes großer Wunsch für die Uraufführung seiner Oper *Gesualdo* war Mstislav Rostropovitch als musikalischer Leiter. Rostropovitch ist ein ganz

Mit Mstislav Rostropovitch 1996

außerordentlicher Mensch, mit dem mich eine tiefe, mir sehr wertvolle Freundschaft verbindet. Er leitete dann auch die Erstaufführung von Brittens *Peter Grimes,* dessen persönlicher enger Freund er war. Ich kannte Rostropovitch noch aus der Zeit, als die Wiener Festwochen den gerade aus der Sowjetunion ausgewiesenen großen Cellisten, Musiker und Humanisten mit der musikalischen Leitung der *Fledermaus*-Produktion betrauten und ich wegen der Besetzung öfters Gelegenheit hatte, mit ihm zu sprechen. Ich traf ihn damals in seiner gemieteten Wohnung in Wien, er trug zu Hause zu jeder Tageszeit ein langes russisches Nachthemd. Rostropovitch wurde zusammen mit seiner Frau, der weltberühmten Sopranistin Galina Wichnewskaja, auf Grund seiner auch öffentlich geäußerten Solidarität zu Alexander Solschenizyn gezwungen, seine Heimat zu verlassen. Wien ergriff als erste Stadt die Gelegenheit, ihn danach mit einer wichtigen Aufgabe zu betrauen.

15 Jahre, nachdem er eine große Karriere auch als Dirigent gemacht hatte, suchte ich also erneut Kontakt zu ihm. Er schrieb mir, ich solle nach Evian am Genfer See kommen, wo er ein exklusives Festival leitete. In diesem kleinen, noblen und exklusiven Ferienort in Frankreich trafen sich die besten der allerbesten Instrumentalmusiker der Welt, um gemeinsam zu musizieren. Ich

fand sofort wieder eine freundschaftliche und warmherzige Beziehung zu dem wunderbaren, hochgeistigen, sensiblen und für alles offenen Menschen Rostropovitch, der mir auf Grund seiner langen freundschaftlichen Bindung zu Alfred Schnittke zusagte, dessen Uraufführung zu leiten. Während eines superben Abendessens erzählte ich ihm auch von meinen Plänen für die Staatsoper, von meinem Vorhaben, Enescus *Oedipe* endlich adäquat aufzuführen, was ihn begeisterte, da auch Rostropovitch Enescus Musik bewunderte. Auch erzählte ich ihm von meinem Plan, Brittens *Peter Grimes* erstaufzuführen. Als er das hörte, sprang er auf, umarmte mich unter Tränen und sagte: „Ioanitschko, das mach ich, das bin ich Ben [Britten] schuldig!" So kam es also auch zu Rostropovitchs Verpflichtung für *Peter Grimes*. Prokofiew, Schostakowitsch und Britten waren seine Lebensmenschen in der Musik – und für seine Freunde, ob lebend oder tot, macht Rostropovitch alles!

An einem Abend als Dirigent an der Oper verdiente Rostropovitch ungefähr ein Fünftel von der Gage für einen Celloabend – darauf wies ich ihn auch hin, er aber antwortete nur: „Na, muss ich eben dann mehr Cello spielen." Und es gab tatsächlich keinen Tag zwischen den Vorstellungen, an dem er nicht irgendwo in Europa Cello spielte.

Rostropovitch gehört neben Carlos Kleiber zu den faszinierendsten Begegnungen meiner Zeit an der Staatsoper. Isaac Stern, der nach 50 Jahren inkognito wieder Österreich betrat und bei uns bei einem *Rosenkavalier* war, beeindruckte mich auch sehr. Durch seinen Besuch in der Staatsoper, nach dem er sagte, „The best performance in the best opera house", ergab sich eine seelenverwandte Beziehung. Sir Isaac blieb auch fasziniert vor dem großen, wunderbaren Enescu-Ölbild in der Direktion stehen, betrachtete das Porträt lange und sagte: „I played with him." George Enescu war zwar als Wundergeiger und Lehrer Jehudi Menuhins populär geworden, er war aber auch ein ganz großer Pianist und spielte eigentlich alle Instrumente. Er besaß auch die musikalische Genialität, nach bloßem Hören eines Musikstückes sofort und ohne Notenhilfe jedes Instrument aus dem Orchester, noch dazu in der richtigen Tonart, einzeln nachzuspielen. Es gilt dies als einmalig in der Musikgeschichte. Vor allem aber ist Enescu ein ganz außerordentlicher Komponist, die Oper *Oedipe* ist sein Lebenswerk.

Es ergab sich, dass in einer Spielzeit drei Koproduktionen ihre Premiere erlebten, neben Verdis *Stiffelio* als Koproduktion mit Covent Garden in London auch Arrigo Boitos *Mefistofele* mit der Mailänder Scala dirigiert von Riccardo Muti, und eben *Oedipe* von Enescu mit der Deutschen Oper Berlin, in Wien von Michael Gielen einstudiert, ein außerordentlicher Dirigent vor allem für kompliziertere Kompositionen, der damit nach allzu langer Abwesenheit an die Staatsoper zurückkehrte. Diese ist eine der wichtigsten Opern des 20. Jahrhunderts, wie auch Enescu ein noch nicht genügend entdeckter und erforschter Komponist ist. *Oedipe* wurde ein großer Erfolg und befindet sich noch heute im Repertoire der Staatsoper.

Koproduktionen sind in der heutigen Zeit ein sehr beliebter Weg, um einerseits am Papier Kosten zu sparen, in Wahrheit jedoch um im eigenen Haus weniger Arbeit und Mühe zu haben, andererseits szenisch erfolgreiche Produktionen, die andernorts stattgefunden haben, zu verwerten. Meine Erfahrungen mit Koproduktionen sind nicht die besten, weil selbstverständlich jene Bühne, wo die Produktion erstmalig stattgefunden hat, immer im Vorteil ist, das zweite Theater meistens im Nachteil. Im Grunde ist es so, dass man die Kosten zuerst halbiert und das Theater, das nachspielt, noch einmal die Hälfte draufzahlt, um die Dekorationen zu adaptieren, um die Produktion spielen zu können. Wenn man nicht von Anfang an ganz genau die Möglichkeiten der koproduzierenden Bühne berücksichtigt, bringt es für die zweite Nachteile. Unsere Erfahrungen waren vor allem bei Boitos *Mefistofele* sehr schlecht, weil wir hier teils aus technischen, teils aus ästhetischen Gründen die Dekorationen großteils nachbauen mussten, auch im Sinne eines Repertoiretheaters. Es ist kaum möglich, Produktionen eines Staggione-Theaters mit einem Repertoire-Theater zu koproduzieren, weil die Möglichkeiten grundlegend verschieden sind. In einem Staggione-Betrieb bleibt die aufgebaute Dekoration während der Laufzeit des Stückes stehen, was eine nicht unbedingt künstlerisch bessere, aber in der Ausführung unendlich luxuriösere und auch technisch komplizierte Herstellung der Bühnenbilder erlaubt. Darüber hinaus sind sie für eine kürzere Spieldauer gebaut.

Die schweigsame Frau, Richard Strauss' letzte Oper gemeinsam mit Stefan Zweig als Librettisten, wurde bereits im Dritten Reich uraufgeführt und nach der Premiere dann – ohne den Namen Zweigs zu nennen – weitergespielt. Sie blieb eine selten gespielte Oper, auch weil sie musikalisch und sängerisch sehr kompliziert ist und an die Sänger große Herausforderungen stellt. Wir halfen diesem Werk erstmals auch zu einem großen Publikumserfolg, vor allem durch die Sängerin der Titelrolle Natalie Dessay und die Interpretation des Sir Morosus durch unser Ensemblemitglied Kurt Rydl, aber auch dank Marco Arturo Marelli, der Bühnenbild und Inszenierung machte. Diese Produktion ging dann als Koproduktion nach Dresden und später auch nach Paris – ein seltener Glücksfall einer Koproduktion auf breiter Basis, die allerdings zuerst bei uns gespielt wurde und entsprechend geplant und gebaut war.

Eine Neuerung sind die Ausstellungen im Mahler-Saal, dem früheren Gobelin-Saal, wo wir anfangs in Zusammenarbeit mit der Secession, später dann aus eigener Kraft oder mit anderen Instituten interessante zeit- und spielplanbezogene Ausstellungen aus der bildenden Kunst einführten. Auch zu Sängerjubiläen oder begleitend zu einzelnen Produktionen wurden und werden Ausstellungen im Mahler-Saal gezeigt. Dieser Saal, der in den Pausen vom Publikum frequentiert wird, bietet auf Grund seiner Größe und Architektur dazu eine wunderbare Möglichkeit. Die Begleitausstellung zur *Schweigsamen Frau* illustrierte den gesellschaftlichen, historischen und natürlich politischen Hintergrund der Entstehungszeit dieser Oper. Richard Strauss ist dabei kein untypisches Beispiel eines großen Musikers und Künstlers, der sich den politischen Gegebenheiten nicht zu seinem Nachteil angepasst hatte und nichts wissen wollte, was er nicht wissen musste. Auch andere Komponisten jener Zeit versuchten dies, solange es ihnen noch möglich war. Fast keiner suchte sich freiwillig die Rolle des Opfers aus. Das betrifft jedoch nicht nur die Komponisten, sondern auch die Interpreten.

Entscheidendes für das Haus gelang mir durch den Bau der Eberhard-Waechter-Probebühne im 6. Stock unter dem Dach, die am 1. September 1995 eingeweiht wurde. Jeder wusste, dass ein Umbau prinzipiell möglich wäre, doch glaubte man, dass mit Asbest gebaut sei und daher die gesundheitlichen Risiken zu hoch wären. Doch war zum Zeitpunkt, als die Oper gebaut wurde, Asbest noch gar nicht verwendet worden, und so stand dem Bau nichts mehr im Wege. Jahrzehnte zuvor jedoch war es gerade dieses Gerücht, das einem Ausbau entgegenstand. Eine typisch wienerische Einstellung, nichts ändern zu wollen.

Meine Absicht war, im Verdi-Jahr 2001, also anlässlich des 100. Todestages des Komponisten, in Wien alle 26 Opern zu zeigen, und ich begann schon Jahre zuvor mit dem Versuch, in Wien noch nicht gezeigte Verdi-Opern szenisch zu bringen. Dazu zählten *Stiffelio* in einer Koproduktion mit Covent Garden und in späterer Folge die in Originalfassung noch nie gezeigte *Sizilianische Vesper,* musikalisch sicherlich eines der wichtigsten Werke Verdis, und auch *Ernani,* die erste von Ozawa in Wien dirigierte Verdi-Oper mit Neil Shicoff in der Titelrolle. In der Volksoper begann ich mit der deutschen Fassung von Verdis erster und kaum bekannter Oper *König für einen Tag.*

Bei keinem anderen Opernkomponisten ist das Interesse der interpretierenden Sänger größer als bei Giuseppe Verdi. Kein anderer Komponist in der Geschichte der Oper komponierte so gezielt für die menschliche Stimme. Anlässlich der Wiederkehr seines 100. Todestages führte die Wiener Staatsoper im Jänner 2001 drei Wochen lang alle im Repertoire befindlichen Verdi-Opern, insgesamt 13 Werke, auf. Schon Jahre zuvor waren die wichtigsten Sänger dafür engagiert worden. Das Echo bei Publikum und Presse war überwältigend, das Publikum stürmte die Staatsoper geradezu. Die Vorstellung des *Otello* am 27. Jänner – Verdis Todestag und gleichzeitig Mozarts Geburtstag – war der absolute Höhepunkt dieser Wochen. Ein außerordentlicher Tenor und Darsteller, José Cura, sang die Titelrolle in ungewohnt uneitler, aber bezwingender und überzeugender Art. Diese *Otello*-Vorstellungen wurden vom Publikum in einer Art gefeiert, wie es heutzutage nur noch an der Wiener Staatsoper der Fall ist. Es wurde so lange applaudiert, dass die Sänger noch nach Herunterlassen des Eisernen Vorhangs seitlich vortraten.

Die so genannte Grande Opéra erfuhr in den Jahren meiner Operndirektion eine noch nie da gewesene Wiederbelebung. Auch wenn mein Versuch mit Meyerbeers *Propheten* nicht den erwarteten Widerhall fand, was zum Großteil an der nicht nachvollziehbaren Inszenierung lag, erregte die Wiederaufführung dieses gewaltigen Werkes doch großes Aufsehen. Verdis *Sizilianische Vesper,* Wagners *Rienzi,* Halevys *Jüdin,* Rossinis *Guillaume Tell* hatten nicht nur in Wien, sondern in der ganzen Opernwelt große Auswirkungen und Folgen.

Die New Yorker Met war von der Inszenierung der *Jüdin* so begeistert, dass sie unsere gesamte Produktion kaufte und in den nächsten Jahren zeigen wird. Die Opera Bastille in Paris entschied sich, endlich den französischen *Tell* zu bringen. Eine große persönliche Genugtuung brachte mir die Auszeichnung durch die Französische Republik mit der Verleihung des „Officier des Arts et des Lettres". Der französische Botschafter in Wien übergab mir diese in der französischen Botschaft, ich war wirklich stolz – für mich persönlich, aber auch für das Haus. Eine große internationale Anerkennung für hier Geleistetes ist nicht alltäglich.

Mit Wagners *Rienzi,* welcher seit Kriegsende an der Oper nicht mehr gespielt worden war, und Meyerbeers *Propheten* habe ich versucht, zwei Komponisten, die sich musikalisch viel näher waren als in ihrer Persönlichkeit, mit zwei Werken in einer Spielzeit auf die Bühne zu bringen, was auch international gewürdigt wurde.

Große Auseinandersetzungen gab es auf Grund der Inszenierung eines außerordentlichen Regisseurs: Hans Neuenfels übernahm die Inszenierung des *Propheten* mit Placido Domingo und Agnes Baltsa in den Hauptrollen. Ich bin der Meinung, dass der künstlerische Direktor eines Hauses nicht nur die Verantwortung für die Besetzung der Sänger, sondern auch für die Umsetzung des Werkes durch den Regisseur trägt. Selbstverständlich akzeptiere ich die Gestaltungsfreiheit des Regisseurs, aber ich verlange von ihm auch, dass er für mich Unverständliches erklärt, da ja auch das Publikum seine Interpretation verstehen muss, um die Geschichte nachvollziehen zu können.

In einer Szene der Inszenierung des *Propheten* wollte der Regisseur zum Ausdruck bringen, dass den Bauern das eigene Vieh wertvoller und näher stehender ist als der Ehemann oder die Ehefrau. Ein Hausschwein wurde von der Requisite angefordert und als Illustration sollte der Mann mit dem Schwein Sodomie betreiben. Um die Absicht des Regisseurs dem Publikum deutlich zu machen, war die Darstellung des Geschlechtsaktes mit dem Schwein aber höchst entbehrlich und hätte mit Sicherheit einen Skandal schon während der Vorstellung hervorgerufen. Es war ein rein provokativer „Gag" und ich bat Neuenfels, davon Abstand zu nehmen. Da ich nicht sicher war, ob er sich daran halten würde, verbot ich der Requisite, das Schwein herauszugeben und sagte den viel zitierten Satz: „Das Schwein kommt mir nicht auf die Bühne." Darüber wurde dann, vor allem von einem Teil der deutschen Presse, viel polemisiert und diskutiert.

Die Arbeit eines Regisseurs soll voll respektiert und mit allen Mitteln ermöglicht werden, doch erwarte ich auch von ihm, dass er die Menschen, die die Inszenierung ermöglichen, respektiert, genauso wie die Schöpfer des Werkes. Oper ist eine reproduktive Kunstgattung, auch wenn sie durchaus kreativ sein soll. Doch der Direktor eines Hauses hat eine Inszenierung nicht nur administrativ mitzuverantworten, sondern auch inhaltlich mitzutragen.

Auch die Wiener Staatsoper sollte durch die Öffnung des Hauses in jeglicher Hinsicht offensiv auf die Menschen zugehen, daher veranstalten wir Tage der offenen Tür, Führungen, Filme, ein Jazzfestival im Sommer. All diese Aktivitäten bringen neues Publikum ins Haus, das vielleicht auch zum Opernpublikum werden kann, wenn es einmal das herrliche Haus von innen gesehen hat und die Hemmschwelle überwunden ist.

Wir dürfen uns nicht darauf beschränken, dass Leute eine Karte kaufen und wir gute Oper machen. Natürlich ist die Qualität das Wichtigste, diese umfasst aber auch die Qualität der Mitarbeiter und des Umgangs mit der eigenen Kundschaft, also Abonnementen, Kartenbesitzern und solchen, die es werden wollen. Die Öffnung des Hauses wurde durch meine eigenen Publikumsgespräche und Einführungsvorträge vor Beginn der Vorstellungen vorangetrieben und führte auch dazu, dass es mir gelungen ist, den größten amerikanischen Opernmäzen Alberto Vilar zu überzeugen, der Wiener Staatsoper eine individuelle, in den Vordersitzen eingebaute Untertitelungsanlage zu schenken. Außer der New Yorker Met und der Oper in Santa Fé besitzt derzeit nur die Wiener Staatsoper eine derartige Einrichtung. Diese macht es möglich, in deutscher oder englischer Sprache individuell die Texte zu verfolgen. Wir erwarten uns davon, auch ein neues Publikum, dem man den Zugang dadurch erleichtert, zu gewinnen.

Die Einbeziehung von Schülern in verschiedene Opernproduktionen, die enge Zusammenarbeit durch Schulprojekte, Schülerzeichnungen von verschiedenen Bühnenbildern, Anwesenheit bei Proben und Gespräche mit den Schulklassen haben meine Vorhaben stets begleitet. Auf der Waechter-Bühne machten wir dann den ersten Versuch, mit *Brundibar* von Hans Kraša eine Kinderoper aufzuführen, die durch den Bau eines kleinen Kinderopernhauses am Dach der Oper mit 150 Plätzen eine dauerhafte Bleibe erhielt. Sie gehört sicherlich zu den wichtigsten Neuerungen des Hauses und ermöglicht uns in einer auf der ganzen Welt einmaligen Form, speziell und nur für dieses so wichtige neue und zukünftige Publikum Oper zu spielen. Mit den ersten Kräften des Hauses und für Kinder gedachten und konzipierten Werken. Alle Vorstellungen sind überbucht – das ist der beste Beweis für den großen Erfolg.

Dass mir die Verwirklichung dieses Vorhabens gelungen ist, grenzt in Kenntnis der Wiener Gebräuche an ein Wunder! Es ist schon unglaublich, das Erscheinungsbild des über 130 Jahre alten Gebäudes dadurch zu verändern, auf dessen Terrasse ein Zelt herzurichten. Trotz der technisch beschränkten Möglichkeiten ohne Unter- und Oberbühne an diesem hoch oben auf der Oper gelegenen Ort wird qualitätsvolles Theater gespielt. Die Begeisterung der Kinder, Eltern und Kritiker ist die beste Bestätigung dafür!

Die Entscheidung, nur Opern aufzuführen, die speziell für Kinder geschrieben und komponiert wurden, war goldrichtig. Also keine Bearbeitungen, die ja immer Vereinfachungen der Opern sind, oder alte Kinderwerke bekannter Komponisten, sondern zeitgenössische Musik geschrieben und erdacht für heutige Kinder, gesungen von professionellen und erstklassigen Solisten.

Dies bedeutet natürlich eine unerhörte Mehrbelastung für das Haus neben dem regulären Spielbetrieb, doch ist die Kinderoper so wichtig und erfolgreich, dass sie aus der Wiener Staatsoper nicht mehr wegzudenken ist. Die Kinderoper auf der Terrasse wird mich überleben. Hoffentlich.

Der Ring

Wagners *Ring des Nibelungen* ist mit Sicherheit der Höhepunkt und gleichzeitig das gewagteste und tiefste Werk der gesamten Opernliteratur. Dank unseres Orchesters und der allerbesten Wagner-Sänger unserer Zeit sind Vorstellungen des Rings immer etwas ganz Außerordentliches. Eine Generation neuer, junger Wagner-Sänger wie Waltraut Meier, Deborah Polaski oder Gabriele Schnaut neben Matti Salminen, Falk Struckmann, John Tomlinson und Tenören von Heinz Zednik bis Placido Domingo machen die Vorstellungen des *Rings*, die ich sowohl zyklisch als auch wie früher üblich einzeln spielen lasse, immer zu einem Ereignis. Nicht zuletzt dank großer Dirigenten und Dirigentinnen wie Christoph von Dohnanyi, Donald Runnicles, Daniel

Barenboim, Peter Schneider und Simone Young, die erste Frau, die systematisch und langfristig an der Staatsoper dirigiert, neben anderen Werken auch Wagners Ring.

Die szenische Wiedergabe des *Rings* ist heute bei uns und überall ein gewaltiges und eigentlich noch nirgends zufrieden stellend bewältigtes Unterfangen. Inhalte und Aussagen der einzelnen Teile des Rings sind so verschieden, dass sie natürlich auch sehr unterschiedliche Vermittlungsvarianten zulassen und praktisch niemals alle dem Werk immanente Facetten widerspiegeln können. Merkwürdigerweise ist es möglich, alles von der Weltentstehung bis zum Heute in dieses gewaltige Werk hinein zu interpretieren, da es tatsächlich so ziemlich alles beinhaltet.

Meine Bewährungsprobe nach Waechters Tod war es, den *Ring* planmäßig herauszubringen, was nicht leicht war, weil die Vertrauensbasis zu Regisseur und Bühnenbildner Waechter aufgebaut hatte und nicht ich. Ich wusste, ich wäre gescheitert, wenn ich den Ring nicht herausbrächte. Dies erforderte eine Kompromissbereitschaft meinerseits, besonders was Schließtage betraf, die ich später nie mehr zugestanden hätte und habe.

Rheingold kam Mitte Oktober 1992 heraus und wurde sehr positiv von der in- und ausländischen Presse aufgenommen. Der Ring begann sehr gut, er war wunderbar einstudiert. Aber die größten Erwartungen hatte man natürlich für die Premiere der *Walküre* kurz vor Weihnachten 1992 mit Placido Domingo als Siegmund und Waltraut Meier als Sieglinde. Domingos Proben begannen selbstverständlich später. Als er aber noch zwei Tage später kommen wollte als vorgesehen, kam das Leading team zu mir und sagte, wenn Domingo am nächsten Tag um 10 Uhr nicht da sei, müsse der Siegmund umbesetzt werden. Umso mehr als Waltraut Meier sagte, dass sie erst komme, wenn auch der Siegmund da sei. Womit sie nicht ganz Unrecht hatte. Ich sagte Dohnanyi und Dresen, sie könnten eine Presseaussendung machen, dass sie beide Domingo umbesetzen wollten, ich jedenfalls täte es nicht. Domingo kam, blieb und sang in einer triumphalen Premiere seinen ersten Siegmund neben der phänomenalen Waltraut Meier, die die Sieglinde unserer Zeit geworden ist. Viele Jahre danach waren die beiden auch das Wälsungen-Paar in Bayreuth.

Einen großen persönlichen Triumph und Gewinn, der auch zu einer tief greifenden Anerkennung durch die Philharmoniker führte, war das Einspringen des jungen und damals völlig unbekannten Antonio Pappano bei der *Siegfried*-Premiere, der kurzfristigst den erkrankten Christoph von Dohnanyi ersetzte. Ich teilte dem Orchester mit, dass er keineswegs der einzige Dirigent war, der diese Premiere hätte übernehmen können, doch dass er meiner Meinung nach der beste dafür wäre. Ich riskierte viel, doch durch Pappanos Wahl und seine Leistung hatte ich unendlich viel im Haus und im Publikum gewonnen. Pappano kannte ich von seinem Dirigat an der Osloer Oper und schätzte ihn sehr. Heute ist er Opernchef von Covent Garden in London.

Unser *Ring* ist mit Sicherheit szenisch auch kein idealer und außerdem ziemlich gefährlich gebauter. Und obwohl diese alte Geschichte doch stark an Raum und Zeit gebunden ist, kommt jeder Inszenierung des *Ringes* schnell die Aktualität abhanden. Trotzdem: Die Gedankenwelt des *Ringes* ist sicherlich wichtiger als seine Handlung. Diese beiden Ebenen wirklich zu verbinden, ohne dass eine im Vordergrund steht, käme der Quadratur des Kreises gleich.

Vielleicht sollte ich doch versuchen, in meiner nun bis 2007 verlängerten Amtszeit einen neuen *Ring* herauszubringen. Nicht weil dies noch keiner meiner Vorgänger in der Geschichte des Hauses zweimal tat, sondern weil das nach zehn Jahren durchaus angebracht wäre. Und nicht nur, weil dieses Werk der Höhepunkt der Operngeschichte ist. Aber auch deshalb. Wenn ich nur wüßte, wer das heute klar und einfach ohne großen technischen Aufwand erzählen könnte.

Neuengagements, Abschiede und Ehrungen

Die Oper ist mittlerweile nicht nur ein Sprungbrett für junge Sänger, sondern gilt für die großen internationalen Häuser als Gradmesser. Die Tatsache eines Engagements an der Wiener Staatsoper ist eine Qualitätsgarantie für andere Opernhäuser und Festspiele – das ist unendlich wichtig für das Haus, die Engagements, die Gagen und natürlich für die Sänger.

Bei unserer letzten Wiederaufnahme von Verdis *Falstaff* wurde das junge Paar – Nannetta und Fenton – von Angela Gheorghiu, noch im Festvertrag, und Ramon Vargas, die damals noch völlig unbekannt waren, gesungen.

Vielleicht bei niemandem mehr als bei Natalie Dessay hat sich mein schwer beschreibbares Sensorium für die mögliche Entwicklung einer Stimme und Sängerpersönlichkeit bewiesen. Im Rahmen eines allgemeinen Vorsingens kam 1992, ohne jede besondere Empfehlung, diese magere, kleine, zierliche, unscheinbare Sängerin zum Vorsingen und sang zwei Koloraturarien – eine davon war Ophelias Wahnsinnsarie aus *Hamlet*. Danach bat ich sie in mein Büro und fragte sie, warum sei eigentlich da sei und was sie wolle. Sie sagte, dass sie hier singen wolle. Sie lebte in Paris und hatte schon durchaus achtbare Engagements. Ich sagte ihr sofort, dass ich sie als Gast – noch – nicht nähme, aber wenn sie sich dazu entschließen könnte, zwei Jahre ganz nach Wien zu kommen, sich hier im Ensemble zu integrieren, zu singen, was ich für sie gut, richtig und vertretbar fände, und einen Monatssalär zu akzeptieren, von dem sie in Wien anständig leben könne, wenn sie bescheiden und klug wäre, würde ich sie sehr gerne und aus voller Überzeugung engagieren. Es hing also von ihr ab. Dessay sagte zu, sang hier anfangs mittlere Partien, aber auch zum Beispiel Sophie und Zerbinetta ohne Orchesterproben fehlerlos und großartig. Anfangs wurde sie nur vom Stammpublikum bemerkt.

Bei der Premiere von *Hoffmanns Erzählungen* war sie als Zweitbesetzung für die Olympia gedacht, so wie Barbara Frittoli, die ebenso nach einem Vorsingen im Festvertrag war, als Cover für die Antonia. Cheryl Studer war für alle drei Frauenpartien vorgesehen, ihre Stimme änderte sich jedoch nach der Geburt ihres Kindes und wurde wie meistens bei hohen Sopranstimmen danach breiter und schwerer. Nicht schlechter, jedoch für das extrem hohe Fach wie der Olympia in *Hoffmann* nicht mehr geeignet. Schon bei der vorangegangenen *Troubadour*-Leonore hatte sie größte Probleme und es war mir klar, dass sie die drei Frauenrollen in *Hoffmanns Erzählungen* nicht bewältigen würde. Doch wollte sie sich trotz meiner gut gemeinten Bitte nicht von der Produktion zurückziehen.

Wenn man weiß, dass man gute Karten in der Hand hat, kann man leicht hoch pokern, und so konnte ich ziemlich unaufgeregt lange warten, bis sich Cheryl Studer zurückzog – nicht ohne ziemlich viel medialen Staub aufzuwirbeln. Und so konnte ich am Premierenabend, den 20. Dezember 1993, als Olympia und Antonia zwei junge und vollkommen unbekannte Sängerinnen präsentieren. Am Ende des Olympia-Aktes sang Natalie Dessay dann noch

Hoffmanns Erzählungen
mit Natalie Dessay, Barbara Frittoli, Eliane Coelho und Placido Domingo, 1993

ein nicht komponiertes und von mir noch nie auf einer Bühne gehörtes dreigestrichenes hohes G – das Premierenpublikum applaudierte fast die ganze Pause durch. Das war ein Abend, den ich nicht vergesse und mir auch persönlich große Anerkennung und Akzeptanz brachte.

Barbara Frittoli sang eine wunderbare, warme und großstimmige Antonia, Domingo in Höchstform war Hoffmann und der ebenfalls durch ein Vorsingen noch als völlig unbekannter Sänger engagierte Bryn Terfel die vier Bösewichte.

Der rumänische Regisseur Andrei Şerban, hier vollkommen unbekannt und schon deshalb eher feindlich erwartet, errang mit seiner Inszenierung von *Hoffmanns Erzählungen* einen vollkommenen und bejubelten Erfolg. Selten wurde ein Regisseur nach einer Premiere vor dem Vorhang so gefeiert wie Şerban.

Ich wusste bei dieser Premiere, dass das wirklich eine Schicksalspremiere für mich ist. Wenn diese Produktion nicht erfolgreich gewesen wäre, weiß ich nicht, wie es weitergegangen wäre und ob ich weitergemacht hätte. Bei der Premiere von Verdis *Troubadour* einige Wochen zuvor, am 22. Oktober, war nicht nur ein Unglück allein gekommen: Die Sänger versagten, der Tenor

Mit Zubin Mehta bei seiner Rückkehr an die Staatsoper, 1993

hielt das C, das er ganz gut hatte, vor lauter Glückseligkeit so lange aus, bis es abbrach, Cheryl Studer sang so schlecht wie nie zuvor und nie danach, die Inszenierung verärgerte die Leute. Die Inszenierung des *Troubadour*, für welche ursprünglich Peter Zadek vorgesehen und auch vertraglich bestimmt war, übernahm letztendlich der ungarische Filmregisseur Istvan Szabo. Ein äußerst sensibler, intelligenter und musikalischer Künstler, der nicht nur mit dem Film *Mephisto* mit Klaus Maria Brandauer in der Hauptrolle einen Welterfolg erlangte, sondern auch mit *Lächeln der Venus*. Dieser Film ist eine komische und parodistische Schilderung der Zustände an der Pariser Oper. Szabos Regiekonzept beinhaltete seine Auffassung von Verdis *Troubadour* als die wiedererstandene Kunst im Allgemeinen nach dem Zweiten Weltkrieg und dem Wiederaufbau der Wiener Staatsoper, diese Idee gefiel mir sehr gut. Doch gab es in der Realisierung Probleme, die Wiener Opernfreunde lehnten die Regie bei der Premiere heftigst ab und freundeten sich bis heute nicht mit ihr an. Nicht nur die konservative Operngemeinde, die Veränderungen prinzipiell skeptisch gegenübersteht, mochte diese Sicht des *Troubadour* nicht. Sie erinnert deutlich an die Folgen des Zweiten Weltkrieges, zeigt die zerbombte

Oper. Und daran genauso wie an alle Geschehnisse in Österreich zwischen 1938 und 1945 werden die Wiener ungern erinnert – und noch dazu nicht in der Staatsoper. Als Dirigent für die *Troubadour*-Produktion gelang es mir, Zubin Mehta nach vielen Jahren der Abwesenheit wieder an die Staatsoper zurückzuholen. Dieser außerordentliche Dirigent und Mensch betreute dann auch noch die Neuproduktionen von Wagners *Rienzi* und Verdis noch nie gespielter Oper *Jerusalem*.

Zu der Idee stehe ich noch heute, doch mein Irrtum war, dass Opernregie eben ein eigenes Handwerk ist und ein guter und sensibler Filmregisseur, der musikalisch ist und Opern liebt, noch lange kein Opernregisseur ist – auch wenn es manchmal gut gehen kann und öfters praktiziert wird.

Beide Opern sind bis heute im Repertoire und vor allem *Hoffmanns Erzählungen* ist jedes Mal ein besonderer Abend, nicht zuletzt Dank vieler neuer Interpreten der Titelrolle wie Neil Shicoff, Giuseppe Sabattini, Ramon Vargas und anderen.

Seit der *Hoffmann*-Premier waren Natalie Dessay, Barbara Frittoli und Bryn Terfel berühmt, begehrt und überall gefragt. Heute sind sie absolute Weltstars und singen an allen großen Bühnen. Aber sie werden nie vergessen, wo, wie und durch wen sie begannen. Natürlich wären diese drei Künstler auch ohne mich entdeckt worden. Es fragt sich nur, wann und wo. Erfolg und ein Durchbruch an der Wiener Staatsoper ist heutzutage der sicherste und schnellste Weg zur Öffnung aller großen Opernhäuser. Das ist ein großes Kapital für unser Haus, vergleichbar mit Karajans Zeit in Salzburg. Ich bin sehr stolz und froh, dass es jetzt bei uns so ist.

Das alles sind keine atypischen Beispiele: Vesselina Kasarova wollte ich zuerst gar nicht anhören. Ich hatte bereits genügend Mezzosoprane im Haus, doch die Agentin meinte, dass sie mir solch ein Talent nicht vorenthalten wolle, damit ich ihr im Nachhinein keine Vorwürfe machen könnte. Natürlich hörte ich sie dann doch an und engagierte sie auf der Stelle. Spätestens bei ihrer ersten Rosina war die Sensation perfekt. Den Tenor Michael Schade und die Sopranistin Stefania Bonfadelli engagierte ich bereits am Tag nach ihrem Vorsingen als Almaviva im *Barbier von Sevilla* bzw. als Elvira in *Puritani*. Das gab und gibt es wohl kaum noch irgendwo anders!

Große Künstler und Persönlichkeiten haben uns in diesen Jahren auch verlassen, Leonie Rysanek, Hermann Prey, Egon Seefehlner, Erich Kunz, Karl Dönch, Karl Terkal, Ljuba Welitsch, um nur einige zu nennen. Künstlerpersönlichkeiten, deren Leistungen und Treue zum Haus die Traditionen und den Ruf lange und entscheidend mitgeprägt haben. Als Erich Kunz starb, wurde er auf der Hauptstiege der Staatsoper aufgebahrt. Ehrenmitglieder meinen, darauf Anspruch zu haben – was nicht stimmt, jedoch Brauch ist. Meine Totenreden für Ljuba Welitsch und Karl Terkal, zwei Symbole der vergangenen Zeit, haben auch Menschen, die wenig davon wussten, was ich in der Oper machte, verständlich gemacht, welch tiefen Respekt ich für diese Säulen der Wiener Oper empfand.

Die Verleihung des Titels eines Ehrenmitgliedes nahm und nehme ich sehr ernst und sehe sie wirklich als die höchste Anerkennung und Auszeichnung. Die Verleihung an Renato Bruson, Mara Zampieri, Bernd Weikl, Zubin Mehta, Heinz Zednik, Horst Stein oder Ernst Märzendorfer, die auf ihre Weise das Haus in den letzten Jahrzehnten mitgeprägt hatten, waren wichtige Gelegenheiten, auch persönlich das Haus, seine Künstler und seine Tradition zu würdigen. Auch vergab ich erstmals in der Geschichte des Hauses die Ehrenmitgliedschaft an Orchestermusiker. Ohne die Qualität dieses Orchesters wäre es ja nicht möglich, so Oper zu spielen, wie es die Wiener Staatsoper tat und tut. Der Cellist Werner Resel, erster Doyen der Staatsoper, und der erste Konzertmeister Rainer Küchl sind nach dem verstorbenen Konzertmeister Gerhart Hetzel die ersten Orchestermitglieder, die Ehrenmitglieder der Staatsoper wurden.

Ein unvergesslicher Abend war die Ehrung Hans Hotters anlässlich seines 90. Geburtstages nach einer *Meistersinger*-Aufführung am 13. Jänner 1999 auf offener Bühne, bei der die noch immer imposante Gestalt Hotters auf der Festwiese von hinten durch die gesamten Menschenmassen, die am Schluss der *Meistersinger* auf der Bühne sind, durch ein Spalier nach vorne schritt und sich, in einem Lehnstuhl sitzend, meine Laudatio über seine unvergleichliche Karriere in diesem Hause seit 1934 anhörte. Ich beendete meine Laudatio mit der Erinnerung an die Erstaufführung des *Palestrina* von Hans Pfitzner im Jahre 1949 im Theater an der Wien und sagte: „Pfitzner, bereits fast blind und vom Tode gezeichnet, war bei den Proben noch anwesend gewesen. Hotter

Hans Hotter wird 90

sang den Kardinal Borromeo und fiel im dritten Akt vor Palestrina, es war Julius Patzak, auf die Knie. Der damalige Direktor Salmhofer sagte daraufhin zu Hotter: ‚Das mit dem Niederknien im dritten Akt, das lassen wir weg, ein Kirchenfürst kniet nicht vor einem Musikanten. Ich hab' sonst die ganze Kirche von Wien am Hals. Und die Schwarzen brauch' ich wie das tägliche Brot.' Hotter widersprach und schaltete Pfitzner ein. Der meinte: ‚Knien Sie, sitzen Sie oder stehen Sie – tun Sie, was Sie wollen, aber singen Sie.' Und Hotter kniete natürlich. Bei einer späteren Vorstellung besuchte der Erzbischof-Koadjutor Dr. Franz Jachym, begleitet von Franz Salmhofer, Hans Hotter in seiner Garderobe und Hotter fragte ihn, ob es ihm unangebracht erscheine, dass der Kardinal vor dem Komponisten niederknie. Jachyms Antwort ‚Nein, weil er kniet ja nicht vor dem Menschen, sondern vor dem göttlichen Funken', veranlasste Salmhofer zu dem Ausruf: ‚Na, was hab' i immer g'sagt, knien musst Du!'"

Und dann kniete ich nieder vor Hans Hotter und sagte: „Und so knie ich jetzt vor Ihrem göttlichen Funken, Herr Kammersänger Hotter!" Der Jubel im Zuschauerraum war unbeschreiblich und Hotter echt gerührt.

Lustig zu bemerken ist, dass Hans Hotter, das langjährige Ehrenmitglied

Mit Seiji Ozawa, dem zukünftigen Musikdirektor des Hauses

der Wiener Staatsoper, nie Kammersänger dieses Hauses wurde und erst ich ihm diesen Titel verliehen habe. Jeder meiner Amtsvorgänger war so wie ich selbst überzeugt gewesen, dass Hotter bereits vom jeweiligen Vorgänger zum Kammersänger ernannt worden war.

Wichtig war auch der 16. Mai 1992, die Wiederaufnahme der *Pique Dame* von Tschaikowsky unter Seiji Ozawa mit der 80-jährigen Martha Mödl als alte Gräfin. Ich ehrte sie nach der Vorstellung auf der Bühne, unter anderem hatte sie im *Fidelio* der Eröffnungsvorstellung der Wiener Staatsoper am 5. November 1955 die Leonore gesungen und eine legendäre Karriere nicht nur in diesem Haus hinter sich. Dank ihrer Ausstrahlung und Gestaltungskraft erbrachte sie auch noch in diesem hohen Alter eine außerordentliche Leistung in der skurrilen Rolle der alten Gräfin.

Die Wiederaufnahme der *Pique Dame* unter Ozawa war der Beginn einer wichtigen Zusammenarbeit, die mich wegen seiner musikalischen und menschlichen Qualität bewog, ihn zu bitten, ab 2002 Musikdirektor der Wiener Staatsoper zu werden. Ich freue mich jetzt schon, dass Ozawa mit seinen außerordentlichen Fähigkeiten das Haus in meinen letzten fünf Jahren mitprägen wird.

Die Eberhard-Waechter-Medaille für junge Sänger, die in Österreich wirken, ist eine weitere wichtige Einführung nicht nur um an Waechters Namen zu erinnern, sondern weil dies der einzige Preis für Opernsänger in Österreich ist.

Am 26. Juni 1995 wurde ich Ehrenmitglied der Wiener Staatsoper. Außergewöhnlich war, dass ich dies mitten in meiner Amtszeit erhielt – normalerweise erhalten Direktoren diese Auszeichnung erst, wenn sie gehen. Der Wiener Staatsopernchor verlieh mir im selben Jahr die Clemens-Krauss-Medaille.

Der Bundespräsident verlieh mir persönlich anlässlich meines 60. Geburtstages das Ehrenkreuz für Wissenschaft und Kunst 1. Klasse. Nach 36 Jahren in Österreich wurde ich, der rumänische Flüchtling aus Temesvar, in der Hofburg vom österreichischen Bundespräsidenten geehrt. Es war mir an jenem sehr heißen Vormittag nicht nur die Ehrung bewusst, sondern auch der gegangene Weg.

Künstler – Begegnungen, Erlebnisse

Es ist mir gelungen, nach vielen Jahren der Abwesenheit einige der wichtigsten Dirigenten unserer Zeit wieder an die Staatsoper zurückzubringen – Riccardo Muti und Zubin Metha dirigierten wieder hier, doch das herausragendste Ereignis war sicherlich die Rückkehr von Carlos Kleiber im März 1994 für drei *Rosenkavalier*-Vorstellungen, die bis heute unvergesslich geblieben sind und auch bleiben werden. Kleiber ist eine absolute und singuläre Ausnahmeerscheinung als Künstler. Wir gastierten während der Schließzeit 1994 in Japan, wo Kleiber sechs weitere *Rosenkavalier*-Vorstellungen leitete. Nie werde ich die Orchesterprobe in der enormen NHK-Hall in Tokio vergessen, in welcher Kleiber dem Orchester zu erklären versuchte, was im Herzen der Marschallin bei ihrem Erscheinen im dritten Akt vorgeht; Kleiber versuchte, dies in den einzelnen Instrumenten wiederzugeben, was letztendlich zu einer Sprachlosigkeit durch die nicht vorhandenen Worte für diese Erklärung führte, aber bei jeder Vorstellung zu einem unvergleichlichen und von jedem Anwesenden verstandenen Augenblick der durch Musik vermittelten seelischen Regungen führte.

Mit Carlos Kleiber nach einer Rosenkavalier-*Vorstellung, 1994*

Kleiber ist wohl der einzige Dirigent, der nicht nur die geschriebenen Noten erklingen lässt, sondern auch noch das, was zwischen und hinter diesen unsichtbar ist. Er hat ein untrügliches instinktives Gespür für die Sinnlichkeit in der Musik, die zum Ausdruck des Werkes beiträgt. Seine Interpretation spricht alle Menschen und alle Sinne in ungeahnter Tiefe an. Wenn es den Begriff eines Genies nicht nur für Komponisten, sondern auch für Interpreten gibt, so ist Carlos Kleiber ohne Zweifel als Dirigent ein Genie. Und er ist der einzige.

Dirigenten in der Oper mit Persönlichkeit, Kompetenz und natürlich entsprechendem musikalischen Wissen und interpretatorischem Können sind mit Sicherheit der wichtigste Faktor für das Gelingen einer Vorstellung. Nicht nur durch Karajan ist erwiesen: Wenn ein Dirigent den Sänger „trägt", bringt dieser unerwartet bessere Leistungen. Doch gilt genauso das Gegenteil. Dirigenten, die gegen den Sänger dirigieren, stur auf ihr eigenes Tempo bestehen, metronomisch den Takt schlagen und nicht bereit sind, auf die Möglichkeiten der Sänger einzugehen, ob aus Unvermögen oder Unwillen, verschlechtern das Gesamtniveau der Leistung.

Und nicht anders verhält es sich mit den Musikern des Orchesters. Dieses besteht aus einzelnen Künstlern, deren Gestaltungswillen man auch berücksichtigen muß. Zu schnelle oder langsame Tempi können die gesamte musikalische Wirkung des Orchesters verschlechtern und den eigenen Klang zerstören. So gehört es auch zum Können eines guten Dirigenten, aus einem Orchester das Beste herauszuholen. Pierre Boulez formulierte das so schön und plastisch, indem er sagte, dass auch er von den Wiener Philharmonikern mindestens so viel bekommen habe wie er zu geben hatte.

Geradezu unglaublich ist, was Riccardo Muti schon bei Klavierproben aus den Sängern herausholen kann. Wortbezogenheit und das Ausloten des verkörperten und interpretierten Menschen bereits ausführlich vor den Orchesterproben vorzubereiten, sind Voraussetzungen eines möglichen Erfolges. Mit Sicherheit kann das heute niemand besser als eben Riccardo Muti, doch versucht es auch kaum jemand anderer in dieser Art. Es gibt geniale Pultdirigenten, aber kaum Dirigenten, die sich auch für die vorbereitende Arbeit mit den Sängern interessieren und sich die nötige Zeit dafür nehmen. Ebenso gibt es immer weniger Dirigenten, die imstande sind, in einer Repertoirevorstellung Sängern und Orchester ihre eigene Persönlichkeit zu vermitteln. Giuseppe Sinopoli konnte das auf Grund seiner starken musikalischen Persönlichkeit, seines Willens und seiner kommunikativen, fast schon hypnotischen Überzeugungskraft. Den Takt klar und verständlich zu schlagen, sollte die handwerkliche Voraussetzung das Dirigierens sein. Oft ist das jedoch das Ziel und nicht das Mittel dazu. Gut ist eine Interpretation nicht, wenn alles stimmt, sondern wenn sie uns berührt.

1995/96 war eine Neuinszenierung von *Tristan* mit Placido Domingo unter Daniel Barenboim geplant gewesen, Domingo legte die Rolle aber zurück. Die *Tristan*-Neuproduktion fand nicht statt, an ihrer Stelle jedoch sechs wunderbare Aufführungen der *Walküre* mit den für *Tristan* engagierten Künstlern. Daniel Barenboim ist ein ganz außergewöhnlicher Musiker und ein besonderer Mensch. Ein Mann mit umfassender musikalischer Bildung und großem Wissen, der nahezu alle bedeutenden Musiker des Jahrhunderts persönlich kennt. Eine schillernde Persönlichkeit und ein echter Weltbürger.

Mit dem bereits erwähnten *Peter Grimes* gelang Christine Mielitz eine Inszenierung, völlig anders als die traditionellen, nicht zuletzt auch durch die

Mit Riccardo Muti

Mitwirkung Neil Shicoffs mit einer als Tenor ganz einmaligen Persönlichkeit in der Operngeschichte. Ohne ihn hätten wir Brittens *Peter Grimes* nicht diesen späten Triumph in Wien im Jahr 1996 ermöglichen können.

Neil Shicoff ist ein außerordentlicher Rollengestalter und hat dazu noch eine ganz besondere Tenorstimme. Die darstellerische Sensibilität und sängerische Intelligenz dieses Künstlers ist absolut einmalig. Dies wusste man schon seit vielen Jahren, doch erst seine Tätigkeit in Europa brachte seine Vorzüge und seinen Wert wirklich zur Geltung. Nicht zuletzt die Wiener Staatsoper, wo er Rollen gestaltete, die seine besten wurden. Ich meine vor allem Peter Grimes, Eleazar, Hoffmann und Captain Vere. Ich habe von Anfang an versucht, aus Neil Shicoff den wichtigsten Tenor des Hauses zu machen, weil ich wusste, dass er dazu alle Attribute besitzt. Wichtig war, sein Vertrauen zu gewinnen und die richtigen Partien zu finden. Jeder Tenor singt am liebsten die italienischen Standardpartien, auch Shicoff wollte und will dies. Und er kann es auch. Aber er kann vieles mehr und manches besser als jeder andere. Ähnlich wie bei Maria Callas wurden kaum gespielte Opern durch Neil Shicoff zu wahren Publikumsreißern. Sein Eleazar in der seit Jahrzehnten nirgends mehr gespielten *Jüdin*, eine spannende, moderne und

Mit Neil Shicoff nach der Premiere der Jüdin, *1999*

höchste aktuelle Oper, ist unvergleichlich und half diesem Werk zu neuer Popularität.

Auch Brittens *Billy Budd* wäre ohne Neil Shicoff nicht zum wahrscheinlich größten Erfolg der letzten Jahre geworden. Sein Hoffmann und Don José bringen auch das zum Vorschein, was hinter und zwischen den Noten steht.

Das ist bei Opernsängern genauso rar wie bei Instrumentalisten. Ich weiß heute außer den Pianisten Maurizio Pollini und Alfred Brendel und dem Cellisten Mstislaw Rostropovitch niemanden, der über die technische Brillanz hinaus die Musik zum Sprechen bringen kann. Und das ist das Wunderbare an der Kunst – anders und doch ähnlich der Genialität Carlos Kleibers. So wird auch ganz nebensächlich, ob alles andere „stimmt"!

Mit dem Filmregisseur Steven Spielberg führte ich ein Gespräch wegen einer Regiearbeit an der Staatsoper. Ich hatte ihn durch die amerikanische Botschafterin nach seinem so wichtigen Film *Schindlers Liste* in Wien kennen gelernt. Er war an Opernregie interessiert – es gibt wohl keine andere Kunstgattung als die Oper, die so viele Menschen inszenieren wollen. Spielberg wollte gerne *Lohengrin* machen – warum ausgerechnet diese Oper, weiß ich nicht. Seine Erklärung war, dass ihn diese Musik besonders inspiriere. Wir waren auf der Bühne, dann gingen wir in den Zuschauerraum und er meinte, dass er genau hier im Parterrebereich die Bühne haben wollte, die Leute sollten rundherum sitzen. Ich verstand seine Idee, doch musste ich ihm klarmachen, dass gewisse Grundvoraussetzungen in einem Opernhaus vorhanden sind, die unabänderlich sind und die man akzeptieren muss, da das Haus eben nicht umgebaut werden kann. Das war dann auch leider das Ende meiner Spielberg-Verhandlungen.

Ein ganz großer Sänger unserer Generation nahm im Rahmen von sechs *Andrea Chénier*-Vorstellungen 1996 Abschied von der Bühne der Wiener Staatsoper: Luciano Pavarotti. Es ist mir gelungen, dass er diese Rolle in Europa erstmalig – und wie sich dann gezeigt hat auch letztmalig – und nur an der Wiener Staatsoper sang.

Pavarotti, der im selben Jahr geboren wurde wie ich, hat sich die Frische seiner Stimme und die technische Beherrschung bis heute erhalten. Das Interesse für die *Chénier*-Serie war enorm, nicht nur in Wien. Viele Menschen

Mit Luciano Pavarotti, 1992

aus ganz Europa waren angereist, um Pavarotti in dieser spektakulären und bekannten Tenorpartie zu erleben. Bei der dritten Vorstellung passierte das Schlimmste, was in einem Opernhaus passieren kann: Pavarotti sagte kurzfristigst zwei Stunden vor Vorstellungsbeginn ab, der Ersatzsänger war unerreichbar – vielleicht traute er sich aber auch nicht, zu diesem Zeitpunkt einzuspringen. Jedenfalls musste jemand vor den Vorhang gehen und dem bereits vollzählig im Saal befindlichen Publikum mitteilen, dass die Vorstellung nicht stattfände. Auch wenn ich nicht schuldig war, fühlte ich mich verantwortlich und reichte beim damaligen Kulturminister am nächsten Tag meine Demission ein, die jedoch nicht angenommen wurde. Letztendlich holte Pavarotti die Vorstellung dann nach, aber diese Absage brachte noch lange eine uns alle beschäftigende rechtliche Auseinandersetzung mit einem Teil des Publikums mit sich. Selbstverständlich waren die Eintrittskarten rückerstattet worden, doch wurden auch Reise- und Hotelkosten eingeklagt mit der Argumentation, dass man nur wegen dieser Vorstellung und diesem Sänger nach Wien gekommen sei. Was passiert wäre, wenn der vorgesehene Cover-Sänger gesungen hätte, möchte ich mir gar nicht vorstellen.

Einen derart populären Sänger in Repertoirevorstellungen zu normalen Preisen einzusetzen, birgt immer ein Risiko, da man mit den leidenschaftlichsten, wenn auch subjektivsten Publikumsreaktionen im Falle einer Absage rechnen muss. Bei solchen Besetzungen kommt noch dazu, dass man, ob man will oder nicht, Wünsche nach Partnern, vor allem Soprane betreffend, oder Dirigenten zu berücksichtigen hat. Und wenn diese Wünsche dann doch nicht dem Erwarteten entsprechen, ist derjenige, der diese Wünsche geäußert hat, auch der Allererste, der eine Umbesetzung fordert. Doch ich muss sowohl das eine wie auch das andere verantworten und durchführen!

Bei fast allen sechs *Chénier*-Vorstellungen herrschte große Unsicherheit, ob Pavarotti wirklich singen würde. Außerdem wechselten ständig die Partner. Dass ein Sänger, umso berühmter er ist, umso mehr an Renommée verlieren kann, ist verständlich und unabänderbar. Ich hatte jeden Tag Kontakt mit Pavarotti, den ich schon seit vielen Jahren kannte. Bei einem Tenor, der seine ganze Karriere allein durch die vokale Leistung bestritten und keine Hilfsmittel durch szenische und musikalische Gestaltung zur Verfügung hatte, bleibt nichts mehr, wenn es stimmliche Probleme gibt. Dazu kommt noch, dass

Mit Luciano Pavarotti und Renato Bruson – drei desselben Jahrganges

Pavarotti, wo immer er ist, seine eigene Tageseinteilung hat und diese den jeweiligen Ortsgewohnheiten nicht anpasst: Das heißt, er geht spät schlafen, steht spät auf und singt sich dementsprechend spät ein. Und damit ist frühestens am Nachmittag klar, wie die stimmliche Verfassung ist. Ich bin froh und finde es wichtig, dass ein Sänger von dieser fast unvergleichlichen stimmlichen Qualität zu diesem Zeitpunkt doch noch sechsmal an der Wiener Staatsoper sang. Erstaunlich ist, was alles für einen Sänger, der perfekte Technik und Phrasensinn hat, in der Oper möglich ist – sogar eine dauerhafte Weltkarriere, ohne eigentlich Notenlesen zu können.

Was Leistungen von Sängern in einem schon fortgeschrittenen Alter betrifft, kommt es natürlich nicht nur auf die mögliche Jugendlichkeit der Stimmbänder an, sondern auch auf vieles andere, was jedoch ab einem gewissen Alter nachlässt, wie Konzentration, Atem, Gedächtnis, Volumen und Beweglichkeit.

Eine tiefe und für mich wertvolle Verbindung hatte ich mit August Everding. Seine außerordentliche Intelligenz und sein über jeder Situation stehender Humor beeindruckten mich genauso wie seine Pragmatik in der Ein-

Mit August Everding, 1995

schätzung des Möglichen und der Auslotung der vorhandenen Ressourcen. Als ihm deutsche Politiker leichtsinnig – da sie ihn unterschätzt hatten – versprachen, das Prinzregententheater wieder herzurichten, wenn es ihm selbst gelänge, eine Million DM aufzutreiben, war ihm schon klar, dass das von den Münchnern mehr als das Nationaltheater geliebte Prinzregententheater wieder spielen werde. Und das in Zeiten, in denen Theater anderer deutscher Städte geschlossen wurden. Everdings Reden sind es wert, mit Cicero verglichen zu werden, seine unermüdliche Lehrtätigkeit und seine Gabe, bei der Jugend Begeisterung hervorzurufen, sind einzigartig. Auch und vor allem als Regisseur hat er Großes geleistet, und ich bin froh, dass ich Everding in meiner Direktionszeit wieder an die Staatsoper holen konnte, noch dazu mit einem Werk, das dann auch an die Mailänder Scala übernommen wurde – Donizettis *Linda di Chamounix*. Als Everding die deutsche Opernkonferenz verließ, weil er nicht mehr die Münchner Oper leitete, verließ mich allmählich die Lust, in diesem Verein der deutschen Opernhäuser zu verweilen. Eitle Intendanten und durch deren Unkenntnis überbezahlte Sänger nahmen mir die Lust, an diesen Sitzungen teilzunehmen, deren Beschlüsse für die Wiener Staatsoper meistens nur Nachteile brachten, da dann auch wir als Mitglied der so genannten Deutschen Opernkonferenz verpflichtet waren, den Sängern dieselben Gagen wie in München oder Berlin zu bezahlen.

Vor einigen Jahren trat ich dann aus der Deutschen Opernkonferenz aus, was meinen Beliebtheitsgrad bei manchen deutschen Kollegen nicht gerade erhöht hat, bei anderen jedoch schon. Mit dem Generalmanager der Metropolitan Opera in New York, Joe Volpe, verbindet mich ein vertrauensvolles freundschaftliches Verhältnis genauso wie mit der Leiterin der Oper in San Francisco, Pamela Rosenberg, mit Matthew Epstein aus Chicago und Carlo Fontana, Generalintendant der Mailänder Scala. Mit Peter Katona, dem künstlerischen Administrator von Londons Covent Garden, bin ich seit vielen Jahren befreundet, ihn hatte ich ja auch Waechter ursprünglich als zweiten Mann für die Leitung der beiden Wiener Opernhäuser vorgeschlagen.

Ich bin der Meinung, dass diese Häuser und deren Leiter der Wiener Staatsoper näher sind als die deutschen Opernhäuser. Die mit der Wiener Staatsoper vergleichbaren Häuser sind eben die Met, Covent Garden und die Scala und nicht München, Berlin oder Hamburg.

Im dritten Jahr meiner Amtszeit an beiden Häusern war mir klar, dass man mir eine Vertragsverlängerung anbieten werde. Das tat dann erwartungsgemäß der in der Zwischenzeit zum Kulturminister avancierte Rudolf Scholten. Ich bat um Dispens von der Volksoperndirektion, weil ich es erstens nicht gut fand, wenn eine einzige Persönlichkeit mit seinem Geschmack und seiner Ästhetik zehn Jahre lang beide Opernhäuser Wiens geprägt hätte. Ich meinte, dass jemand anderer und jüngerer die Volksoper leiten sollte. Darüber hinaus wäre es mir zu viel gewesen, seriös und gewissenhaft beide Häuser so lange zu leiten. Umso mehr, als es auch nicht der ursprünglichen Absicht entsprach. Es war ja immer klar, als ich in diese Direktion kooptiert wurde, dass mein Schwerpunkt die Staats- und nicht die Volksoper sei, es war immer klar zwischen Waechter und mir, dass er weiter die Volksoper leitet, auch alle Entscheidungen, was Sänger, Dirigenten und Regisseure betraf, dort allein traf, und ich in der Staatsoper gemeinsam mit ihm arbeitete. Auch war ja Eberhard Waechter in der Volksoper präsenter als in der Staatsoper, bei mir war es gerade umgekehrt. Und so wurde auf meine Empfehlung der damalige Intendant der Wiener Festwochen, Klaus Bachler, zum Volksoperndirektor ernannt. Während seiner Volksoperndirektion arbeiteten wir eng und auf freundschaftlicher Basis zum Wohle beider Häuser zusammen. Auch persönlich bin ich mit dem klugen und vorausblickenden Theatermenschen Bachler befreundet.

Ich war also bis 2002 als Staatsoperndirektor verlängert, galt als erfolgreich und hatte mich in allem, was intern zu der Führung eines so großen Hauses gehört, aber auch nach außen, vor allem die Medienpolitik und die politische Landschaft betreffend, konsolidiert und mich erfüllt und sicher gefühlt. Der einzig greifbare Erfolg eines Sängers besteht in seinem Wiederengagement, und dasselbe gilt auch für einen Operndirektor – bei ihm heißt es jedoch „Verlängerung" oder Wiederbestellung.

Ein Haus gedenkt

Am 27. April 1995 fand jener Abend statt, den ich bis zum heutigen Tage als einen der wichtigsten in meiner Zeit an der Staatsoper empfinde. Schon zwei Jahre zuvor bemühte ich mich, zum 50. Jahrestag der Wiedererlangung der Selbständigkeit Österreichs an der Staatsoper etwas Besonderes für das Haus, aber auch für die Republik Österreich zu gestalten. Meine Grundidee war, mit den bekanntesten und prominentesten Sängern jene Musik zu interpretieren, welche nach dem Vorhaben jener, die Österreich 1938 von der Landkarte gelöscht hatten, tausend Jahre nicht mehr gespielt werden sollte. Es war also ein Abend mit verfemter und verbotener Musik. Der Titel der Veranstaltung lautete: Ein Haus gedenkt nach 50 Jahren. In dem nicht beschriebenen Untertitel meinte ich: Wenigstens nach 50 Jahren.

Ich hielt eine viel beachtete und viel kommentierte Rede, in der ich nichts Neues sagte, aber Sachen aussprach, die bis dahin in dieser Deutlichkeit nicht ausgesprochen wurden. Ich nahm auch Bezug auf jene Künstler, die aus der Staatsoper verjagt worden waren, auf jene, die diese Zeit nicht überlebten, und auch auf jene, die von ihrem gewählten Lebensweg abgehen mussten. Ich vermied auch nicht, über den sogenannten gleitenden Übergang nach 1945 zu sprechen. Ein Thema, das die Wiener sehr ungern berühren. Ich erinnerte daran, dass der letzte Staatsoperndirektor im Dritten Reich derselbe war wie der, der zehn Jahre später die wiederaufgebaute und -eröffnete Staatsoper leitete. Und der 1938 aus Österreich verjagte Dirigent Bruno Walter war 1955 als Ehrengast im Publikum und schaute jenem am Pult zu, unter dem er selbst gehen musste. Der Wortlaut der Rede ist im Anhang nachzulesen.

Der 27. April war dann auch für das offizielle Österreich der Tag der Befreiung, obwohl historisch gesehen unklar war, ob es wirklich dieser Tag ist. Bundeskanzler Vranitzky wollte eine Kommission einsetzen, um festzustellen, welches Datum eigentlich die vollkommene Befreiung mit sich brachte. Doch sagte ich ihm, dass ich nicht so lange warten könne, da Domingo, Carreras, Gruberova und andere dann vielleicht nicht mehr frei seien. Ich erinnere mich gut, dass er sagte, ich solle diese Gedenkveranstaltung an dem Tag machen, an dem die Künstler Zeit hätten; und wenn ich nun schon den 27. April angepeilt hätte, sollten wir dabei bleiben. Letztendlich bestimmten also die Termine der Opernsänger den Gedenktag der Republik. Das ist und sollte für Österreich typisch sein und ich sehe es positiv.

Klaus Maria Brandauer half mir bei der szenischen Gestaltung dieser Feier. Es begann in einem düsteren bahnhofartigen Bild mit Marschschritten und unidentifizierbaren Rede-Fetzen von Hitler und Goebbels. Die Schritte wurden leiser, Mahler wurde auf der Bühne am Klavier gespielt, dann wurden die Schritte wieder lauter. In diesem schummrigen, düsteren, ärmlichen Vorstadtbahnhofbild hielt ich dann meine Rede, Brandauer las Gedichte und stellte die Sänger vor. Es war eine tragisch-feierliche und bedrückende Stimmung, gemischt mit atemberaubenden Leistungen der Sänger. Die Regierung hatte sich als Abschluss der Veranstaltung die Bundeshymne als Bekenntnis zu Österreich gewünscht. Ich stimmte natürlich zu. Doch gelang es mir dann, einen früher bekannt gewesenen Bass der Prager Oper, Karel Berman, der Theresienstadt und Auschwitz überlebt hatte, ins Programm zu integrieren, er sang am Schluss zwei Lieder von Pavel Haas, die er schon in Theresienstadt gesungen hatte. Er war auch Mitwirkender der Oper *Der Kaiser von Atlantis* von Viktor Ullmann, die im Konzentrationslager Theresienstadt von Häftlingen uraufgeführt worden war, bevor Ullmann in Auschwitz ermordet wurde. Berman war schon alt und wirkte sehr zerbrechlich, ich begleitete ihn auf die Bühne – sein Lebenstraum war es gewesen, an der Wiener Staatsoper zu singen, den konnten wir nun erfüllen. Einige Monate später starb er.

Das Lied war schön und endete mit den tschechischen Worten „doma, doma" – also Heimat, Heimat. Dann sollten alle mitwirkenden Sänger auf die Bühne kommen, um die Bundeshymne zu singen. Doch bei der Generalprobe war klar, dass dies die ganze Stimmung zerstören würde. Daraufhin endete die Veranstaltung mit dem Lied, gesungen von Berman, währenddessen ganz langsam der eiserne Vorhang heruntergelassen wurde. Kein Applaus, keine Bedankungen, kein Verbeugen der Mitwirkenden.

Journalisten aus aller Welt waren eingeladen, die Staatsoper hatte eine mediale Präsenz, die sie seit der Wiedereröffnung nicht mehr gehabt hatte. Diese Veranstaltung trug viel bei zum Bekenntnis zu Österreich und einer einigermaßen durchgeführten Durchleuchtung des nahtlosen Übergangs nach 1945. Daraus entwickelte sich so manches, Symbole dieses Übergangs zur Nachkriegszeit wurden nun hinterfragt, vor allem die Gestaltung des eisernen Vorhangs durch Rudolf Eisenmenger, einem bekannten Maler, dessen Bekanntheit in der Nachkriegszeit von seiner Präsidentschaft des Künstlerhauses während der Nazizeit herrührte. In mir reifte schon damals der Gedanke, den eisernen Vorhang anders zu gestalten. Dies führte zur Idee, jede Spielzeit einem anderen Künstler, der von einer internationalen Fachkommission ausgewählt wird, die Möglichkeit zu geben, diese große Dekorationsfläche zu gestalten. Dieses tun wir jetzt in Zusammenarbeit mit museum in progress. Wir hatten und haben großes internationales Echo mit dieser Aktion, besonders in Kreisen der bildenden Kunst.

In weiterer Folge wurde der Gobelin-Saal in Gustav-Mahler-Saal umbenannt, in dem jetzt ein Mahler-Porträt von Ron Kitaj hängt. Ich sagte damals bei der Eröffnung, dass Mahler, der nirgends zu Hause war, der getaufte Jude, der nirgends dazugehörte, der fahrende Geselle nun eine Bleibe bekommen habe. Durch das Entgegenkommen des Vorstandes der Wiener Philharmoniker Werner Resel wurde es mir ermöglicht, jeweils an Mahlers Todestag am 18. Mai seit 1995 ein philharmonisches Konzert in der Staatsoper zu veranstalten. Den Anfang machte nicht zufällig die Auferstehungssymphonie Mahlers als Symbol für die Wiederauferstehung Österreichs, Ozawa dirigierte. Mit der 8. Symphonie von Mahler, der größten aller seiner Sänger-Symphonien, war es uns dann 1998 auch gelungen, Lorin Maazel wieder an die Wiener Staatsoper zurückzuholen und auch diesen bedeutenden Dirigenten nach seinem Abgang mit dem Haus zu versöhnen.

Präsenz außerhalb des Hauses

Die Präsenz der Staatsoper auch außerhalb des Hauses war und ist mir ein ständiges Anliegen. Als ich erfuhr, dass das österreichische Parlament 1998 einen „Gedenktag gegen Gewalt und Rassismus im Gedenken an die Opfer des Nationalsozialismus" plante, schlug ich dem Parlamentspräsidenten Dr. Heinz Fischer vor, die Monooper *Anne Frank* des zeitgenössischen russischen Komponisten Grigori Frid dort aufzuführen. Dies wurde dann im akustisch hervorragenden Bundesratssaal mit außerordentlichem Erfolg, auch dank der großartigen Leistung der Sängerin Anat Efraty als Anne Frank, realisiert. Diese Kooperation wurde in den nächsten Jahren mit der deutschen Widerstandsoper *Die Weiße Rose* von Udo Zimmermann fortgesetzt. Zimmermann dirigierte sein Werk selbst im Parlament und ich war sehr beglückt, dass die Staatsoper auch außerhalb des Hauses an einem politisch so bedeutenden Ort wie dem Parlament einen Beitrag zu Verständigung und Humanismus durch eine Oper leisten konnte.

Anlässlich eines offiziellen Staatsbesuches lernte ich Yassir Arafat in der Staatsoper kennen. Ich saß neben ihm bei einer *Puritani*-Vorstellung und erlebte ihn als einen sensiblen, interessanten und intelligenten Menschen.

Als ich einige Monate danach mit dem Staatsopernballett anlässlich eines Gastspieles in Tel Aviv war, erhielt ich zu meiner großen Überraschung im Hotel einen Anruf, dass Präsident Arafat mich gerne nach Ramalah zu einem Mittagessen in sein Hauptquartier einladen möchte. Ich nahm, nicht ohne zu staunen, gerne an, wurde mit einem Auto abgeholt, welches bis zur israelischen Grenze fuhr. Dort wechselten wir das Auto, und nach nochmaligem Umsteigen kamen wir in Ramalah an, das nur eine Stunde von Jerusalem entfernt liegt und doch einer anderen Welt angehört. Die Residenz des Palästinenserführers ist ein ganz einfaches einstöckiges Haus, allerdings bereits im Stiegenhaus an jeder Biegung von Männern mit Maschinenpistolen bewacht, die auch während des Mittagessens in jeder Ecke des Raumes bereitstanden. Ich durfte neben Arafat sitzen, der mich an dem großen Tisch voll mit Speisen, die ihm die Bevölkerung der Umgebung gebracht hatten, mit eigener Hand bediente. Es waren etwa 30 seiner engsten Mitarbeiter anwesend, er sprach wenig und war sichtlich übermüdet. Ich schlug ihm vor, eine Wohltätigkeitsveranstaltung, ähnlich wie die bereits durchgeführten für die Jerusalemer und Tel Aviver Universität, auch zu Gunsten der palästinensischen Hochschulen durchzuführen. Er nahm diesen Vorschlag dankbar und voll Anerkennung an und einige Monate später fand diese Festvorstellung in der Staatsoper in Anwesenheit Arafats und der österreichischen Bundesregierung auch statt.

Es ist wichtig und gut, dass wir mit solchen Veranstaltungen zur internationalen Völkerverständigung beitragen können. Auch für den wunderbaren großen Humanisten, den Jesuitenpater Georg Sporschill, machten wir eine Wohltätigkeitsveranstaltung zu Gunsten der von ihm betreuten rumänischen Straßenkinder. Unvergesslich und zutiefst beeindruckend war mein Besuch in Bukarest zusammen mit dem österreichischen Bundespräsidenten Thomas Klestil in einer von Sporschill geschaffenen Einrichtung für Kinder, die er von der Straße weggeholt hatte. Es ist eine zum Himmel schreiende Sünde, dass unweit unseres Landes als Folge politischer Entwicklungen, an deren Auswirkungen wir keineswegs schuldlos waren und Nutzen daraus zogen, Kinder in derartigem Elend vegetieren müssen. Die Schande trifft die westlichen Staaten nicht minder als den rumänischen.

Bei einer Festvorstellung des *Fidelio,* die mit Hilfe des sozial engagierten Humanisten Christian Konrad zu einer Wohltätigkeitsveranstaltung umgewandelt werden konnte, sprach ich nach der 3. Leonoren-Ouvertüre vor dem Vorhang und erinnerte daran, dass wir jetzt keineswegs Almosen verteilen würden, sondern eine große Schuld unvollständig zurückzahlen. Der Westen hatte die heute als Oststaaten bezeichneten Länder, zu denen auch Rumänien zählt, nach dem Zweiten Weltkrieg dem sowjetischen Einfluss überlassen. Die Straßenkinder von heute sind die unmittelbare Folge des jahrzehntelangen wirtschaftlichen Raubes durch die Sowjetunion und der Willkür der herrschenden Potentaten, die niemand im Land wollte. Ich erinnerte daran, dass wir, wenn der Eiserne Vorhang nicht entlang des Neusiedler Sees, sondern bei Wels heruntergekommen wäre, nun nicht Geber sein könnten, sondern ebenfalls zu den Bittstellern gehören würden. Jene Länder, die heute Schlange stehen, um in die Europäische Gemeinschaft aufgenommen zu werden, hatten nach dem Krieg keine amerikanische Marshall-Hilfe genossen, um wirtschaftlich wieder auf eigenen Beinen stehen zu können. Ich weiß natürlich, dass ich mir durch solche Aussagen auch Feinde mache, da die Menschen Wahrheiten, die nicht genehm sind, immer ungern hören. Doch meine ich, dass es meine Verpflichtung ist, durch die Möglichkeiten der Medienpräsenz, die meine Position mit sich bringt, auf allen Gebieten zu versuchen, Gutes zu bewirken.

Doch war und ist es mir wichtig, dass die Staatsoper repräsentativ für das Land tätig ist. Dazu gehörte auch die Live-Übertragung von Beethovens *Fidelio* an große Plätze in allen 15 EU-Hauptstädten am 1. Juli 1998 anlässlich der Übernahme des EU-Vorsitzes durch Österreich.

Dass in Japan, was klassische Musik und Orchesterqualität betrifft, Wien, die Philharmoniker und Österreich unangefochten an erster Stelle stehen, ist genauso eine Tatsache wie auch die bevorzugte Wahl Wiens als Ausbildungsstätte der japanischen Musikstudenten. Durch die großen finanziellen Möglichkeiten und die Stärke der japanischen Privatwirtschaft im Rahmen einer total kapitalistischen Ökonomie ist es schwer denkbar, dass der Staat mit Steuergeldern Kunst unterstützt und ermöglicht. Bei unseren großen Gastspielen in Japan spielten wir in zwei riesigen Hallen, die jeweils 4.000 Plätze haben, in der Architektur und Infrastruktur jedoch Mehrzweckhallen sind, allerdings mit einer sehr guten Akustik. Unverständlicherweise ist Japan auf dem Gebiet der Oper zwar der größte Importeur, doch ohne ein dem Staat und seiner Größe entsprechendes Opernhaus in Tokio zu haben. Seit neuestem existiert zwar ein Opernhaus, doch hat es nur 1.200 Sitzplätze und weder ein eigenes Orchester noch einen eigenen Chor. Gastspiele von europäischen und amerikanischen Opernhäusern, wie die Met, in den großen Mehrzweckhallen dominieren immer noch das Kulturleben.

Ein Gastspiel der Wiener Staatsoper ist mit großen Kosten für den japanischen Veranstalter verbunden, doch ist trotzdem für die Staatsoper ein nicht unbeträchtlicher Gewinn möglich. Ich selber betreute bereits zwei Gastspiele der Staatsoper in Japan: 1994 mit *Boris Godunov, Der Rosenkavalier, Die Hochzeit des Figaro* und *Die Fledermaus*; 2000 mit *Ariadne auf Naxos, Linda di Chamounix* und *Die lustige Witwe*. 2004 werden wir mit *Die Hochzeit des Figaro* und *Don Giovanni* wieder in Tokio sein. Nur bekannte Werke, bekannte Sängernamen und Dirigenten sind in Japan ein Garant für volle Häuser. Der Wunsch, Sänger, die man von einer Plattenaufnahme kennt, auch live auf der Bühne zu hören, ist groß. Gastspiele in Japan bringen den Veranstaltern trotz der hohen Kosten und der in Japan üblichen höheren Honoraren der Künstler immer noch einen Gewinn durch die große Anzahl finanzkräftiger Sponsoren. Durch diese und auch auf Grund der hohen Kartenpreise und der großen Kapazitäten der Säle ist dies noch möglich. Jedenfalls so lange die japanische Währung gegenüber den europäischen nicht noch mehr sinkt.

Ohne Frage ist die Präsenz der Wiener Staatsoper außerhalb des Hauses kulturpolitisch und als Werbung für Österreich von großer Wichtigkeit. Es ist nun einmal so, dass die Wiener Staatsoper zu den bedeutendsten, weltweit anerkannten und Identität stiftenden Institutionen Österreichs gehört. Ihre Geschichte von Gustav Mahler bis heute ist ein unverzichtbarer und wesentlicher Teil unserer Kulturgeschichte. Sogar bei unserem Gastspiel in China mit Mozarts *Die Hochzeit des Figaro* öffneten sich für österreichische Interessen Tür und Tor, an die die wirtschaftlich mächtigsten Länder pochen. Es war zwar ungewohnt und kurios für den damaligen amtierenden Bundeskanzler, der das Gastspiel begleitete, vor dem Theater auf der Straße gemeinsam mit mir die chinesische Regierungsspitze zu empfangen und die Vorstellung erst nach deren Eintreffen eine Dreiviertelstunde nach der angegebenen Beginnzeit anfangen durfte, andererseits war es ein Zeichen der allergrößten Anerkennung für Österreich, dass die gesamten chinesischen politischen Entscheidungsträger die Vorstellung besuchten. Solche Präsenz unseres Landes eröffnet auch der österreichischen Wirtschaft neue Wege und Möglichkeiten.

Enormes Interesse löste auch unser kurzes Gastspiel mit einer für Jerusalem eigens eingerichteten *Zauberflöte* in ganz Israel aus, es durfte dazu beitragen, die noch blutenden Wunden zu lindern und Gräben zuzudecken. An der neuen modernen Oper in Tel Aviv bin ich ehrenamtlicher Berater in künstlerischen Belangen, außerdem übernahm dieses Haus unsere Produktion von Halévys *Jüdin*. Ich freue mich, dass wir im Jahre 2003 mit der Richard-Strauss-Oper *Ariadne auf Naxos* dort gastieren werden – mein Wunsch, gerade mit einer Oper von Richard Strauss zu kommen, wurde akzeptiert.

Ich finde, man kann, soll und darf Kunstwerke, ob Bilder, Bücher oder Opern, nicht von persönlicher Sympathie oder den Charaktereigenschaften der Schöpfer abhängig machen. Diese gehören der Menschheit und sind deren Kulturerbe.

Ausklang

Am 1. September 2001 sind es zehn Jahre, dass ich in die Direktion der Wiener Staatsoper eingetreten bin, den Direktionsgang dieses 132 Jahre alten Gebäudes erstmals nicht als Gast, sondern als Mitglied des Hauses betreten habe. Ich wollte mit der Erreichung meines 70. Lebensjahres im Jahr 2005 meine Tätigkeit beenden. Doch das unerwartete Angebot des amtierenden Staatssekretärs für Kultur, Franz Morak, und das Vertrauen von Bundeskanzler Wolfgang Schüssel, weiter zu bleiben und die Staatsoper auf ihrem anerkannten und erfolgreichen Weg doch noch einige Jahre weiter zu führen, bewogen mich, meinen Vertrag noch einmal bis August 2007 zu verlängern. Somit würde ich dann tatsächlich der am längsten amtierende Direktor in der Geschichte der Staatsoper sein.

Der Anspruch des Hauses auf Qualität und Anerkennung steht für mich über allem anderen. Die nach außen wirkende starke Identität und die Identifikation mit diesem wiederzugeben und zu erhalten, ist mein höchstes Anliegen.

Man fragt mich oft und immer wieder, wie ich das alles geschafft habe und schaffe: die Verantwortung gegenüber den Arbeitsplätzen von über tausend Menschen und deren Tätigkeit; die Leitung und das Bestreben, die verschiedenen Interessen von Sängern und 150 Musikern eines absoluten Eliteorchesters auf einen Nenner zu bringen; den Künstlern des Hauses das Gefühl zu geben, dass man ihre Leistungen und Arbeit beachtet, wertet und anerkennt; dazu noch Chor, Ballett, Regisseure, Dirigenten, Bühnenbildner, Schlosser, Elektriker, Tischler, Tapezierer und Maler. Andererseits das Publikum, nahezu eine Million Menschen pro Spielzeit, die man immer wieder begeistern muss, gerne Vorstellungen zu besuchen und Geld dafür auszugeben. Der Umgang mit kritischen, subjektiven und auch von persönlichen Gefühlen und Interessen geleiteten Journalisten und politischen Funktionären, die auch Eigeninteressen verfolgen. Zehn Monate lang jeden Abend eine Vorstellung zustande zu bringen, also rund 300 Vorstellungen pro Jahr, mit allen menschlichen Unzulänglichkeiten, denen man Rechnung tragen muss. Jeden Tag also in der vordersten öffentlichen Schusslinie zu stehen durch das Produkt und dessen Qualität, bekannt durch die Medien und meine persönliche Präsenz dort.

Dazu oder daneben, wie man es sieht, eine dreijährige Tochter und ein neunjähriger Sohn, denen ich Anwesenheit, Zuwendung, Geduld und möglichst viel Zeit gebe. Und meine eigene sportlich-körperliche Tätigkeit, die ich auch nicht vernachlässigen will.

Die kulturellen und politischen Ereignisse in Rumänien sind mir auch nicht gleichgültig. Ich befasse mich intensiv mit diesen, schreibe in dortigen Zeitungen und bin auch dort oft persönlich anwesend. Durch Fernsehdiskussionen und öffentliche Auftritte an den Hochschulen und die Verleihung von drei Ehrendoktoraten an mich bin ich im heutigen Rumänien bekannt und ein von vielen gesuchter Entscheidungsträger und Gesprächspartner.

Ich meine immer noch, dass dies alles nicht schwer ist, wenn man nur weiß, was man nicht machen muss. In dieser Position gibt es unendlich vieles, was man glaubt tun zu müssen, aber nicht tun sollte. Nächtliche Unterhaltungen, die länger als die Vorstellung dauern, kenne ich ebenso wenig wie abendliche Einladungen im Allgemeinen oder die Teilnahme an so genannten gesellschaftlichen Ereignissen. Morgens ausgeschlafen mit dem Fahrrad zur U-Bahn zu radeln und in zwölf Minuten in der Oper zu sein, ohne mich zu ärgern, ist die Voraussetzung für einen guten Arbeitstag. Schnelle Entscheidungen zu treffen, wenn man ihrer sicher ist, keine endlosen Gespräche zu führen, wenn das Ergebnis für mich von Anfang an klar ist, ebenso. Präsenz im Haus bei Proben und natürlich bei Vorstellungen ist nicht nur eine Voraussetzung, sie macht so manches für alle einfacher und regelt vieles von selbst.

Meine wöchentliche Vorlesung an der Universität für Musik zum Thema „Musiktheater in der Praxis" gibt mir Gelegenheit, mit etwa 40 jungen und auch nicht mehr ganz so jungen opern- und theaterinteressierten Menschen einen kontinuierlichen Dialog zu führen. Ich mache das gerne und nehme es ernst. Junge Menschen in ihrem Formungsprozess zu beeinflussen, aber auch ihre Ansichten zu erfahren, ist eine verantwortungsvolle Aufgabe.

Das, was für heute gültig ist, ist es morgen vielleicht schon nicht mehr. Es darf keine Routine, kein „das war schon immer so" geben, weil Oper von Menschen für Menschen gemacht wird – und Menschen ändern sich ständig. Nur wenn man unter diesen Menschen ist, sie spürt, liebt und zu verstehen versucht, kann man diese und mit ihnen andere zum Guten und Besseren bewegen.

Mit meinem Sohn Liviu, 1993

Mit meiner Frau Angelika und unseren Kindern Liviu und Alina, 2001

Mit meiner Mutter, meinen Söhnen Adrian und Liviu und meiner Frau Angelika, 1999

Dass das Schicksal mit mir letztendlich so freundlich war und mir solche Gestaltungsmöglichkeiten erlaubte, macht mich dankbar und demütig. Denn ich habe nicht vergessen, dass ich 1959 mit 24 Jahren als ein gestrandeter, seiner Umgebung entrissener und an der Erreichung seiner beruflichen Ziele gewaltsam verhinderter junger Mensch aus dem rumänischen Temesvar am Wiener Westbahnhof landete.

Danke, liebe Marie-Theres Arnbom.
Danke für Ihre Geduld, Zuwendung, Klugheit und Sensibilität.
Ohne Sie hätte ich dieses Büchlein nicht geschafft!

10. Juni 2001

ANHANG

Ein Haus gedenkt nach 50 Jahren
Rede am 27. April 1995

Heute vor 50 Jahren veröffentlichten die drei damals etablierten antifaschistischen politischen Parteien unseres Landes, nämlich Sozialdemokraten und Revolutionäre Sozialisten, Österreichische Volkspartei und Kommunistische Partei, die „Proklamation über die Selbständigkeit Österreichs". Die darin ausgesprochene Unabhängigkeitserklärung vom Deutschen Reich und die Wiederherstellung der „demokratischen Republik Österreich ... im Geiste der Verfassung von 1920" sowie die Einsetzung einer „Provisorischen Staatsregierung" markieren den Beginn unserer Zweiten Republik.

Das gesamte Personal der Wiener Staatsoper gedenkt heute Abend dieses Datums.

Wir gedenken ebenso der großartigen Leistungen, welche die in dieser Zweiten Republik lebenden und arbeitenden Menschen mit ihrer Opferbereitschaft und mit ihrem Fleiß vollbracht haben, und wir gedenken der Hilfe des befreundeten Auslandes, die so manche materielle und geistige Voraussetzung bildete, um diesen Weg so erfolgreich zu begehen.

Wir sind froh, dankbar und stolz, dass dieses herrliche Haus in den zehn Jahren nach seiner Zerstörung am 12. März 1945 durch die aufopfernde Arbeit und durch die Liebe des österreichischen Volkes zu seiner Oper wieder aufgebaut werden konnte.

Wir sind froh, dankbar und stolz, dass diese Bühne in den Jahren seit 1945 durch die aufopfernde Arbeit und durch die Liebe des österreichischen Volkes zu seiner Oper wieder aufgebaut werden konnte.

Wir sind froh, dankbar und stolz, dass diese Bühne in den Jahren seit 1955 für alle Komponisten der Gegenwart und Vergangenheit, für Musiker, Sänger, Tänzer, Dirigenten, Regisseure, Bühnenbildner und Choreographen, unabhängig von ihrer Abstammung, Rasse und Religion – mit anderen Worten: für alle Künstler, die der Gattung Oper auf höchstem Niveau dienen –, wieder eine Heimstätte geworden ist.

Wir sind froh, dankbar und stolz, dass die Menschen unseres Landes diese Heimstätte der Kunst in einer Art und Weise unterstützen, die es ihr ermöglicht, nahezu alles zu verwirklichen, was auf dem Gebiet der Opernkunst Gültigkeit hat.

Wir wissen, dass dies nicht selbstverständlich ist!

Wir wissen aber auch, dass viele unserer Mitmenschen aufgrund der Politik unmittelbar vor, während, aber auch nach dem Krieg nicht mehr an unserem Glück teilhaben könnten und können.

Wir gedenken somit heute auch des nicht wieder gutzumachenden Schadens, den dieses Land, den dieses Haus in ideeller und materieller Hinsicht während der nationalsozialistischen Herrschaft zwischen 1938 und 1945 erlitten hat, und vor allem der Menschen, die mit uns lebten und mit uns arbeiteten, bevor sie dieser Herrschaft zum Opfer fielen. Manchen nahm man „nur" ihre Heimat samt Hab und Gut, manchen nahm man ihre geistigen und schöpferischen Kräfte, manchen nahm man auch das Leben.

Wir gedenken heute großer Musiker wie Franz Schreker, Ernst Krenek, Kurt Weil, Egon Wellesz, Hanns Eisler, Erich Wolfgang Korngold, Alexander Zemlinsky, Arnold Schönberg, Paul Hindemith, Viktor Ullmann u. a., deren Schaffenskraft durch das Aufführungsverbot erstickt wurde, und die auch nach 1945 kaum oder gar nicht mehr zur Geltung kamen. Hätten sie die Möglichkeit zu kontinuierlicher Aufführung gehabt, wäre es heute anders um sie bestellt.

Wir fühlen uns heute ganz besonders verpflichtet, jener zu gedenken, die an unserem Hause nicht mehr arbeiten durften, deren Kreativität unterdrückt und ausgelöscht wurde, die ihren Berufsweg durch die lange Zwangsunterbrechung nicht mehr fortsetzen konnten oder gar ihr Leben lassen mussten.

Nach dem so genannten „Anschluss" gab es beim künstlerischen und administrativen Personal der Staatsoper fast über Nacht 44 Entlassungen bzw. Zwangspensionierungen. Wir gedenken heute Abend der 10 gekündigten Orchestermitglieder, der 6 Sänger, 8 Choristen, 6 Tänzer, 4 Dirigenten, 4 Korrepetitoren, des einen Regisseurs, des einen Theaterarztes, der 3 Techniker und der einen Direktionsmitarbeiterin, die allesamt durch dieses System diskriminiert und verfolgt wurden.

Der Dirigent des letzten Abends vor dem „Anschluss", Karl Alwin, musste unser Haus nach 18 Jahren intensiver Arbeit ebenso verlassen wie der künstlerische Direktor, Bruno Walter. Den meisten prominenten und jüngeren Künstlerinnen und Künstlern gelang die Emigration, doch einige wie z. B. die beiden Mitglieder der Wiener Philharmoniker, Viktor Robitsek (36 Dienstjahre) und Max Starkmann (27 Dienstjahre) kamen in den Konzentrationslagern um (auch 4 weitere bereits vor 1938 pensionierte Philharmoniker: Moritz Glattauer, Julius Stwertka, Armin Tyroler und Anton Weihs wurden Opfer der Vernichtungsmaschinerie). Andere wiederum wie der Geiger Josef Geringer oder der Tänzer Richard Pretzlmeier sollten im Zuge des Pogroms vom 9./10. November 1938 in das Konzentrationslager Dachau verschleppt werden. In dieser Statistik des Grauens darf auch das Schicksal unseres Solotänzers Anton Birkmeyer nicht unerwähnt bleiben, der am 3. September 1940 vom „Landgericht Wien als Sondergericht" zu 18 Monaten Zuchthaus verurteilt wurde, da er ausländische Feindsender gehört hatte. Einige dieser bedrückenden Lebensgeschichten haben wir anhand der vorhandenen Aktenmaterialien in der Ausstellung „Wiener Staatsoper 1938 bis 1955" im Gobelinsaal zu dokumentieren versucht, ohne damit freilich der gesamten Tragik der Einzelschicksale gerecht zu werden.

Wir erinnern heute aber auch an jene, die gegenüber den politisch Benachteiligten einen nicht mehr einzuholenden Vorsprung erhielten und diesen auszunützen verstanden. Selbstverständlich sind wir uns dessen bewusst, dass eine „Bewältigung" der nationalsozialistischen Vergangenheit nach Auschwitz nicht möglich ist, aber wir sind überzeugt davon, dass eine Wissenserklärung gerade über die Vorgänge auf dem Gebiet der darstellenden Künste einen engagierten Beitrag zur demokratischen Bildung und zur Stärkung einer grundsätzlich aktiven Abwehrhaltung gegen derartige Entwicklungen in der Gegenwart und Zukunft leisten kann. Es käme jedoch einer Verhöhnung der Opfer des damaligen Regimes gleich, hierbei von Wiedergutmachung zu sprechen.

Für die Betroffenen – soferne sie ihr Leben retten konnten! – war der Bruch in der jeweiligen Karriere ebenso irreversibel wie die Auswirkungen des künstlerischen Verlustes für das gesamte österreichische Kulturleben. Bis 1945 waren die Arbeitsplätze der Vertriebenen schon längst nachbesetzt worden – nicht selten von und mit Personen, die mit dem Regime sympathisiert hatten. Der von manchen erhoffte „Eliten-Rücktausch" nach dem Ende des Krieges ist aus diversen Gründen ausgeblieben. Wir wollen unser Wissen um diese Tatsache nicht verschweigen, sondern wenigstens heute aussprechen:

- Der letzte von den Nationalsozialisten ernannte Direktor dieses Hauses war ident mit dem ersten Direktor der wieder aufgebauten Oper;
- trotz seiner politischen Vergangenheit als SS-Unterscharführer und Angehöriger des Sicherheitsdienstes des Reichssicherheitshauptamtes war ein Musiker des Orchesters nach dem Krieg dessen Geschäftsführer und Intendant eines renommierten österreichischen Festspieles;
- selbst der „eiserne Vorhang" unseres Hauses ist ein Symbol dieser Entwicklung. Seine künstlerische Gestaltung mit einem Motiv aus Christoph Willibald Glucks Oper „Orpheus und Eurydike" wurde 1951 von einem durchaus begabten Maler ausgeführt, der bereits lange vor 1938 in extremer ideologischer Nähe zum Nationalsozialismus stand. War es Zufall oder ist es ein Fall von latenter Kontinuität, dass er gerade ein Motiv aus einer Oper Glucks aussuchte – im Wissen, dass Gluck von den Nationalsozialisten als der „Erneuerer" der deutschen Oper ideologisch missbraucht wurde und sein Standbild während des „Dritten Reiches" jenes des Aufklärers Joseph von Sonnenfels am Wiener Rathausplatz ersetzte?

Das ideologische Engagement war zwar im Musikbereich nicht vergleichbar mit jenem in der Literatur oder im Sprechtheater, aber letztlich war die Wiener Staatsoper ein wichtiger Faktor zur Erhaltung des Systems und zu dessen Repräsentation im Ausland. In diesem Sinne war die Funktionalisierung der Klassiker-Pflege durchaus nicht eine Form „innerer Emigration", wie in der

Nachkriegszeit vielfach behauptet, sondern wurde vom Regime bewusst gefördert und eingesetzt. Hitlers Propagandaminister, Dr. Joseph Goebbels, signalisierte noch im Jänner 1943 absolute Priorität für die Hochkultur und die damalige Unterhaltungsindustrie: „Theater und Kinos bleiben erhalten, weil sie für die Millionenmassen die letzten Entspannungsmöglichkeiten bedeuten." Selbst nach der Sperre aller Theater im Zuge des „Totalen Krieges" im August 1944 wurden die Kulturaktivitäten für „geschlossene Gesellschaften" fortgeführt, um zumindest noch ein schwaches Signal zu senden. Was das politische Verhalten des Staatsopernensembles während der NS-Zeit betraf, so zeigt sich sehr deutlich ein Parteimitgliedschafts-Gefälle: Während aufgrund der „rührigen" Aktivitäten des „Zellenleiters der Zelle Staatsoper" 47 Prozent der Chorsänger und 30 Prozent der Chorsängerinnen der NSDAP angehörten, so vollzogen nur 19 Prozent der Solosänger und 13 Prozent der Solosängerinnen diesen Schritt; vergleichsweise höher waren die Prozentsätze bei Solotänzern (25 Prozent) und Solotänzerinnen (20 Prozent) sowie unter den Mitgliedern des Staatsopernorchesters (30 Prozent).

Aber die Parteimitgliedschaft allein sollte nicht als absolutes Kriterium einer Analyse der politischen Betätigung im Wirkungsbereich des Unrechtsregimes herangezogen werden. So hatte sich z. B. der letzte Direktor dieses Hauses in der Kriegszeit mehrmals publizistisch hinter das Regime gestellt und Hitlers ersten Putschversuch in München mit Begeisterung beschrieben, ohne jemals der NSDAP beigetreten zu sein.

Wenn andererseits ein bedeutender Musiker und Wiener Operndirektor in unserem Land – aus welchen Gründen auch immer – nicht jene Akzeptanz fand, die ihm vor und nach seiner hiesigen Tätigkeit in Deutschland zuteil wurde, bedeutet dies nicht, dass seine Karriere während der Kriegsjahre nur der ideologischen Nähe zu den damaligen Machthabern zuzuschreiben war – eine Auslegung, die der Betroffene nach dem Kriege, im Unterschied zu anderen, echten Regime-Günstlingen, teuer büßen musste.

Das Gedenken und die Besinnung am heutigen Abend verpflichten aber auch zu einer Betrachtung der Entwicklung nach dem Ende des Zweiten Weltkrieges. Wir sollten uns dessen bewusst sein, dass die primär politischen Vorurteile gegen die Musik Gustav Mahlers und manch anderer bis in die Gegenwart heraus wirksam geblieben sind, obwohl die Wiener Philharmoniker bereits am 3. Juni 1945 in einem Außerordentlichen Konzert Mahlers Erste Symphonie demonstrativ zur Aufführung brachten. Der Musikkritiker Peter Lafite vermeinte damals zwar, dass „symbolhaft das Wiedererklingen Mahlerscher Tonsprache den endgültigen Schlussstrich unter einer wahrhaft beschämenden Epoche von Unkultur bedeutete", doch es sollte noch lange dauern, ehe Mahler wieder einen Platz in seiner „Heimat" gefunden hatte.

Mit dem Programm des heutigen Abends wollen nun die Mitglieder der Wiener Staatsoper einen Akzent setzen und auf einige der Komponisten hinweisen, die gemäß der damaligen Ideologie aus dem kulturellen Gedächtnis des Volkes und der Völker auf tausend Jahre verbannt werden sollten. Künstlerische Bewertungen spielten bei den Entscheidungen der damaligen Machthaber keine Rolle, denn diese basierten u. a. auf einem absurden, anthropologisch begründeten Rassismus oder auf einem von der Ideologie katalogisierten Kunstverständnis.

Was aber in den Jahren nach dem Zweiten Weltkrieg unterlassen wurde, nämlich all jene zwischen 1933 und 1945 mit menschenverachtender Brutalität ausradierten Kulturtraditionen wieder aufzunehmen und dem freien Wettstreit der Kunst zuzuführen, soll zumindest heute seine Realisierung finden. Das bedeutet zwar keineswegs, dass alle Formen der Musik deshalb, weil sie verboten waren, für uns automatisch künstlerisch wertvoll sein müssen – die freie Urteilsbildung mit allen vorhandenen unterschiedlichen Wertungen muss gewährleistet bleiben –, aber es bedeutet, den Anstand zu haben, sich mit diesen Werken ernsthaft auseinander zu setzen.

Wir wissen, dass die Historie nicht stehen bleibt und sich einzelnen Schicksalen gegenüber genauso unbarmherzig verhält wie jene, die sie gestalteten. Die Geschichte kennt keine Wiedergutmachung für geschehenes Unrecht, auch wenn wir Menschen uns diese noch so sehr herbeisehnen, auch wenn in den letzten Jahren vor allem eine jüngere Generation von Musikwissenschaftlern, Musikschriftstellern und Künstlern in lobenswerter Weise versucht, die bisherigen Lücken in der Darstellung dieses dunkelsten Kapitels unserer Kulturgeschichte zu schließen. Wir glauben aber – und dieser positive Trend kann nicht klar genug betont werden –, dass die in den ersten Jahrzehnten nach 1945 wahrnehmbare Tendenz zum Verschweigen oder Verdrängen der historischen Wahrheit in den letzten Jahren einer zunehmend aktiven Gegenströmung ausgesetzt ist. Je ehrlicher wir die Vorgänge während der NS-Zeit analysieren, desto höher werden unsere moralischen und politischen Maßstäbe in der Gegenwart und Zukunft. In diesem Sinne soll der heutige Abend keine klassische „Gedenkfeier" sein, sondern eine Entwicklung unterstützen, die manche bereits vor 50 Jahren erhofft haben. Daher ist es uns, die wir in diesem Haus in Frieden arbeiten und schaffen dürfen, nicht nur ein besonderes Anliegen, sondern eine tief empfundene Verpflichtung, diesen Abend zu veranstalten. Wir sind froh, am heutigen Abend frei, selbstbewusst, ohne Verurteilungen und Schuldzuweisungen, Wahrheiten ausgesprochen zu haben. Wahrheiten, die wir alle immer schon wussten, die wir aber nicht offen ausgesprochen haben.

Es ist eine gute Zeit, und es ist das Ergebnis einer durchaus positiven Entwicklung, dass wir dies heute ohne Bedenken tun können. Mögen die Umstände immer so bleiben, dass wir Wahres – auch wenn es nicht nur Schönes und Erhebendes ist – frei aussprechen können.

Ioan Holender

Zeitgenossen über Ioan Holender

Ich mag Leute, die mit ihrem Akzent daran erinnern, dass Österreich nicht immer so klein war. Noch lieber mag ich sie, wenn sie an Deutlichkeit nichts zu wünschen übrig lassen. Viel Feind', viel Ehr' ist nicht nur schön, sondern auch hart verdient. Respekt, Herr Holender!

Gerd Bacher

Er ist leidenschaftlich, immer entschieden, niemals lau, und das macht ihn zu einem Beweger und zu einem Bewegten. Seine interessante Biographie, sein Leben, das der Oper gehört, machen ihn zu einer Ausnahmeerscheinung in der Einförmigkeit des Kulturbetriebes.

Klaus Bachler

Ich kenne Ioan Holender seit den Anfangsjahren meiner internationalen Karriere, unsere Beziehung war nie Sänger–Agent oder Sänger–Direktor, wir waren über all die Jahre Freunde und haben oft im Spaß gesagt: „Eines Tages leiten wir die Wiener Staatsoper." Nun leitet Ioan die Wiener Staatsoper und ich bin Artistic Director in Washington und Los Angeles.

Placido Domingo

Ioan Holender musste Staatsoperndirektor werden: Er ist fleißiger als Andere, er ist sparsam wie kein Anderer, er ist eloquent wie niemand sonst.
    Wenn er selbst es auch selten behauptet, ist er doch ein sehr altmodischer Opernfreund, der nichts mehr liebt als gute Stimmen.
    Und wenn er sich auch der Kinder annimmt, so ist es doch sein besonderer Glücksfall, dass er noch eine Mutter hat.
Für sie ist er Staatsoperndirektor geworden.

Franz Endler

Die Wiener Staatsoper ist ein unverzichtbarer Teil der kulturellen Identität Österreichs. Unter der Direktion von Ioan Holender ist die Wiener Staatsoper dem Anspruch höchster Qualität und Professionalität gerecht geworden. Ich danke ihm im Namen aller Musikfreunde unseres Landes.

Thomas Klestil

Kennen Sie ein Opernhaus, das weit über 60 Opern und mehr als 10 Ballettabende im Repertoire hat und dabei nicht nur die klassische, sondern auch die klassisch-moderne Literatur, wie etwa Opern von Schönberg, Britten, Hindemith, Cerha usw. pflegt?
Dann kennen Sie die Wiener Staatsoper.
Kennen Sie einen Operndirektor, der sehr direkt seine Meinung zu sagen pflegt, auch dann, wenn sie der Gesprächspartner nicht gerne hört, aber dennoch charmant bleiben kann, und der Persönlichkeit genug hat, seine Meinung zu revidieren, wenn er zu einer besseren Einsicht gelangt?
Dann kennen Sie Ioan Holender.

Karl Korinek

Ioan Holender ist die zu Fleisch gewordene Multikulturalität und ein Beispiel dafür, wie aus rumänischen, jüdischen und ungarischen Wurzeln ein Paradeösterreicher der Sonderklasse wird.

Paul Lendvai

Gerade, weil die Wienerinnen und Wiener ihre Staatsoper so sehr lieben, steht kaum eine Managementfunktion so sehr im Rampenlicht, wie jene ihres Direktors. Nicht ungern – um die singuläre Position im Kunstbetrieb wissend – meldet er sich zu allgemeinen kulturpolitischen Themen zu Wort.
Einmal stand ich mit Ioan Holender gemeinsam auf der Bühne der Wiener Staatsoper. Unvergesslicher Anlass war der 90. Geburtstag Hans Hotters. Ioan Holender sank vor Hotter unter dem Applaus des Publikums in die Knie. Ist es nicht herrlich, dachten sich mit mir alle Opernfreunde, in einem Land zu leben, in dem die Kunstmanager – und Politiker, möchte ich gerne hinzufügen – vor den Künstlern knien und nicht umgekehrt?

Peter Marboe

Ion's life story is a first-hand history of the opera world today.
I look forward to his autobiography, and to learning more about my future partner in Wien.

Seiji Ozawa

E' molto raro incontrare e lavorare con un Direttore di Teatro, che sia profondo conoscitore del mondo dell' Opera, delle sue regole, delle sue leggi, dei suoi misteri. –

Con Ioan Holender, nei molti anni in cui ho diretto all' Opera di Vienna, ho sempre potuto parlare con naturalezza di problemi musicali, di allestimenti scenici, di cantanti, di Musica e di Teatro.

La sua presenza all' Opera di Vienna è caratterizzata da una grande autorevolezza, ma anche da grande entusiasmo, competenza e dal coraggio di essere nuovo e antico, moderno e classico.

Riccardo Muti

Die Biografie Ioan Holenders ist sicher nicht nur für Musik- und Opernfreunde interessant, sondern zeigt auch jungen Menschen, dass oft ein mühevoller Weg mit Beharrlichkeit zurückgelegt werden muss, um möglicherweise gerade deshalb ein hohes Ziel zu erreichen.

Werner Resel

I had a chance to meet and to work together with Ioan Holender at the Wiener Staatsoper on Alfred Schnittke's „Gesualdo" and Benjamin Britten's „Peter Grimes". I was duly impressed by the precision with which everything was organized. Ioan found time to discuss the smallest details and was always available. I am sure that this was a result not only of this phenomenal talent of the organizer and leader, but also of his deep love to the music, to the opera, and last but not least to his fellow-men. If in the future the humanity will get to multiply by cloning, I would undoubtedly recommend to clone – specially for the needs of opera houses – my friend Ioan Holender.

Mstislav Rostropovitch

The true director has a clear vision of what it is that he wants to achieve, and the ability to make that vision a reality.

As we started working together, however, I also began to understand his artistic vision. He had recognized that the Staatsoper could only retain its leading position by blending innovative programming into the traditional grand opera framework.

My own development as a singer and actor has been greatly influenced by his approach.

I have benefited greatly from Mr. Holender's vision, as I believe has the City of Vienna and the world of musical culture.

Neil Shicoff

Der Wiener Staatsoperndirektor Ioan Holender ist eine Führungspersönlichkeit der österreichischen Kultur, die ihre Heimat und ihre Wurzeln nie vergessen hat. Mit den Künstlern und mit den Straßenkindern Rumäniens ist er in gleicher Weise verbunden. Er schafft eine Kultur, die die Menschen erhöht.

P. Georg Sporschill SJ

Ich bin derzeit in Anatolien und lese in einer zwei Tage alten österreichischen Zeitung, dass Sie 23.725 Tage alt geworden sind. Ich finde es bemerkenswert, was Sie aus diesen Tagen gemacht haben.

Peter Turrini

Ein Staatsoperndirektor, der nicht sagt, was er will und wie er es macht, ist kein guter Staatsoperndirektor. Ioan Holender sagt, was er will und macht es dann auch so.

Franz Vranitzky

Ich weiß, Ioan Holender, den ich mittlerweile seit Jahrzehnten kenne, hat viel erfahren und getan und entsprechend viel zu berichten. „Am farbigen Abglanz haben wir das Leben", sagt Goethe – ich freue mich sehr auf das Buch!

Wolfgang Wagner

Ioan Holender ist eine Lichtfigur im europäischen Musikleben, da er sich als Operndirektor, aber auch durch seinen Einsatz für Menschenrechte, Ethik in der Kultur und nicht nur als Kulturmanager als eine markante Persönlichkeit profiliert hat. Dass heute die Wiener Staatsoper wieder einmal im Vordergrund des internationalen Musikgeschehens stehen kann, und dass auch im Vorfeld viel für Musikerziehung, für Tradition, aber auch für die Förderung lebender Komponisten getan wird, ist der Tatkraft, dem schöpferischen Geist und der Integrität dieses wahren Europäers zu verdanken.

Lord George Weidenfeld

Der Erfolg des Hauses ist sein Erfolg.

Seine Stärken sind die Sängerengagements, vor allem der Jungen, noch Unbekannten, und die administrative Leitung eines doch sehr komplexen Betriebes.

Der Sparmeister Holender hat auch das notwendige G'spür und die Fantasie für die Neue Zeit: Er findet die richtigen Sponsoren, er öffnet das Haus für Kinder, er entstaubt und modernisiert, wo er nur kann.

Heinz Zednik

Personenregister
(ohne Komponisten und Schriftsteller)

Abbado, Claudio 144f, 155ff, 160
Adam, Theo 159
Adler Kurt 127ff
Adorf, Mario 167
Alsen, Herbert 134
André, Wolfgang 103
Androsch, Hannes 142
Antonescu, Ion 27f, 30
Arafat, Yassir 203f
Aragall, Giacomo 130
Aslan, Raoul 96

Bacher, Gerd 171
Bachler, Klaus 199
Balser, Ewald 89
Baltsa, Agnes 125, 141f, 161, 170, 178
Banfield, Gottfried Freiherr von 131
Bär, Ernst 135
Barenboim, Daniel 181, 192
Barfuss, Grischa 121
Barrault, Jean-Louis 118
Baumbauer, Erna 132
Baumbauer, Frank 132
Baumgartner, Ulrich 132
Benning, Achim 132
Berger, Senta 95, 134
Berman, Karel 201
Bernet, Dietfried 140
Bernstein, Leonard 143
Berry, Walter 82, 85f
Billy, Bertrand de 165
Bing, Rudolf 127ff
Böhm, Karl 82
Böhm, Max 90

Böhm, Otto Hans 99
Boky, Colette 140
Boner, Astrid 99
Bonfadelli, Stefania 186
Bonisolli, Franco 139
Bosabalian, Luisa 122f
Botha, Johan 166
Boulez, Pierre 192
Boysen, Rolf 117
Brandauer, Karin 119
Brandauer, Klaus Maria 118f, 134, 185, 201
Braun, Hans 84
Brendel, Alfred 194
Bruson, Renato 125, 140, 187
Buckwitz, Harry 110
Buttler, Jörg 90
Buzea, Ion 119, 140

Caballé, Carlos 138
Caballé, Montserrat 138
Calix, Ariane 138
Callas, Maria 113, 129, 193
Capuccilli, Piero 161
Carol II. 26f
Carp, Petre 11
Carreras, José 125, 138, 140, 161, 201
Caruso, Enrico 38
Casals, Pablo 10
Cavaliere, Aldo 130
Ceauşescu, Nicolaie 30, 33, 64, 104f
Cechele, Gianfranco 130
Celan, Paul 25
Christ, Rudolf 91
Churchill, Winston 29

ANHANG 225

Cioran, Emil 25
Cluytens, André 85
Cocteau, Jean 87
Codreanu, Zelea 26
Coelho, Eliane 161
Coertse, Mimi 81
Corelli, Franco 130
Corten, Georg 90
Cosotto, Fiorenza 130
Cotrubaş, Ileana 119f, 125, 130, 141
Cura, José 177

Daalen, Frans van 140
Dallapozza, Adolf 94
Dansky, Hanna 131
Dermota, Anton 38, 81, 102
Dernesch, Helga 94
Dessay, Natalie 176, 183, 186
Diehl, André 89
Dispecker, Thea 129
Dohnanyi, Christoph von 141f, 146, 156, 159, 180ff
Domingo, Placido 120, 123ff, 139f, 161, 168, 170, 178, 180f, 184, 192, 201
Dönch, Karl 86, 187
Drese, Claus Helmut 120, 144ff, 148f, 153f, 157
Dresen, Adolf 159, 181
Duca, Ion 26
Düggelin, Werner 89, 111

Efraty, Anat 203
Eichmann, Adolf 31
Eisenmenger, Rudolf 202
Elena von Griechenland 27
Elges, Paula 129
Eliade, Mircea 25
Epp, Leon 98
Epstein, Matthew 199
Everding, August 197f

Fabritiis, Oliviero de 85
Farkas, Karl 90
Fassbinder, Rainer Werner 132
Fischer, Edwin 10
Fischer, Heinz 203
Fischer-Dieskau, Dietrich 34
Fish, Asher 165
Fisher, Dorothy 98
Fontana, Carlo 199
Freni, Mirella 87, 119
Frick, Gottlob 82, 85
Friedel, Georg 91
Friedrich, Karl 84
Fritolli, Barbara 172, 183f, 186
Fritz, Otto 90
Furlanetto, Feruccio 171
Fux, Herbert 90

Gali-Curci, Amelitta 83
Gallmeyer, Pepi 10
Gamsjäger, Rudolf 102f, 140ff
Gessner, Adrienne 89f
Gheorghiu, Angela 182
Gheorghiu-Dej, Gheorghe 30, 33, 64
Ghiuselev, Nicolai 140
Giacomini, Giuseppe 140
Giebel, Agnes 102
Gielen, Michael 81, 85, 175
Gigli, Benjamino 38, 83, 93
Giurescu, Ileano 93
Glotz, Michel 126
Glück, Wolfgang 132
Gobbi, Tito 83f, 93, 129
Goebbels, Hermann 201
Gold, Käthe 90
Goldberg, Reiner 143f
Gonzales, Dalmacio 138
Gorlinsky, Alexander 129f, 140f
Graf, Herbert 135

Gratz, Leopold 141
Gruberova, Edita 125, 161, 172, 201
Grundheber, Franz 172
Guelfi, Giangiacomo 130
Gustavson, Nancy 170
Gutstein, Ernst 140

Haeusserman, Ernst 89, 91, 134
Hager, Leopold 166
Hager, Paul 135
Hall, Peter 118
Hampe, Curt 97
Hartmann, Rudolf 96, 135
Hawlicek, Hilde 148, 150, 152
Hennings, Fred 89
Herz, Joachim 160
Herzl, Robert 166
Hetzel, Gerhart 187
Hilbert, Egon 87
Hitler, Adolf 30, 52, 201
Hoffmann, Paul 91, 118
Holecek, Heinz 103, 145
Hollmann, Hans 111
Hollreiser, Heinrich 85
Hom, Cornelius 115
Hörbiger, Attila 81, 89, 117, 132f
Hörbiger, Maresa 117
Hornik, Gottfried 101f
Horres, Kurt 121
Hotter, Hans 81f, 85, 187, 189
Hudez, Karl 94
Hurok, Sol 128

Illosfalvy, Robert 119
Ionesco, Nae 25
Ionescu, Eugen 25
Iorga, Nicolae 25f
Irosch, Mirjana 140

Janowitz, Gundula 126
Joachim, Joseph 9
Juch, Hermann 99, 110, 120
Jucker, Emil 126
Jungbluth, Robert 139, 144, 146
Jürgens, Curd 89, 91
Jurinac, Sena 81

Karajan, Herbert von 81ff, 103, 116, 122, 126, 129, 135, 139, 142f, 156f, 165, 186, 191
Kasarova, Vesselina 186
Katona, Peter 199
Kehlmann, Michael 132
Kerns, Robert 85
Kertész, Istvan 120
Kestranek, Zdenko 91
Killinger, Ernst von 31
Kim Il-sung 105
King, James 85f
Kirchschlager, Angelika 172
Kleiber, Carlos 99, 119f, 142f, 156, 174, 190f, 194
Klein, Peter 94
Klemperer, Otto 103
Klestil, Thomas 204
Klingenberg, Gerhard 96f, 118
Klobucar, Berislav 85
Kmentt, Waldemar 85f, 145
Knappl, Hans 96
Knuth, Gustav 134
Konetzni, Hilde 82
Konrad, Christian 204
Konradi, Inge 89
Kónya, Sandór 140
Kraemer, Hanns 145
Krammer, Trude 137
Kraus, Alfredo 161
Kreisky, Bruno 142, 171
Kreppel, Walter 85

Krips, Josef 103, 119
Kubelik, Rafael 123
Kunz, Erich 85, 187

Lacchini, Hanne 141
Latham-König, Jan 166
Lehmann, Günter 99
Lieben, Joachim 103
Liebermann, Rolf 119, 123
Liewehr, Fred 134
Lima, Luis 138, 140
Lindtberg, Leopold 89f, 133, 135
Lipp, Wilma 81
List, Herbert 123
Löbl, Karl 95
Löffler, Sigrid 151
Loibner, Wilhelm 85
Lothar, Ernst 89
Ludwig, Christa 82, 85f, 172
Lupescu, Elena 27

Maag, Peter 140
Maazel, Lorin 143f, 202
Manuguerra, Matteo 140
Mardayn, Christl 94
Marelli, Marco Arturo 146, 176
Martini, Carla 84
Märzendorfer, Ernst 85, 187
Maxwell, Elsa 129
Mehta, Zubin 156, 186f, 190
Meier, Waltraud 161, 180f
Meinrad, Josef 89f, 133
Meister, Ernst 98
Melles, Carl 140
Menuhin, Yehudi 174
Merighi, Giorgio 140
Mielitz, Christine 167, 192
Migenes, Julia 91
Mihai I. 26f, 29f, 47, 50

Milstein, Nathan 103
Minich, Peter 96
Mirodan, Alexandru 62, 104
Mitropoulos, Dimitri 85
Mödl, Martha 189
Molinari-Pradelli, Francesco 85
Molnar-Taljic, Lilijana 140
Monaco, Mario del 93, 163
Monteux, Pierre 103
Morak, Franz 207
Mortier, Gérard 131, 146, 149
Moser, Albert 90, 140
Moser, Hans 133
Moser, Thomas 116
Moskowits, Imo 168
Muliar, Fritz 99
Müller-Preis, Ellen 94
Mussolini, Benito 26
Muti, Riccardo 156, 172, 175, 190, 192

Naschhold, Elly 90
Năstase, Ilie 62
Neidlinger, Gustav 85
Neuenfels, Hans 178
Nicoletti, Susi 109
Niederberger, Angelika 151
Nikolov, Nikola 140
Nilsson, Birgit 123, 129
Nitsch, Hermann 170
Noica, Constantin 25
Nucci, Leo 125f, 140
Nurejew, Rudolf 129

Oberer, Walter 110
Ohanesian, David 119
Oistrach, David 103
Oncina, Juan 84
Orth, Elisabeth 133
Ozawa, Seiji 156, 160, 176, 189, 202

Pappano, Antonio 182
Parada, Claudia 84
Paskalis, Kostas 85
Patzak, Julius 38, 81, 90f, 103
Paulik, Anton 91, 140
Pavarotti, Luciano 114, 119, 161, 195ff
Pedersen, Monte 161
Pempelfort, Karl 110
Pereira, Alexander 123, 147
Piccaver, Alfred 38
Pieczonka, Adrianne 146, 166
Pinza, Ezio 83
Pobbe, Marcella 130
Poe, Deborah she. Polaski
Polaski, Deborah 116, 180
Pollini, Maurizio 194
Ponnelle, Jean-Pierre 135
Pons, Juan 138, 140, 171
Praetorius, Emil 135
Prawy, Marcel 90, 138, 164
Prêtre, Georges 120
Prey, Hermann 102, 187
Protti, Aldo 84, 130

Quadri, Argeo 140

Raimondi, Gianni 87, 130
Reif-Gintl, Heinrich 140
Rennert, Günther 86f, 110, 123, 135
Resel, Werner 187, 202
Réthy, Esther 94
Rezzori, Gregor von 25
Ricciarelli, Katia 125
Rizza, Dalla 95
Ronzoni, Michaela 154
Rosenberg, Pamela 199
Rostropovitch, Mstislav 172ff, 194
Rosvaenge, Helge 97, 101
Roth, Ladislau 40, 77

Rott, Adolf 117
Runnicles, Donald 165, 167, 180
Rydl, Kurt 176
Rysanek, Leonie 85, 187
Rysanek, Lotte 85

Salminen, Matti 180
Sarasate, Pablo 10
Sass, Sylvia 120
Sawallisch, Wolfgang 110
Schade, Michael 172, 186
Schäfer, Erich 110
Schalla, Hans 117
Schenk, Otto 90, 144f, 164
Scheyrer, Gerda 85
Schmid, Aglaja 90
Schmidt, Helga 133
Schmöle, Otto 90
Schnaut, Gabriele 180
Schneider, Ernst August 124
Schneider, Peter 181
Schöffler, Paul 83f
Scholten, Rudolf 147ff, 199
Schratt, Katharina 10
Schubert, Robert 166
Schuh, Oskar Fritz 86, 135
Schulz, Robert 107f, 115, 141
Schüssel, Wolfgang 207
Schweiger, Heinrich 134
Sebastian, Mihai 25
Seefehlner, Egon 122, 142ff, 163, 187
Seidler, Alma 90
Seitter, Erich 137, 144
Serafin, Tullio 84, 140
Șerban, Andrei 184
Shicoff, Neil 177, 186, 193f
Silja, Anja 167
Simionato, Giulietta 122
Sinjen, Sabine 134

Sinopoli, Giuseppe 163, 192
Skoda, Albin 89
Skovhus, Bo 146, 166, 172
Sonnenthal, Adolf von 10
Sorel, Christiane 103
Sperber, Manès 25
Spielberg, Steven 194f
Spiess, Ludovic 119, 123, 127, 130, 140
Sporschill, Georg 204
Springer, Georg 147ff
Stalin, Josif Wissarionowitsch 29, 52
Starka, Alois 99, 108ff, 115, 117f, 127, 130, 133, 137, 140
Stefano, Giuseppe di 84, 87, 122
Stein, Horst 161, 187
Stella, Antoinetta di 84
Stern, Isaac 174
Stojanovic, Milka 140
Stratas, Teresa 120
Strehler, Giorgio 118
Stroux, Karlheinz 110, 135
Struckmann, Falk 180
Studer, Cheryl 168, 183, 185
Sved, Alexander von 82
Szabo, Istvan 185
Szálasi, Ferenc 31
Szirmay, Marta 119

Taddei, Giuseppe 130
Tamussino, Ursula 102
Tarkowskij, Andrej 160
Tauber, Richard 38
Tebaldi, Renata 84
Terfel, Bryn 184, 186
Terkal, Karl 82, 84, 187
Theuring, Günther 102f
Thimig, Hermann 89
Thomas, Jess 85f
Țiriac, Ion 62

Tito, Josip 45
Töjer, Julia she. Varady
Tomlinson, John 180
Torberg, Friedrich 119
Torberg, Marietta 119
Troitskaya, Natalia 138

Uhde, Hermann 85
Urmana, Violetta 172
Usunow, Dimiter 93f

Vajda, Andrej 132
Varady, Julia 34
Vargas, Ramon 182, 186
Vickers, Jon 82
Vilar, Alberto 179
Viotti, Marcello 171
Vladarski, Viktor 131, 141
Volpe, Joe 199
Vranitzky, Franz 147ff, 164, 201

Waechter, Eberhard 85, 145ff, 172, 176, 179, 181, 190, 199
Wagner, Wieland 135
Waldbrunn, Ernst 90
Wallmann, Margarethe 86
Wallner, Martha 134
Walter, Bruno 10, 200
Weikl, Bernd 187
Weiser, Elly 89
Weiser, Peter 89, 102
Welitsch, Ljuba 187
Wenkoff, Spas 144
Werner, Oskar 91
Wessely, Paula 81, 89, 117, 132f
Wichnewskaja, Galina 173
Wicki, Bernhard 91
Wiemann, Matthias 134
Wiener, Professor 39, 79, 81

Wiesel, Elie 25
Wieser, Eva-Maria 137
Wilford, Ronald 129
Windgassen, Wolfgang 85f
Wochinz, Herbert 102
Wondruschka, Wilhelm 90
Woolliams, Anne 171
Worm, Alfred 151

Young, Simone 165, 181

Zadek, Hilde 84f
Zadek, Peter 156, 185
Zallinger, Meinhard von 81
Zampieri, Giuseppe 84
Zampieri, Mara 187
Zanella, Renato 171
Zednik, Heinz 180, 187
Zefirelli, Franco 86
Zschau, Marilyn 140